EM BUSCA DE JESUS

DAVID GIBSON e MICHAEL McKINLEY

EM BUSCA DE JESUS

SEIS RELÍQUIAS QUE CONTAM A NOTÁVEL HISTÓRIA DOS EVANGELHOS

Tradução
BERILO VARGAS

FONTANAR

O selo Fontanar foi licenciado para a Editora Schwarcz S.A.

Grafia atualizada segundo o Acordo Ortográfico da Língua Portuguesa de 1990, que entrou em vigor no Brasil em 2009.

TÍTULO ORIGINAL Finding Jesus: Six Holy Objects That Tell the Remarkable Story of the Gospels

CAPA Rob Grom

FOTO DE CAPA FredFroese e Junak/ iStock.com

PREPARAÇÃO Alexandre Boide

REVISÃO Julia Barreto e Renato Potenza Rodrigues

CRÉDITO DAS IMAGENS
p. 21: Dimitar Dilkoff/ AFP/ Getty Images
p. 55: Drew Cunningham/ Getty Images
p. 85: Papyrology Rooms, Sackler Library, Oxford
p. 133: Kenneth Garrett/ National Geographic/ Getty Images
p. 175: Victor Fraile/ Corbis/ Latinstock
p. 203: © 1997 Barrie M. Schwortz Collection, STERA, Inc., All Rights Reserved

Dados Internacionais de Catalogação na Publicação (CIP)
(Câmara Brasileira do Livro, SP, Brasil)

Gibson, David
Em busca de Jesus: seis relíquias que contam a notável história dos evangelhos / David Gibson e Michael McKinley ; tradução Berilo Vargas. — 1ª ed. — São Paulo : Fontanar, 2015.

Título original: Finding Jesus: Six Holy Objects That Tell the Remarkable Story of the Gospels.
Bibliografia.
ISBN 978-85-390-0691-5

1. Bíblia N.T. Evangelhos 2. Jesus Cristo — Relíquias I. McKinley, Michael. II. Título.

15-03750 CDD-232

Índice para catálogo sistemático:
1. Jesus e os Evangelhos : Cristianismo 232

[2015]
Todos os direitos desta edição reservados à
EDITORA SCHWARCZ S.A.
Rua Bandeira Paulista, 702, cj. 32
04532-002 — São Paulo — SP
Telefone: (11) 3707-3500
Fax: (11) 3707-3501
www.facebook.com/Fontanar.br

Para nossas famílias

Sumário

Nota dos autores

Os seguintes especialistas apareceram na série da CNN *Finding Jesus*, e citamos trechos de suas entrevistas neste livro: Nicholas Allen, reverendo Bruce Chilton, Kate Cooper, Annaliese Freisenbruch, Camil Fuchs, rabino Joshua Garooway, Oded Golan, Mark Goodacre, Mark Guscin, Israel Hershkovitz, Tom Higham, Shimon Illani, John Jackson, Matthew Kalman, Georges Kazan, Noel Lenski, Byron McCane, padre James Martin, Candida Moss, Elaine Pagels, Jonathan Pagis, Joan Taylor e Ben Witherington III.

Todas as referências às Escrituras são tiradas da Bíblia de João Ferreira de Almeida.

Por último, de acordo com as práticas correntes, usamos AEC ("antes da era comum") e EC ("era comum") ao longo do livro, em vez de a.C. e d.C.

INTRODUÇÃO
Quem é Jesus?

A pergunta deve ser feita no presente do indicativo porque, para os crentes, Jesus é Deus, e existe aqui e agora, como sempre existiu: "Jesus Cristo, o mesmo ontem, hoje e sempre", como diz o Novo Testamento. Ser cristão é ter relação com um Jesus que está vivo no céu e conosco a cada momento de cada dia.

Mas Jesus também está profundamente presente para os agnósticos e mesmo para os céticos mais obstinados de hoje, envolvidos com Jesus de Nazaré à sua maneira, quase tão devotamente como os cristãos.

Basta ver a reação à descoberta de qualquer novo artefato escavado na Terra Santa, ou fragmento de papiro surgido nas areias do Egito ou nos por vezes duvidosos mercados de antiguidades que operam em todo o Ocidente. Cada descoberta é acompanhada por surpreendentes afirmações e por uma onda de manchetes escandalosas, provocando uma nova demonstração global de fascínio por um homem que morreu há 2 mil anos, crucificado pelos romanos numa poeirenta colina perto de Jerusalém.

Era um castigo infligido a incontáveis indivíduos vistos como inimigos do estado. Mas com Jesus foi diferente. Para os crentes, ele se ergueu do sepulcro no terceiro dia, naquela primeira manhã de

Páscoa, trazendo uma mensagem de vida eterna e arrebanhando um pequeno grupo de discípulos que fundariam uma igreja e divulgariam uma crença que alcançaria todos os cantos da Terra. Os que repudiam essas alegações são obrigados a lidar com a sobrevida de Jesus neste mundo, com as forças históricas que desencadeou, forças que não perderam ímpeto mesmo nestes tempos supostamente seculares. Não é de admirar que a página sobre Jesus na enciclopédia de código aberto Wikipédia seja a quinta mais editada entre os mais de 30 milhões de artigos do site.

Ao que parece, interessa a todos saber quem é Jesus e o que devemos acreditar a seu respeito — mas, para comprovar o que se afirma, é preciso saber quem foi Jesus.

Explorar esse mistério, e essa história, é o objetivo deste livro e da série da CNN *Finding Jesus*. É uma aventura fascinante nos domínios da teologia; da arqueologia; das nossas preocupações contemporâneas com sexo, religião e o significado da vida; e do nosso antiquíssimo amor às relíquias. Em seis capítulos examinamos seis relíquias — ou artefatos, como queiram — que abrem janelas para o passado, ampliando nossa compreensão da Judeia do século I, dos homens e das mulheres que cercavam Jesus, e daqueles que posteriormente seguiram o homem que acreditavam ser o Messias — o Cristo (*Christos*, em grego, ou "o ungido").

Essa investigação nos leva profundamente história adentro e aos estudos modernos da Bíblia, e demonstra mais uma vez que descobrir a verdade sobre Jesus não é tarefa fácil. Nunca foi. Quando Jesus foi conduzido à presença de Pôncio Pilatos, o governador romano da Judeia não soube direito o que fazer com ele. "És tu o rei dos judeus?", perguntou Pilatos:

> E disse-lhe Jesus: "Tu o dizes". Mas, sendo acusado pelos príncipes dos sacerdotes e pelos anciãos, nada respondeu.
>
> Disse-lhe então Pilatos: "Não ouves quantos testificam contra ti?".
>
> E nem uma palavra lhe respondeu, de sorte que o governador estava muito maravilhado.

Esse famoso diálogo, com ligeiras variações, é apresentado nos quatro evangelhos canônicos — Mateus, Marcos, Lucas e João —, que narram a vida e a morte de Jesus. Mas os evangelhos não são biografias no sentido comumente aceito da palavra. Contam a história de Jesus, mas acima de tudo com o objetivo de explicar o "porquê" de sua vida (a mensagem dos seus ensinamentos) tanto quanto mostrar quem, o que, quando e onde. É por isso que diferentes evangelhos tratam de diferentes aspectos da vida de Jesus: dois apresentam versões do seu nascimento; dois, não. Apenas um menciona alguma coisa sobre Jesus entre sua infância e seu aparecimento como figura pública, mais ou menos aos trinta anos. Variam nos detalhes, e por vezes narram as mesmas histórias de formas diferentes, ou até contradizem uns aos outros neste ou naquele pormenor.

Durante séculos, isso não chegou a ser um problema. A vida de Cristo era aceita sem discussão. As versões diferentes significavam apenas que os pregadores dispunham de uma fonte de material mais profunda onde se abeberar, e um maior repertório de significados para iluminar. Desenvolver, refinar e até embelezar as histórias não eram, necessariamente, maus hábitos. As histórias da Bíblia, e as infinitas imagens em pedra ou em tela que as representam, poderiam conduzir as pessoas à essência da fé. O cristianismo era, basicamente, uma questão de crença, e era isso que provocava discórdia entre os crentes — às vezes com resultados fatais. Mas, quando as guerras religiosas que assolaram a Europa no século XVII deram lugar à Idade da Razão no século XVIII, tudo mudou. A tradição foi submetida à averiguação racional, o dogma ao exame científico — e, quando não correspondiam aos padrões do Iluminismo, eram descartados.

As histórias sobre Jesus nos evangelhos mereceram enfoque especial. Assim nasceu a chamada Primeira Busca do Jesus histórico, uma investigação encabeçada pelos protestantes alemães que atraiu o olhar crítico dos estudos modernos para as sagradas escrituras e acabou reescrevendo o Novo Testamento, dando-lhe formas que frequentemente escandalizavam os fiéis. Tudo que não pudesse ser provado era posto em dúvida, e muita coisa importante para os crentes durante séculos foi posta de lado. Talvez o exemplo mais famoso e sugestivo dessa abordagem seja a Bíblia de Jefferson, versão do Novo Testamento que Thomas Jefferson, como talentosa cria do Iluminismo, produziu em seus últimos anos, cortando (literalmente) todas as passagens das Escrituras sobre milagres e alegações sobrenaturais, e deixando os ensinamentos éticos de Jesus que Jefferson julgava aceitáveis.

A Primeira Busca terminou em 1906, com a publicação do volume que deu nome ao fenômeno, *A busca do Jesus histórico*, de Albert Schweitzer. O autor, um luterano que posteriormente ganhou renome mundial como humanista no Oeste da África e foi agraciado com o Prêmio Nobel da Paz em 1952, concluiu que "o Jesus histórico continuará a ser um estranho e um enigma para a nossa época".

Mas Jesus não seria deixado de lado tão facilmente. Uma palestra proferida em 1953 por outro estudioso alemão, Ernst Käsemann, sob o título "O problema do Jesus histórico", lançou a chamada Segunda Busca, que utilizou a crítica textual e outras modernas ferramentas de estudos para tentar mais uma vez solucionar esse "problema". A Segunda Busca foi amparada por diversos achados arqueológicos notáveis — como a descoberta acidental dos Manuscritos do Mar Morto por um pastor beduíno —, que fizeram pela Bíblia o que a descoberta em 1922 do túmulo do rei Tutancâmon fez por tudo que era egípcio. De repente, a arqueologia bíblica se tornou um assunto popular.

Até aquele momento, não era. A Segunda Busca parecia ter chegado à sua conclusão lógica nos anos 1970, porém, o Jesus histórico, mais uma vez, continuou a espicaçar a imaginação ocidental, e nos anos de 1980 uma nova geração de estudiosos, usando um conjunto totalmente novo de ferramentas e tecnologias, lançou o que veio a ser chamado de Terceira Busca. Esta ainda não dá sinais de esgotamento, por diversas razões.

Uma delas é que estudiosos cristãos estão mais envolvidos do que nunca nessa investigação, usando ciência e história não apenas para provar suas crenças — o que, com grande frequência, resultou em constrangimento intelectual —, mas também para instruir sua fé e mostrar a um público desconfiado que fé e razão podem conviver em harmonia. Buscas anteriores do Jesus histórico costumavam ser dominadas por detratores do cristianismo, que tentavam desacreditar a religião, ou por cristãos interessados em raspar o verniz de mito para cavar mais fundo e recuperar as sólidas pepitas de verdade que tinham sido sepultadas — resgatar o profeta judeu original que pudesse falar de uma nova maneira para o mundo moderno. Esses esforços, porém, tendiam a pôr ciência e religião em conflito, e fé e razão trabalhavam uma contra a outra.

Tais investidas também levaram a projetos duvidosos, como o Seminário Jesus, uma organização informal de cerca de 150 estudiosos que, durante os anos 1980 e 1990, usou um sistema de contas coloridas para votar sobre o que julgavam merecedor de confiança nos evangelhos. No fim, acabou lançando sérias dúvidas sobre 82% das palavras atribuídas a Jesus e 84% dos seus feitos — resultado ainda pior do que a Bíblia de Jefferson, e com uma metodologia que especialistas mais ortodoxos julgavam deficiente.

Mais recentemente, alguns eruditos, blogueiros e partidários de teorias conspiratórias chegaram a ressuscitar a teoria de que Jesus não existiu, ou nada tinha a ver com o homem retratado nos evangelhos, e que sua vida, morte e ressurreição eram, na prática, um boato. Tais argumentos se tornaram tão recorrentes que Barth Ehrman, destacado especialista em Novo Testamento da Universidade da Carolina do Norte em Chapel Hill, escreveu um livro para refutá-los em 2012. Ehrman não tinha nada a perder ou ganhar nessa briga; pelo contrário — embora tenha sido criado como evangélico, mais tarde se tornou agnóstico convicto. Apesar disso, escreve: "A realidade é que, seja o que for que se pense sobre Jesus, ele existiu".

Provas irrefutáveis de sua existência, porém, continuam difíceis de encontrar. Jesus não deixou nada escrito, nem relíquias corporais (além de alguns artefatos implausíveis, como o famoso prepúcio de Jesus, outra história que é pura invenção). Sua existência é mencionada de passagem por dois historiadores do século I, mas fora isso o que temos basicamente são os evangelhos.

Então, o que é que sabemos dele com certeza? Mesmo depois de todas as buscas e de todos os exames, a resposta mais confiável é curta: Jesus foi um judeu de Nazaré que viveu e foi crucificado na província romana da Judeia, a terra de Israel, intratável região na fronteira oriental do império, situada numa perigosa encruzilhada do mundo antigo.

Que aparência tinha? Ninguém sabe ao certo. Até a língua que falava é tópico de discussão. Quando o papa Francisco se encontrou com Benjamin Netanyahu, primeiro-ministro de Israel, durante uma visita do Pontífice a Jerusalém, em junho de 2014, Netanyahu tentou fazer uma conexão com o líder da maior igreja cristã do mundo comentando que o cristianismo e o judaísmo vinham das mesmas fontes, e que Jesus, na verdade, falava hebraico. "Aramaico", corrigiu o papa, gentilmente, referindo-se à língua semítica aparentada com o hebraico e comumente usada nos tempos de Jesus. "Falava aramaico, mas sabia hebraico", argumentou Netanyahu, diplomaticamente.

Ora, o grego também era amplamente usado na época, e com frequência misturado com o hebraico e o aramaico. "O uso da língua pelos judeus de antigamente era muito parecido com o espanglês, a mudança de uma língua para outra dependendo do que se dizia e de quem era o interlocutor", escreveu na ocasião Seth Sanders, professor de religião no Trinity College e autor de *The Invention of Hebrew* [A invenção do hebraico].

Essa incerteza, essa relativa falta de fatos concretos, está no âmago da questão. Como escreveu Adam Gopnik, da revista *New Yorker*, sobre a infindável obsessão de revelar a verdadeira vida de William Shakespeare, cuja biografia continua opaca 450 anos depois do seu nascimento: "A resposta fácil é a desproporção entre as alturas montanhosas de sua reputação e os fragmentos de sua biografia; as montanhas mais altas produzem os mais abomináveis homens das neves, os yetis amontoam-se nas encostas do Everest".

De fato, pode parecer que o campo da arqueologia bíblica produz tantas fraudes — ou tantas alegações exageradas parecidíssimas umas com as outras — como os testemunhos de encontros com o Pé-Grande ou com Elvis. Quanto maior o potencial de impacto, maior o apelo; quando mais bizarra a descoberta, mais crédito terá.

Outra teoria geralmente aceita nos estudos sobre Jesus é a de que a falta de dados precisos significa que acabamos completando o retrato por nós mesmos, e o homem da Galileia ficou suspeitamente parecido conosco. Uma velha piada ilustra o argumento. Pergunta: Como sabemos que Jesus era judeu? Resposta: Porque seguiu o negócio do pai, viveu em casa até os trinta, achava que a mãe era virgem, e a mãe achava que ele era Deus. Basta acrescentar algumas variações — ele bebia vinho em todas as refeições, ou adorava contar histórias — e Jesus se torna italiano, irlandês e assim por diante.

Nossas preocupações atuais tendem a ser um pouco diferentes, e com elas o nosso Jesus, que pode ser visto como um protomarxista, um membro do Tea Party inimigo de impostos, um camponês de vida simples, um modelo de empreendedor, um fanático amante da liberdade, um desinteressado e objetivo filósofo grego, um gay ou um homem casado e feliz — com filhos, inclusive.

Dedicar atenção especial a artefatos associados a Jesus pode ser uma forma de contornar essas tentações. Mas não há dúvida de que as relíquias proporcionam uma forma própria de literalismo, de servirem como substitutas do pensamento rigoroso sobre a fé tanto para os crentes como para os céticos. As descobertas genuinamente notáveis que vieram à luz nas últimas décadas nos fazem pensar que, a qualquer momento, a verdade surgirá e um pedaço de papiro mostrará que Jesus era feminista, sim; uma gravura demonstrará que teve um irmão; ou um pedaço de pano revelará, finalmente, que aparência tinha.

Mesmo os descrentes mais biliosos podem se utilizar das relíquias para demonstrar seus argumentos, exatamente da mesma forma que os apologistas cristãos fizeram no passado. Mais que nunca, vivemos num mundo em que o vencedor fica com tudo, e queremos que nos provem que temos razão, precisamos que nos provem que estamos certos. Não gostamos de ambiguidade, não gostamos de dúvidas. Mas quem é que gosta? Um dos apóstolos de Jesus, Tomé, disse que não acreditaria na ressurreição "se eu não vir o sinal dos cravos em suas mãos, e não puser o meu dedo no lugar dos cravos, e não puser a minha mão no seu lado". Felizmente para Tomé, essa oportunidade veio quando Jesus apareceu diante dele. Quanto a nós, temos que nos contentar com outros objetos, não menos fascinantes.

Neste livro, nós, como Tomé, que precisava ver para crer, buscamos respostas em fragmentos de ossos de contemporâneos de Jesus, em textos de papiros que podem ou não nos trazer uma nova compreensão de acontecimentos não descritos nos evangelhos, e numa urna funerária de pedra calcária que talvez tenha contido os ossos do irmão de Jesus. Examinamos pedaços do que pode ter sido a cruz onde Jesus foi crucificado, e o sudário que pode ter envolvido seu cadáver — e registrado seu renascimento para esta vida. Exploramos a vida de João Batista, de Maria Madalena e de Judas Iscariotes para ver o que as biografias das pessoas mais próximas de Jesus nos dizem sobre o nazareno.

Objetos associados a Jesus sempre exerceram forte atração. Os evangelhos contam que uma mulher que sofreu de hemorragia durante doze anos abriu caminho na multidão em torno de Jesus, convencida de que "se eu tão somente tocar-lhe o manto ficarei sã". E assim foi. As pessoas hoje em dia não parecem menos atraídas por objetos associados a atletas famosos ou a celebridades e, se forem relíquias ligadas aos mortos, são muito mais poderosas.

Mas os objetos que examinamos nas páginas seguintes — com a possível exceção do Sudário de Turim — não são necessariamente relíquias milagrosas do tipo adorado pelos fiéis ou repudiado por descrentes como David Hume, filósofo escocês do século XVIII que, numa tirada famosa, definiu milagre como "uma violação das leis da natureza".

Pelo contrário, esses objetos pertencem ao mundo natural, e são indícios do que aconteceu num determinado lugar e numa determinada época da história. Esses objetos têm a capacidade de nos tirar de dentro de nós mesmos e nos transportar para uma época e um lugar que não são nossos, na esperança de descobrirmos alguma coisa sobre Jesus que não seja filtrada pelas lentes de distorção dos nossos próprios desejos.

Artefatos são, em certo sentido, um raro ponto de concordância entre céticos e crentes, um lugar onde ciência e religião podem se encontrar, não como adversárias, nem como inimigas, mas como peregrinas numa mesma viagem — seja para onde for que essa jornada as conduza.

Ao contar a história desses objetos nos propomos a fazer, e responder, duas perguntas centrais: Eles são reais? O que significam?

"Todo aquele que é da verdade ouve a minha voz", disse Jesus a Pilatos, enquanto esperava sua sentença. "O que é a verdade?", perguntou Pilatos. Jesus ficou calado, de acordo com o Evangelho de João. Mas encontrar uma resposta à pergunta de Pilatos está no âmago da busca de Jesus, e deste livro.

1. João Batista
Messias rival, ossos da discórdia

Exames revelaram que ossos humanos encontrados numa igreja búlgara pertenceram a um homem do Oriente Médio que viveu no século I EC. Seriam os ossos de João Batista?

À primeira vista, a ilha de Sveti Ivan não parece o lugar mais provável para resolver um dos mistérios mais intrigantes da história cristã.

Com pouco mais de meio quilômetro quadrado, o árido pedaço de terra está situado no mar Negro, perto da costa da Bulgária, a oitocentos metros da cidade turística de Sozopol, e a quase 2300 quilômetros de Jerusalém. Apesar disso, a ilha sempre teve uma importância estratégica e cultural fora do comum. Depois que conquistaram a região, em 72 AEC, os romanos construíram um templo que abrigava uma estátua de bronze de Apolo de treze metros de altura.

O conjunto de edifícios em volta do templo acabou ruindo, juntamente com a sorte do império, e no século V EC, quando o cristianismo começou a chegar à região e a preencher o vazio deixado pelos romanos, um complexo monástico foi construído no meio das ruínas, e a ilha rasa foi batizada de Sveti Ivan, ou são Ivã — ou, na tradição ocidental, são João, como em são João Batista.

No Novo Testamento, João é conhecido como o Batista, devido à sua fama de atrair almas arrependidas para seus batismos fluviais. Mas os cristãos também o conhecem como o Precursor, ou o Mensageiro, o homem que, sabidamente, previu a vinda do Messias e depois identificou Jesus como esse homem, quando o batizava no rio Jordão. João era um profeta franco e sincero, um destemido arauto do Reino de Deus, um pregador de rua original que, em vez de carregar placas gritando "Arrependei-vos!", usava roupas de pelo de camelo como única vestimenta e sobrevivia à base de gafanhotos e mel silvestre.

João vivia de acordo com as palavras que proclamava, e foi preso por Herodes Antipas, o rei da Judeia, representante de Roma, por denunciar o incestuoso casamento de Herodes com Herodias, sua sobrinha. João, como todos sabem, perdeu a vida quando Herodes aceitou conceder à sua filha, tradicionalmente identificada como Salomé, o que ela quisesse, desde que dançasse para seus convidados durante a ceia. Ela dançou, ao que tudo indica de modo bem convincente, e pediu a cabeça do Batista numa bandeja, que Herodes lhe entregou.

Sveti Ivan, a ilha de São João, sofreu muitas tribulações no correr dos séculos. A basílica original foi abandonada e depois reconstruída no século x, e conheceu a prosperidade no século xiii, juntamente com a crescente devoção a João Batista. Dois patriarcas de Constantinopla talvez tenham sido sepultados ali, uma grande honra para um local tão pequeno. Os muçulmanos otomanos que invadiram a Bizâncio cristã saquearam a ilha de São João em 1453, mas uma igreja foi reconstruída no local. Então, no século xvii, piratas cossacos usaram a ilha como refúgio, e a igreja como salão de banquetes. Os otomanos acabaram arrasando todas as construções para privar os piratas de fortalezas, e a ilha foi usada por último como hospital de campanha para soldados russos no século xix.

Nos anos 1980, chegou-se a falar em converter a ilha num destino turístico, com hotel, lojas e coisas do gênero. Mas a ideia não foi adiante, e Sveti Ivan abriga em sua maior parte apenas animais selvagens, principalmente dezenas de espécies de aves, algumas delas em perigo de extinção. Mesmo as raras focas-monge que outrora povoavam as rochas da ilha, carregando no nome ecos de seu passado monástico, desapareceram.

Portanto, foi um tiro no escuro quando arqueólogos começaram a escavar as ruínas da ilha, e houve um espanto genuíno quando, em julho de 2010, descobriram, sob os restos do altar original, um pequeno relicário (caixa para guardar relíquias) de mármore contendo uma boa quantidade de ossos. Três ossos eram de animais de criação — um de ovelha, um de vaca e um de cavalo. "Os ossos de animais são os maiores do grupo, e podem ter sido postos ali para dar volume ao que parece ser uma coleção bem pequena de ossos", declarou Thomas Higham, professor de ciência arqueológica da Universidade de Oxford, à agência Reuters. Higham fazia parte de uma equipe levada ao local para submeter os ossos a testes de DNA e determinar se era possível que pertencessem de fato a João Batista.

Junto com os pedaços de animais havia ossos humanos: um osso de articulação de dedo da mão direita, um dente, um pedaço do crânio, uma costela, e um cúbito, que é o osso do antebraço. Higham e a equipe levaram os ossos para a Unidade de Acelerador de Radiocarbono de Oxford, um dos principais laboratórios do mundo para datação com carbono de material arqueológico, e dois anos depois saiu um resultado que surpreendeu até o próprio cientista: os ossos humanos eram oriundos da metade do século I EC, a época de Jesus. Testes do material genético realizados na Universidade de Copenhague mostraram que todos os ossos pertenciam ao mesmo homem, e ele aparentemente vinha do Oriente Médio.

Além disso, enterrada na parte mais antiga da igreja havia uma pequena caixa de rocha vulcânica. A caixa traz uma inscrição com o nome "São João" em grego, e o dia de festa de João Batista, 24 de junho, que segundo a tradição é a data do seu nascimento. A pedra da caixa, chamada tufo, vinha de uma área onde hoje fica a Turquia, ao longo de uma das estradas usadas para transportar relíquias da Terra Santa para Constantinopla (atual Istambul), onde imperadores romanos e aristocratas, bem como patriarcas e bispos, disputavam-nas avidamente.

"Geralmente eram concedidas como um sinal de favor. O mosteiro de Sveti Ivan pode muito bem ter recebido uma porção de relíquias como presente de um patrono, alguém da elite de Constantinopla", disse o arqueólogo George Kazan, de Oxford, que escreveu sua tese de doutorado sobre o fluxo de movimentação de relíquias nos séculos V e VI. Ele observou que a ilha ficava a uma pequena distância da capital bizantina, numa importante rota comercial do mar Negro.

"É realmente difícil acreditar que um material do século I possa ter ido parar nessa igreja na Bulgária e ainda estivesse lá para que arqueólogos o escavassem", disse Higham. "Mas coisas estranhas acontecem." Higham, um professor ateu sem qualquer motivo para favorecer reivindicações religiosas, declarou aos repórteres que, quando ouviu falar sobre as relíquias pela primeira vez, em 2010, "achei que era uma espécie de piada, para ser sincero". Durante a fase de testes, ele imaginou que a data de construção da igreja original (mais ou menos do século V) seria um bom indicador da idade mais provável do material. "Achávamos que talvez aqueles ossos fossem também dos séculos IV ou V. Mas foi uma surpresa descobrir que eram muito mais antigos."

Seriam os ossos de João Batista? Ainda não há como ter certeza, pois não existem bancos de dados de DNA para fazer a comparação, nem genoma da família de Batista — que, segundo a tradição, incluiria seu primo em primeiro grau Jesus de Nazaré. Mesmo assim, encontrar aqueles ossos — todos de meados do século I, todos de um homem que viveu no Oriente Médio — é, por si só, uma descoberta notável.

João Batista foi, em muitos sentidos, o Humpty Dumpty dos mártires. Ao longo dos séculos, tantas igrejas, tantos santuários e tantas mesquitas — João é um profeta reverenciado no Islã — reivindicaram a posse de seu crânio e seus ossos que os mais gaiatos gostavam de dizer, em tom de brincadeira, que João devia ter tido seis cabeças e doze mãos. Juntar João Batista num único corpo novamente talvez seja impossível, embora essa tarefa e a popularidade de seus restos mortais ofereçam uma abertura para as perguntas que realmente importam: quem foi João Batista e por que ele era tão importante para Jesus de Nazaré? Por que Jesus foi ter com João para ser batizado? João terá sido, de fato, uma figura mais popular do que o Filho de Deus? E por que o movimento de João desapareceu, como ele mesmo previu, enquanto o de Jesus se tornou uma religião global?

"NÃO COMPREENDER O BATISTA É NÃO COMPREENDER JESUS"

O que João Batista confere à narrativa cristã é, acima de tudo, um contexto histórico e religioso, que por sua vez é de importância vital para a compreensão de Jesus. Mas pode também ser profundamente ameaçador para muitos seguidores.

A ameaça surgiu nos séculos XVII e XVIII com a ascensão da "crítica bíblica", o movimento acadêmico de análise das Escrituras de uma perspectiva imparcial, erudita, "factual", sem encarar os textos cristãos como o cumprimento de profecias do Antigo Testamento, um relato sobre o envio ao mundo do filho unigênito do único e verdadeiro Deus para morrer e viver como homem pelos pecados do mundo e se levantar da sepultura e mostrar o caminho da salvação eterna. Durante sua trajetória, esse homem divino, Jesus Cristo, também tinha demonstrado e instruído seus seguidores sobre como viver. Durante séculos, o Novo Testamento foi ensinado como um conjunto de crenças a serem adotadas para se chegar ao céu e um manual de moralidade para orientar a vida neste mundo. Para a maioria dos crentes, a ciência interferia no significado de Jesus, e o contexto histórico diminuía sua singularidade.

Os estudiosos, cada vez mais, pensavam de outro modo, e em sua grande maioria eram vistos como detratores que ressaltavam inconsistências nos evangelhos, ou francas contradições entre eles, e que reputavam os milagres (principalmente a Ressurreição) como mitos inventados pelos primeiros cristãos, como interpretações errôneas de fenômenos naturais ou como alucinações coletivas.

Alguns estudiosos cristãos tentaram usar a ciência para respaldar as Escrituras e confundir os céticos. Um dos primeiros exemplos foi o do arcebispo anglicano James Ussher, do século XVII, cujos complexos cálculos baseados na Bíblia determinaram a data da Criação como a noite que precedeu o domingo de 23 de outubro de 4004 AEC. Outros seguiram os passos de Ussher em seus esforços para explicar teorias científicas que pareciam contradizer afirmações da Bíblia, ou para adivinhar a data e a hora precisas do fim do mundo.

Essas tentativas tendiam a terminar mal, ou acabavam se tornando uma versão espelhada das opiniões dos racionalistas, e de tão empenhadas em justificar as Escrituras cientificamente, obscureceram os objetivos mais elevados e a teologia do cristianismo.

No que dizia respeito a Jesus de Nazaré, o medo de muitos crentes era que, ao ser retratado como um judeu que viveu na Judeia do século I, um rabino ou profeta entre tantos outros que povoaram a terra naqueles tempos tumultuosos do Império Romano, Jesus, como Cristo, ficaria comprometido. Era melhor vê-lo apenas como o Filho de Deus, o primeiro cristão, que surgiu nas páginas do texto sagrado já perfeitamente formado, fundou uma religião e morreu por ela.

A estrutura dos evangelhos fomentava esse modo de ver: dois deles, Marcos e João, começam abruptamente com Jesus iniciando seu sacerdócio público na Galileia, um homem solteiro de cerca de trinta anos. Lucas e Mateus começam com as chamadas narrativas de infância, contando a tão cultuada história de Natal, do nascimento numa manjedoura em Belém e da fuga da Sagrada Família para o Egito a fim de escapar do terrível decreto de Herodes, que mandava matar todas as crianças do sexo masculino de menos de dois anos para exterminar o Messias antes que ele crescesse e pusesse em perigo a dominação romana.

O Evangelho de Lucas menciona uma história de Jesus aos doze anos acompanhando Maria e José a Jerusalém para a Páscoa Judaica. Nessa visita, eles perdem o menino de vista e só o encontraram três dias depois no Templo, discutindo ensinamentos judaicos com os anciãos, que se espantavam com sua erudição e sabedoria.

Fora esse episódio, que também mostra Jesus como alguém incomumente maduro, os evangelhos pulam do Jesus criança para o Jesus como Salvador já adulto, e ignoram dores de crescimento ou o pano de fundo de sua vida. Vem daí a proliferação de teorias fantásticas sobre os "anos ocultos" de Jesus. Crentes na Idade Média adoravam histórias sobre a visita de Jesus à Britânia nesses anos de hiato, enquanto fiéis mais sintonizados com os tempos modernos preferem acreditar que ele teria ido à Índia (como os Beatles visitando um *ashram*), talvez até descobrindo o budismo, o que explicaria o que muita gente hoje vê como o espírito "comer, rezar, amar" que seus ensinamentos emanam.

Mas os crentes modernos que repudiam essas elucubrações também não precisam temer os esforços para compreender Jesus, e a fé que ele pregou, através da compreensão do contexto histórico de sua criação. E isso começa por seu mentor, João Batista.

"Com demasiada frequência, em livros sobre o Jesus histórico, o Batista, como as histórias e os milagres, recebe apenas um aceno superficial e uma breve menção", escreve o reverendo John P. Meier em sua extensa investigação em múltiplos volumes, *A Marginal Jew: Rethinking the Historical Jesus* [Um judeu à margem: repensando o Jesus histórico]. "No entanto, uma das maiores certezas que temos sobre Jesus é que ele se submeteu voluntariamente ao batismo de João para remissão de seus pecados, episódio constrangedor que cada evangelista tenta neutralizar à sua maneira." Como afirma Meier, os primeiríssimos seguidores de Jesus aparentemente já estavam ansiosos para evitar que ele fosse "contextualizado", perdendo sua singularidade. Mas essa abordagem não é desejável, segundo Meier, nem ao menos possível. "Não compreender o Batista é não compreender Jesus."

E a compreensão de João Batista começa com os quatro evangelhos canônicos do Novo Testamento. O fato de João Batista aparecer em Mateus, Marcos, Lucas e João é um indício de solidez a embasar afirmações de que se trata de figura história real. O fato de receber amplo tratamento nas mãos de Josefo, o historiador judeu do século I, como veremos adiante, faz da confirmação de sua existência um verdadeiro gol de placa. Meier tem vários critérios para determinar a credibilidade histórica de uma pessoa, declaração ou história do Novo Testamento, sendo uma das principais o "critério de múltipla atestação" — ou seja, se alguém, ou alguma coisa, é mencionado em várias fontes, é porque provavelmente é verdadeiro, e João Batista preenche esse requisito.

Mas o Batista também passa pelo "critério de constrangimento" de Meier, segundo o qual se alguma coisa, ou alguém, no Novo Testamento, cria constrangimento ou dificuldades teológicas que os seguidores de Jesus precisam explicar, então é provável que seja verdade, porque não poderia ser invencionice dos primeiros cristãos — pelo contrário. Esse critério de constrangimento também será utilizado em discussões sobre Maria Madalena (uma mulher como a primeira testemunha da Ressurreição!) e Judas Iscariotes (Jesus, que tudo sabia, escolhe um apóstolo que o trairá!).

João Batista preenche o requisito por ter batizado Jesus, que segundo o próprio texto bíblico não tinha necessidade de lavar pecados. A necessidade de resolver esse enigma teológico explica em parte por que João não é retratado da mesma maneira nas diferentes fontes.

A título de antecedentes: três evangelhos (Mateus, Marcos e Lucas), de tão parecidos em forma e conteúdo, são chamados de sinóticos, termo derivado da palavra grega que significa "olhar do mesmo ponto de vista". Estudiosos acreditam que esses três evangelhos foram escritos primeiro, tendo sido iniciados poucas décadas depois da Crucificação, e se basearam nos relatos orais que circulavam desde os dias do sacerdócio público de Jesus, que teria começado aproximadamente no ano 30 EC.

O Evangelho de Marcos foi provavelmente o primeiro dos três, redigido entre 65 e 75 EC, com Mateus e Lucas seguindo no encalço de sua narrativa. O quarto, o Evangelho de João, foi escrito depois, talvez já no ano 100 EC, e possui um estilo bem diferente. A tradição atribui (e isso é contestado por muitos, talvez até pela maioria dos estudiosos) este último evangelho ao apóstolo João, o "discípulo amado" que também teria composto o Livro do Apocalipse, já velho e exilado na ilha de Patmos, na costa da atual Turquia.

Marcos, o evangelho mais antigo, não tem preâmbulo, e mergulha de cabeça na história de Jesus, começando com João Batista: este é apresentado como o cumprimento da profecia feita por Isaías no Velho Testamento, "voz do que clama no deserto", preparando o caminho do Senhor, para "endireitar as suas veredas". Continua Marcos:

> Assim apareceu João, o Batista, no deserto, pregando o batismo de arrependimento para remissão dos pecados. E saíam a ter com ele toda a terra da Judeia, e todos os moradores de Jerusalém, e eram por ele batizados no rio Jordão, confessando os seus pecados. Ora, João usava uma veste de pelos de camelo, e um cinto de couro em torno de seus lombos, e comia gafanhotos e mel silvestre.

Todos os principais elementos da história do Batista estão aí: sua voz profética, seu papel como batista, seu amplo apelo e sua vida ascética. Mas que ninguém pense que o Batista tinha essa importância toda. "Após mim vem aquele que é mais forte do que eu, do qual não sou digno de, abaixando-me, desatar a correia de suas alpercatas. Eu, em verdade, vos tenho batizado com água; ele, porém, vos batizará com o Espírito Santo."

Seguindo a deixa, Jesus aparece para ser batizado por João, e Marcos diz que, ao chegar às águas do rio Jordão — tratava-se de imersão, e não de aspersão —, Jesus "viu os céus abertos, e o Espírito, que como pomba descia sobre ele". E continua: "E ouviu-se uma voz dos céus, que dizia: 'Tu és o meu Filho amado em quem me comprazo'". Não fica claro se alguém mais viu aquele sinal ou ouviu aquela voz.

Esse momento, o do batismo, claramente inaugura o sacerdócio de Jesus. Como João tinha feito, Jesus segue diretamente para o deserto para suportar o convívio com os animais selvagens e as tentações de Satã, e então, depois de ouvir a notícia de que o Batista fora preso, começa seu sacerdócio público na região da Galileia, norte da Judeia, onde foi criado.

Na metade do evangelho de Marcos, Jesus volta para completar a história de João, narrando as circunstâncias de sua prisão e de sua morte medonha: que o Batista denunciou Herodes por casar com a mulher do irmão e foi levado para a cadeia, mas que Herodes tinha medo de matá-lo. Sua mulher, Herodias, o queria morto, mas Herodes sabia que João era visto como "homem justo e santo", e ele próprio gostava de ouvi-lo pregar, embora não tivesse certeza se compreendia bem suas palavras.

Então vem o famoso banquete, no qual a filha de Herodes, identificada noutro lugar como Salomé, dançou para os convidados e em troca recebeu de presente a cabeça de João Batista numa bandeja, que por sua vez deu à mãe. Herodes então "entristeceu-se muito", diz Marcos, e talvez tenha sido em parte por isso que deu aos discípulos de João permissão para pegarem o seu corpo e o depositarem num sepulcro — história que, em muitos sentidos, prefigura a Paixão de Jesus. João era tão popular que, quando Herodes mais tarde ouve falar em Jesus, pensa de início que João se levantara dos mortos.

O Evangelho de Mateus é mais extenso. Só continua a narrativa de Marcos sobre João depois de contar a história da infância de Jesus. O Batista é então apresentado mais ou menos da mesma maneira, com a diferença de que, segundo Mateus, critica especificamente os fariseus e saduceus — dois outros grupos judaicos que tinham poder em Jerusalém naquela época, e eram foco de ressentimento de muitos profetas. João Batista os denuncia como "raça de víboras" e sugere que sejam mortos e jogados no fogo.

Quando o Batista profetiza a vinda do Messias, que será Jesus, também invoca o "fogo que nunca se apagará" trazido por Jesus para consumir os que não se arrependerem. Quando Jesus aparece no rio Jordão, João O reconhece, e protesta dizendo que Jesus é que deveria batizá-lo, não o contrário. Jesus diz não: "Deixa por agora, porque assim nos convém cumprir toda a justiça". Então vem o batismo, a pomba descendo e a voz de Deus confirmando que Jesus era Seu Filho.

Depois disso, como em Marcos, Jesus passa quarenta dias no deserto, com algum refinamento no episódio das tentações, e então Jesus começa seu sacerdócio público de pregar — o arrependimento, assim como João — e ensinar, mas também de fazer milagres. Esses milagres são a principal diferença entre João e Jesus. Mais adiante em Mateus, quando João, já preso, ouve falar sobre as proezas de Jesus, manda dois discípulos seus pedirem confirmação de que ele era o Messias: "És tu aquele que havia de vir, ou esperamos outro?".

Aparentemente, João Batista não viu a pomba nem ouviu a voz no rio, ou ainda tinha dúvidas. Jesus instruiu os discípulos de João: "Ide contar a João as coisas que ouvis e vedes: os cegos veem, e os coxos andam; os leprosos são purificados, e os surdos ouvem; os mortos são ressuscitados, e aos pobres é anunciado o evangelho. E bem-aventurado é aquele que não se escandalizar de mim".

Jesus então, numa súbita explosão de energia, faz um elogio a João Batista para a multidão: "Em verdade vos digo que, entre os nascidos de mulher, não surgiu outro maior do que João, o Batista". "Mas", observa Jesus, "aquele que é o menor no reino dos céus é maior do que ele", o que, vindo do Filho de Deus, é um grande louvor.

A última referência ao Batista no evangelho de Mateus é um dos momentos mais significativos e lancinantes da história: depois que João é morto, seus discípulos pedem o corpo de volta e o sepultam, e vão imediatamente contar a Jesus. Ao saber da notícia, Jesus "retirou-se dali num barco para um lugar deserto, apartado", aparentemente sofrendo, e talvez pensando seriamente no que o aguardava.

O evangelho de Lucas acrescenta detalhes ao contexto da história de João e Jesus, como o faz com tantos outros aspectos da narrativa, embora se trate do tipo de minúcia que os estudiosos costumam pôr em dúvida. O principal deles é a história, contada somente em Lucas, de Isabel e do sacerdote Zacarias, casal já avançado em idade e estéril, visitado por um anjo, Gabriel. O anjo anuncia a Zacarias que

Isabel lhe dará um filho, que esse filho se chamará João e que, como profeta, converterá muitos filhos de Israel de volta a seu Deus. Isabel fica em reclusão, segundo Lucas, até o dia em que, já grávida de seis meses, é visitada por uma moça — talvez uma adolescente — chamada Maria, que anuncia a Isabel que ela também, milagrosamente, está grávida. A criança no ventre de Isabel imediatamente dá um salto, que Isabel interpreta como sinal de que João reconheceu Jesus como o Filho de Deus.

Lucas diz que as mulheres são aparentadas, e naturalmente criou-se uma tradição de que a idosa Isabel e a jovem Maria eram primas. E primos também eram, portanto, João Batista e Jesus. O evangelista diz que Maria ficou com Isabel por três meses, que seria até Isabel dar à luz, data que segundo a tradição cai em 24 de junho, exatamente seis meses antes do nascimento de Jesus, o primeiro Natal, que Lucas narra com esplêndidos detalhes.

Lucas mais adiante retoma a história de João no deserto "pregando o batismo de arrependimento, para o perdão dos pecados". João mais uma vez nega que seja o Messias, mas aponta para Jesus, a quem batiza. Mais uma vez o Espírito Santo "desceu sobre ele em forma corpórea, como pomba", Deus dá sua aprovação, e Jesus começa seu próprio sacerdócio público, depois de passar quarenta dias no deserto, enquanto Herodes trancafia João na cadeia e manda decapitá-lo.

O Evangelho de João, o quarto do Novo Testamento e também o último a ser escrito, começa como o primeiro evangelho, o de Marcos, e vai direto à história de João como mensageiro do Verbo, Jesus Cristo: "Ele não era a luz, mas veio para dar testemunho da luz. Pois a verdadeira luz, que alumia a todo homem, estava chegando ao mundo". João mais uma vez protesta dizendo que não é o Messias, como alguns supunham, mas, em vez de descrever o batismo de Jesus no rio Jordão, conta aos ouvintes que viu o Espírito Santo descer sobre Jesus como uma pomba, e que Jesus era, de fato, o Filho de Deus.

João Evangelista está mais preocupado em ressaltar a divindade de Jesus, com tudo feito sob medida para realçar Jesus como o Cristo, o Messias, o Filho de Deus — e é isso o que João Batista faz. Quando o Batista vê Jesus vindo em sua direção, diz aos seus discípulos: "Eis o Cordeiro de Deus que tira o pecado do mundo!". E seus discípulos passam a seguir Jesus. No terceiro capítulo, alguns dos discípulos remanescentes de João Batista notam que Jesus e seus discípulos também estão administrando o batismo, e lhe perguntam por que todos vão ver Jesus. O Batista, novamente, louva Jesus como o escolhido, e numa frase famosa diz: "É necessário que ele cresça e que eu diminua".

João Batista então desaparece da narrativa, e não há referência à sua morte.

"DEUS ENTROU NA FILA"

Se os evangelistas estavam preocupados aqui em mostrar que Jesus era, de fato, maior do que seu mentor, e o superava como figura religiosa e como mestre espiritual, historiadores da época não demonstram essa deferência.

O maior desses cronistas foi Flávio Josefo, um judeu nascido em 37 EC, logo depois dos acontecimentos descritos nos evangelhos, que foi combater pelo povo judeu na revolta de 66-70 EC contra os romanos. Capturado por forças romanas e correndo o risco de ser executado, ele desertou, passando para o lado imperial, e se romanizou, apesar de ainda se considerar judeu.

Depois da derrota dos rebeldes judeus, e da destruição do Templo em Jerusalém em 70 EC, um acontecimento apocalíptico que, posteriormente, seria visto por muita gente como o cumprimento das terríveis advertências feitas ao povo de Israel por João Batista, Jesus e outros, Josefo se retirou para Roma e escreveu extensos e excelentes relatos históricos sobre a época. Neles, há duas referências a Jesus, uma delas apenas de passagem, quando o autor trata da morte do irmão de Jesus, Tiago; e outra um pouco mais extensa, quando descreve Jesus como um "homem sábio" e "fazedor de milagres", que foi crucificado por Pôncio Pilatos e ressurgiu dos mortos no terceiro dia. Estudiosos acreditam que alguns elementos desse trecho podem ter sido floreados por tradutores cristãos posteriores, mas não há dúvida sobre o tratamento dispensado por Josefo a João Batista, que aparece como figura mais bem-sucedida e influente que Jesus.

Em todos os manuscritos existentes de sua história, intitulada *Antiguidades judaicas*, Josefo escreve sobre uma batalha que Herodes travou contra um rival que lhe destroçou o exército:

> Então alguns judeus acharam que a destruição do exército de Herodes foi obra de Deus, e com muita justiça, como castigo pelo que ele fez contra João, que era chamado o Batista: pois Herodes o assassinou, e ele era um homem bom, e ordenava aos judeus que praticassem a virtude, como forma de retidão entre eles, e de piedade para com Deus, e por isso fossem batizar-se [...]

Josefo explica em seguida que o Batista atraía grandes multidões, e que Herodes temia que João usasse essa influência sobre o povo para provocar uma rebelião, "pois eles pareciam prontos a fazer qualquer coisa [que João Batista] recomendasse". Por isso ele decidiu, num ataque preventivo, mandar prender João em Maqueronte, um palácio-fortaleza do outro lado do mar Morto, a leste de Jerusalém. Ali João Batista foi executado. Josefo não menciona a filha dançarina de Herodes, nem a cabeça numa bandeja, mas dá o nome da filha, Salomé.

Todas essas informações contribuem para um retrato mais completo do que os que temos de outras figuras centrais do Novo Testamento, como Maria Madalena ou Judas Iscariotes. Mas o que é que isso nos diz?

Primeiro, fica claro que a terra de Israel no século I era um barril de pólvora com rastilho curto. Sempre fora, em certa medida. O povo judeu era ferozmente independente, e tinha um longo e notável histórico como o povo escolhido do Deus verdadeiro e único, identidade essa que se manifestava numa fusão de tradição religiosa e fervor nacionalista. Mas a província da Judeia era também relativamente pequena, e situada em um ponto de intersecção, onde grandes exércitos entravam em confronto e impérios surgiam e desapareciam. Com frequência, os judeus eram vítimas de danos colaterais, mas podiam aproveitar qualquer momento de desatenção das superpotências do mundo antigo para sacudir o jugo do opressor.

No segundo século antes de Jesus, em 164 AEC, o clã dos macabeus encabeçou um exército rebelde judeu que estabeleceu, com êxito, sua independência do Império Selêucida, episódio recordado todos os anos no Chanuca, a Festa das Luzes, que comemora a reconsagração do Templo de Jerusalém. A autonomia da Judeia durou até 63 AEC, quando o Império Romano em ascensão conquistou a Judeia e instalou um governante maleável, um rei-cliente, para governar em nome de Roma. Isso nunca foi bem aceito pelos judeus, e periodicamente um líder rebelde se levantava, como o fez Judas da Galileia em 6 EC — e era massacrado.

Essa indocilidade constante do povo mantinha os governantes da Judeia em estado de paranoia perpétua. Uma pista sobre a disposição de espírito dos reis-clientes de Roma aparece no relato evangélico da ordem dada por Herodes, o Grande, depois de ouvir a profecia de que uma criança nascida numa manjedoura viria a ser o Rei dos Judeus, para que todos os recém-nascidos do sexo masculino fossem mortos. Herodes Antipas, o filho e sucessor de Herodes, o Grande, tinha a mesma natureza ansiosa do pai e não era afeito ao risco, como o relato de Josefo deixa claro.

"Quando se tem um líder popular surgindo num contexto específico, é porque coisas que aconteceram previamente fizeram as pessoas desejarem desesperadamente uma mudança", afirma Joan Taylor, professora de cristianismo primitivo no Kings College de Londres. "E se olharmos para Josefo [...] e para o que ele diz, há uma tremenda quantidade de sublevação social e medo de que os romanos estivessem assumindo o controle."

Seria João Batista uma ameaça? Nada nas ações do Batista, ou dos seus seguidores, parece apoiar esse ponto de vista. "Como Josefo deixa bem claro, qualquer ideia de revolta estava na cabeça sempre desconfiada de Herodes, e não na mensagem e nos atos de João", afirma Meier.

Mas as suspeitas de Herodes prevaleceram, e João foi morto — um fim que prefigurava o de Jesus, com a diferença de que Antipas, evidentemente, respeitava o Batista o suficiente para mandar decapitá-lo, castigo geralmente reservado a cidadãos romanos, por ser considerado rápido e misericordioso. Já Jesus de Nazaré foi crucificado, punição lenta, cruel e humilhante, dispensada a criminosos comuns, como os dois torturados até a morte em cruzes com o Cristo.

Segundo, também é claro que na terra havia fermento religioso correspondente ao tumulto político. O filme do Monty Python, *A vida de Brian*, de 1979, era uma sátira imensamente controvertida e comercialmente bem-sucedida dos evangelhos — e, em certo sentido, do crescente modismo dos estudiosos da Bíblia —, mas em cujas blasfêmias havia um fundo de verdade. Uma dessas brincadeiras acontece numa cena em que Brian, que é confundido com o Messias, passa diante de uma série profetas e sábios de rua que vertem pela boca o fogo dos infernos ou inventam parábolas incompreensíveis. Sente-se que a Judeia do tempo de João Batista não devia ser tão diferente assim, com a mão pesada de Roma fomentando não apenas conjurações políticas e militares, mas também sonhos febris de salvação divina.

"É importante ter em mente que nem todos os judeus esperavam um Messias, mas alguns sim", lembra o rabino Joshua Garroway, professor adjunto de história cristã primitiva no Hebrew Union College. "O tipo de Messias que esses judeus esperavam abrange variadas possibilidades. Alguns esperavam apenas um líder humano que juntasse os judeus de todas as partes do mundo, ou [...] simplesmente contestasse a hegemonia romana na terra de Israel e restabelecesse um reino davídico com capital em Jerusalém. Outros esperavam um Messias que fosse um grande profeta, ou um grande mestre, ou fizesse milagres. Talvez até mesmo provocasse o fim do mundo tal como o conhecemos, mediante algum tipo de julgamento."

Havia, certamente, alguns candidatos a escolher. Josefo, nossa fonte mais confiável sobre o judaísmo no século I, menciona numerosos profetas e pseudomessias. Um deles, chamado Teudas, arrastou centenas de seguidores para o rio Jordão com promessas de milagres e depois os lançou contra um esquadrão de cavalaria, que, obviamente, os massacrou. Teudas também teve a cabeça decepada — sombras do destino de João — e levada para exibição pública em Jerusalém. Teudas e seu fim também são mencionados nos Atos dos Apóstolos do Novo Testamento. (Esse livro, que historiadores geralmente veem como uma extensão do Evangelho de Lucas, e da lavra do mesmo escritor, narra a fundação da Igreja inicial e o começo da sua propagação pelo Império Romano.)

O Livro dos Atos também apresenta um tribuno que prende o apóstolo Paulo em Jerusalém e lhe pergunta: "Não és tu porventura aquele egípcio que há tempos sublevou e conduziu ao deserto quatro mil sicários?". Trata-se de referência a uma figura messiânica do Egito, que Josefo chama de "falso profeta", e que reuniu milhares (ou, mais provavelmente, centenas) de seguidores perto de Jerusalém e prometeu derrubar os muros da cidade com uma ordem sua. Isso não aconteceu, mas as forças romanas mataram e capturaram a maioria dos que estavam ali reunidos, embora o profeta anônimo do Egito tenha escapado para o deserto, para nunca mais aparecer de novo.

Quando se trata da diversidade religiosa do judaísmo daquele tempo, Josefo sabe do que está falando. Em seus anos de exploração juvenil, ele se alinhou, alternadamente, com os saduceus e com os fariseus, e também com os essênios, uma comunidade quase monástica de homens celibatários que viviam no deserto, talvez ao lado do assentamento de Qumran, perto do lugar onde os Manuscritos do Mar Morto foram descobertos, nos anos de 1940 e 1950.

Discute-se muito se os essênios seriam os autores dos manuscritos e se viviam em Qumram, mas sua existência e influência não são postas em dúvida. Formavam uma comunidade ascética dedicada a levar uma vida simples, marcada pela castidade, pela pobreza e pelo estudo religioso. "Cultivam a seriedade", escreve Josefo, com evidente admiração, "evitam os prazeres, que consideram vício" e "consideram virtude ter autocontrole e não sucumbir às paixões".

Quando tinha dezessete anos, Josefo se juntou aos essênios, com quem ficou três anos: "Entreguei-me às privações, e passei por grandes dificuldades, sobrevivendo a todas. E não me contentei com as durezas desses três anos, pois quando fui informado de que um deles, cujo nome era Banus, vivia no deserto, e não usava nenhuma roupa que não desse em árvore, e não comia nenhum alimento que não crescesse por conta própria, e tomava com frequência banhos de água fria, tanto de noite como de dia, para se purificar, eu o imitei nessas coisas, e continuei com ele por três anos".

Não é de admirar que Josefo escreva sobre João Batista com simpatia, ou que muitos sustentem que João, tão parecido com Banus, só pode ter sido essênio. Mas Meier argumenta que "a conexão Qumran, especialmente a imagem romântica do João educado numa escola preparatória no deserto, pode ser um exagero". E Ben Witherington, especialista em Novo Testamento do Seminário Teológico de Asbury, observa que "o que há de diferente [em João] é que ele vem daquela comunidade e se torna uma alma solitária, convocando outras pessoas ao arrependimento, pessoas comuns ao arrependimento".

A rigor, vários traços distinguem João dos essênios e de outras variantes judaicas da época. Esses traços incluem seu foco num batismo único, abertura para todo o judaísmo e o relativo desdém pelas minúcias das leis e dos costumes judaicos.

A prática do batismo, a bem da verdade, não era totalmente desconhecida. "Na realidade, a imersão na água era uma das formas básicas utilizadas pelos judeus para se limparem em pureza ritual a fim de se qualificarem para participação no Templo", explica Garroway. "Mas, em círculos judaicos, havia também a noção de que algum tipo de limpeza com água também poderia remover a nódoa do pecado moral. Isso, na verdade, remonta aos profetas Isaías, Jeremias e Ezequiel, que usavam a imersão na água como metáfora de transformação moral e retorno a Deus. Por isso desconfio que João entendia o batismo nessa linha, como uma espécie de transformação moral, que prepararia os judeus para o juízo final que ele considerava iminente."

Mas o estilo de batismo de João talvez possa ser descrito mais ativamente: como um "mergulho rápido", em vez da tradicional autoimersão numa banheira, argumentou Liz Charmichael, do St. John's College em Oxford, numa conferência sobre o Batista em 2011. "Ao mergulhar, imergir, outras pessoas nas águas do Jordão ou de uma fonte, João parece ter apresentado uma novidade." Além disso, ninguém mais, naquela época, era conhecido pelo nome de Batista, ou Batizante, como João.

Terceiro, tornou-se óbvio que João era maior do que Jesus — pelo menos de início. "Acho que está bem claro que enquanto viveram João Batista foi muito mais bem-sucedido do que Jesus", afirma Candida Moss, professora de cristianismo primitivo e judaísmo antigo em Notre Dame. "Hoje pode nos parecer óbvio que Jesus é mais importante, mas na época, se vivêssemos na Palestina do século I, saberíamos o nome de João Batista, mas talvez não soubéssemos o de Jesus."

Jesus, segundo o costume da época, aparentemente buscou uma comunidade religiosa — talvez os essênios, como Josefo o faria depois — e um mentor em João. Mas esse contexto posteriormente se tornaria embaraçoso para seguidores de Jesus que tentavam explicar a sua singularidade. É por isso também que as passagens dos evangelhos sobre o Batista parecem indicar uma clara progressão. Em Marcos, segundo Joan Taylor, "Jesus é apenas meio que arrastado pela grande avalanche de gente que ia ao rio Jordão, e é por isso que está ali". Então, em Mateus, João Batista protesta dizendo que não, que *Jesus* é que deveria batizá-lo. Lucas então une o Batista a Jesus por laços de sangue, contando a história dos primos que, por assim dizer, se encontrando no útero, e ao fazê-lo embute o Batista na história de Jesus.

O Evangelho de João, mais que o de Mateus, o de Lucas ou o de Marcos, finalmente eleva Jesus a Cristo e mostra João Batista insistindo novamente, caso houvesse qualquer dúvida, que não é o Messias, mas sim Jesus. Em João, afirma Mark Goodacre, professor de Novo Testamento e de origens cristãos na Universidade Duke, o Batista "não é o profeta, não é Elias. É simplesmente alguém que prepara o caminho para Jesus".

"Os Evangelhos tentam, de formas diferentes, diminuir o papel de João", explica Goodacre. "Sabemos que João era imensamente popular. Sabemos que as pessoas deviam pensar nele como profeta. E uma das coisas que os autores dos evangelhos tentam fazer é, a rigor, um exercício de limitação de danos, para fazer dele apenas um precursor de Jesus, e não lhe dar uma identidade própria e independente." Paulo teve que fazer algo parecido, como está registrado nos Atos, quando foi a Éfeso e encontrou discípulos batizados não em nome de Jesus, mas apenas "no batismo de João". Paulo imediatamente corrige isso, informando que João era apenas um arauto do Filho de Deus, oferecendo um batismo de arrependimento, ao passo que Jesus oferecia um batismo do Espírito Santo — que Paulo então administra.

Mas, por mais que os autores dos evangelhos ou outros escritores tentem diminuir o papel de João, ou o contextualizem na história de Jesus, fica faltando responder a uma pergunta crucial: por que Jesus precisava ser batizado? "Não seria mais o caso de o Filho de Deus administrar o batismo?", questiona James Martin, padre jesuíta e autor de *Jesus: A Pilgrimage* [Jesus: uma peregrinação].

No Evangelho de Mateus, João faz a Jesus a mesma pergunta, e ouve como resposta: "Deixa por agora, porque assim nos convém cumprir toda a justiça". Então João concorda em batizá-lo.

Que significa a resposta de Jesus? Como diz Martin: "É uma resposta obscura, que pode ter confundido tanto João Batista como os primeiros leitores do evangelho de Mateus".

O grande teólogo protestante Karl Barth sugeriu que, como Jesus veio para tirar os pecados do mundo, ninguém precisava mais de batismo do que ele. Martin conjetura que Jesus considerava importante passar pelo que outros tinham passado, e com isso se identificar com o "bom fruto" da pregação de João. Talvez Jesus soubesse que precisava seguir algum ritual, dar um passo em público para lançar o seu sacerdócio, que vem em seguida.

Martin também oferece uma razão mais convincente: "Jesus decidiu imergir ainda mais profundamente na condição humana". Não é que o Jesus sem pecado *precisasse* do batismo, mas se tratava de "um ato de solidariedade, um ato humano do Filho de Deus, que lança a sua sorte com a gente da sua época". No batismo no rio Jordão, Jesus, simbólica e fisicamente, aguarda a vez com seu povo.

Como diz Martin: "Deus entrou na fila".

O dogma central do cristianismo é a Encarnação, a crença de que Deus se tornou homem, e sofreu e morreu com e por todos os homens — os bons, os maus ou os indiferentes. Talvez seja a afirmação mais comovente do cristianismo, mas é uma crença que também provoca grande consternação e oposição. Alguns veem na posição de João Batista uma espécie de irmão mais velho e mentor de Jesus, uma crença que enfraquece aquilo que os seguidores do Cristo acreditam sobre ele. Mas pode ser que a submissão e a imersão de Jesus na comunidade, e no rio Jordão, sejam outras provas de sua identificação com a humanidade.

POR QUE O MOVIMENTO DE JESUS TEVE ÊXITO E O DO BATISTA NÃO

Apesar disso, como João Batista tinha profetizado, ele mesmo perdeu importância enquanto Jesus cresceu. A previsão sem dúvida se cumpriu. Não obstante, por que o movimento iniciado por Jesus teve êxito — sem levar em conta seu papel divinamente ordenado — enquanto o de João definhou? Há quatro razões principais:

Primeira, Jesus ressurgiu dos mortos, e João não.

"É a Ressurreição que realmente singulariza Jesus como completamente diferente", argumenta Taylor. João "sempre quis ser um reformador do judaísmo, queria chamar os judeus para um caminho justo, na expectativa dessa transformação". Nunca se apresentou como outra coisa que não fosse um profeta. "Depois da morte de João, muitos discípulos seus devem ter migrado para o movimento de Jesus porque João, ao contrário de Jesus, morreu e ficou morto", especula Geoffrey Smith, professor de cristianismo primitivo na Universidade do Texas em Austin. "É possível também que tenham percebido uma ligação entre os dois movimentos."

Segunda, como explica Ben Witherington, "Jesus faz milagres. João faz o batismo. Dois tipos diferentes de sacerdócio." Ambos eram importantes. Os evangelhos notam que Judas foi, presumivelmente, um dos discípulos que Jesus despachou para curar enfermos e expulsar demônios. Os primeiros Padres da Igreja também notaram, como Agostinho, que "mesmo os ímpios são capazes de realizar alguns milagres que os santos não são", e que o teste decisivo é o estilo de vida de cada um.

Terceira, os milagres certamente ajudaram a transmitir a mensagem de Jesus, e ele os usou para alcançar outra meta que o diferenciava do Batista: criou uma comunidade à sua volta, a ser compartilhada por todos. Na verdade, ao saber que João tinha sido morto, Jesus ficou claramente perturbado — pela dor, ou pelo pressentimento do seu próprio fim, ou as duas coisas — e tentou retirar-se "para um lugar deserto, apartado", como registra o Evangelho de Mateus. Mas a multidão que se reuniu à sua volta insistia em segui-lo, e Jesus "compadeceu-se dela e curou seus enfermos". Ainda naquela noite, vendo-os com fome e sem nada para comer, realizou o milagre de alimentar 5 mil, multiplicando pães e peixes para saciar a multidão.

João Batista, de outro lado, era mais um solitário, não parecia interessado em conquistar seguidores. "Em vez disso, a grande preocupação do Batista era fazer um chamado a toda Israel para que se arrependesse e viesse batizar-se com ele", afirma Meier. "Parece que a grande maioria dos batizados voltava para casa." Poucos ficaram com o Batista, segundo Meier, mas pareciam ir e vir à vontade, e os mais devotados migraram para o movimento de Jesus depois da morte de João. O Batista era um profeta mais ao estilo clássico, observou certa vez o estudioso da Bíblia Ben Meyer, pregando a conversão em primeiro lugar e só depois a comunidade. "A audácia da iniciativa de Jesus", escreveu Meyer, "foi inverter essas prioridades: comunhão primeiro, conversão depois."

Um dos recrutas mais intrigantes do grupo de Jesus talvez tenha sido uma mulher chamada Joana, mais tarde citada por Lucas como uma das mulheres que Jesus curou e que, junto com Maria Madalena, foi uma das várias que apoiaram o movimento inicial de Jesus "com seus próprios recursos". Joana é mencionada também como a mulher de Cuza, administrador da casa real de Herodes. Por essa razão, provavelmente tinha informações privilegiadas sobre o estilo de vida de Herodes, e sobre os acontecimentos que cercaram a execução do Batista. Talvez isso também explique por que os evangelhos trazem mais detalhes sobre a morte de João do que Josefo.

A quarta e última razão de o movimento iniciado por Jesus ter tido êxito, e o de João não, foi que Jesus — ou pelo menos seus seguidores — saiu para evangelizar o mundo inteiro. Se foi por determinação divina ou uma astuta estratégia de mercado, ou um pouco de ambas, ninguém sabe — mas deu certo.

O que importa saber é que o movimento de João foi diferente de outros movimentos no judaísmo da época, e o de Jesus foi diferente do de João. Se o movimento de Jesus teve mais êxito em termos de crescimento, João teve uma espécie de sobrevida que Jesus não poderia igualar. Suas relíquias, fragmentos de seu corpo venerados por crentes, se espalharam por todo o mundo cristão quando a reverência aos mártires desabrochou no culto aos santos.

"OS MORTOS MUITO ESPECIAIS"

"De todas as religiões, o cristianismo é a mais preocupada com cadáveres", escreve Robert Bartlett no início de sua cativante pesquisa sobre a santidade, *Why Can the Dead Do Such Great Things?* [Por que os mortos são capazes de realizar coisas tão notáveis?]. O título é uma frase de santo Agostinho de Hipona, bispo do século IV, oriundo do Norte da África, um dos escritores e pensadores fundamentais da Igreja. Foi Agostinho quem resumiu as visões divergentes dos "mortos muito especiais", como o autor Peter Brown chama os santos: "Rezamos *pelos* nossos mortos mas *para* os mártires", escreveu Agostinho.

Nos dois casos, a atitude de sagrada reverência aos santos e mártires se refletiria num tratamento inegavelmente distinto dispensado aos seus corpos, algo que, por volta ano 200 EC, separava os cristãos dos judeus e dos pagãos gregos e romanos e, mais tarde, dos muçulmanos. Como seus antepassados judeus, os primeiros cristãos acreditavam que os cadáveres deviam ser tratados com respeito. Isso é evidente nos próprios evangelhos, que mostram os seguidores de João Batista cuidando de recuperar e sepultar seu corpo, assim como os discípulos de Jesus o fariam posteriormente com o seu. Pelos costumes da tradição abraâmica, dava-se preferência ao sepultamento imediato, os cemitérios eram terreno sagrado, e os túmulos de homens santos eram tratados como pontos de peregrinação. Os cristãos, porém, alteraram essa equação ao incorporar os mortos, e pedaços do seu corpo, em sua vida diária e em suas moradias, erguendo igrejas em cima de sepulturas ou decretando que o corpo de um santo, ou alguma relíquia física sua, fosse embutido num altar.

"Transferir os restos mortais para igrejas dentro das cidades quebrou um tabu antigo que demarcava o lugar dos vivos e o lugar dos mortos, e desconsiderou proibições legais e morais profundamente arraigadas sobre a perturbação de restos mortais humanos e a presença dos mortos dentro da cidade", escreveu Bartlett. "Foi uma evolução que distinguiu claramente o cristianismo das religiões pagãs e judaica, as quais observavam a diferença entre um lugar de oração e um cemitério, e consideravam macabro o culto de relíquias corporais."

Um dos primeiros exemplos da devoção cristã ao corpo de uma pessoa santa está no relato do martírio de Policarpo, o idoso bispo de Esmirna, na atual Turquia, ocorrido em algum momento depois do ano 150 EC. Policarpo foi queimado na fogueira numa arena romana por se recusar a acender incenso para o imperador. Mais tarde, os cristãos do seu rebanho tiveram o cuidado de recolher suas cinzas e seus restos mortais "para terem uma participação em sua carne santa".

O que de fato distinguia cristãos de judeus e muçulmanos era que os cristãos dividiam os cadáveres de qualquer jeito e levavam os pedaços de um lado para outro — com frequência brigando entre si pelo direito de ficar com uma relíquia. O primeiro registro dessa devoção data do ano 300 EC e está no relato de uma mulher rica de Cartago, que costumava beijar o sangue de um mártir antes de receber a eucaristia. A mulher, Lucila, na verdade foi repreendida pelo diácono local. As autoridades romanas também não se encantaram nem um pouco com essa prática cada vez mais comum. Uma lei imperial de 386 EC dispõe que "ninguém deve dividir, nem negociar, um mártir".

Mas não havia como conter a devoção. Relatos do começo da era medieval estão repletos de histórias de roubos de fragmentos e ossos dos santos. São Nicolau de Bari, que viria a ser reverenciado de forma mais secular como Papai Noel, teve as costelas, os braços e os dentes surrupiados no século XI por monges zelosos. O bispo Hugo de Lincoln, tendo a oportunidade de venerar o braço de Maria Madalena num convento francês, rasgou a bainha de seda que revestia o tesouro e, para horror dos monges que assistiam à cena, tentou arrancar um pedaço para levar consigo. Em seguida aplicou os dentes no dedo indicador de Madalena, "primeiro com os incisivos, e finalmente com os molares", roendo até quebrar dois pedaços.

Na realidade, como escreveu Eamon Duffy, eminente historiador da igreja da Universidade de Cambridge, no começo da Idade Média:

> Relíquias e fragmentos de relíquia eram distribuídos por conventos, bispos e papas como sinais de favor ou provas de estima, missionários os levavam consigo quando entravam em território pagão para proteger e intimidar, soldados os carregavam nas batalhas como se fossem um exército de auxiliares celestes. Igrejas, conventos e cidades adquiriam poder, riqueza e prestígio com a posse de relíquias notáveis, e feiras e mercados que festejavam os dias santos se tornaram essenciais para a prosperidade de regiões inteiras.

As relíquias eram cada vez mais associadas a milagres, e o fato de homens e mulheres santos não os terem feito em sua vida terrena — como João Batista, ao que tudo indica — não impedia as pessoas de acreditarem que seus restos mortais produziam curas e visões milagrosas, e coisas do gênero.

A rigor, os primeiros séculos do cristianismo certamente nos ofereceram mártires em abundância, e consequentemente relíquias, como resultado da perseguição imperial, que continuou de forma intermitente até o imperador Constantino legalizar a religião, em 313 EC, com o Édito de Milão. (Foi só em 380 que os sucessores de Constantino tornaram o cristianismo a religião oficial de estado, esplêndido triunfo para o que noutros tempos fora considerado uma seita sem muita importância. Essa aliança entre o altar e o trono, no entanto, de diversas maneiras, causaria problemas para a religião em séculos posteriores.)

Apesar disso, nunca houve mortos especiais em número suficiente para povoar as igrejas que rapidamente se multiplicavam, e o comércio de partes de corpos sagrados (ou suas réplicas) se intensificou desde muito cedo. Por volta de 401 EC, santo Agostinho criticou monges que "põem à venda pedaços de mártires", mas o fato era que o mercado negro crescia junto com a veneração de santos e suas relíquias. Ouvia-se ocasionalmente uma voz de protesto, como a do bravo monge francês Guibert de Nogent, que no século XII escreveu um tratado sobre relíquias dando exemplos de ossos e partes do corpo que passavam por relíquias de santo — por dinheiro, é claro.

"Sou capaz de me lembrar de tantos feitos desse tipo que não me sobra tempo, nem forças, para narrar todos eles aqui", escreveu Guibert. E foi além:

> Pois transações fraudulentas são realizadas, não tanto com corpos inteiros, mas com membros ou pedaços de membro, e ossos comuns são vendidos como relíquias de santo. Os homens que assim agem são, claramente, como aqueles de que fala são Paulo, que supõem que a piedade seja fonte de lucro; pois transformam em excrementos de suas bolsas de dinheiro as coisas que (se soubessem) cuidariam da salvação de suas almas.

Nos *Contos da Cantuária*, de Geoffrey Chaucer, uma caricatura da sociedade e da Igreja na Inglaterra do século XIV, peregrinos em viagem a Cantuária têm um encontro com o Perdoador, inescrupuloso vendedor de perdões da Igreja que também afirma ter um monte relíquias sagradas (algumas não passam de ossos de porco), e tenta impingi-las aos peregrinos. Essas histórias, aparentemente, não estavam muito longe da verdade, e ajudavam a alimentar o zelo dos reformistas protestantes, que tentariam dar um basta ao culto de relíquias nos séculos seguintes. Não foram totalmente bem-sucedidos nisso, e em seu livro *A viagem dos inocentes*, de 1869, sobre uma viagem à Europa e à Terra Santa, o escritor americano Mark Twain encontrou nas diversas relíquias combustível para seus comentários caracteristicamente mordazes. Numa capela em Gênova, deparando com outro conjunto de relíquias do Batista (as cinzas, a corrente com que supostamente foi atado na prisão de Herodes), Twain finge estar confuso:

> Não tínhamos intenção de duvidar dessas afirmações, mas apesar disso dava para ter certeza de que eram verdadeiras — em parte porque qualquer um de nós poderia ter rompido aquela corrente, assim como são João, e

em parte porque já tínhamos visto cinzas de são João em outra igreja. Era difícil acreditar que são João tivesse dois montes de cinzas.

UM SANTO PARA A NOSSA ÉPOCA?

De fato, João Batista se revelou especialmente fértil em termos de relíquias, e objeto de uma devoção duradoura. Parte disso pode ser atribuída ao fato de ter sido decapitado. "De todas as partes do corpo, a cabeça humana é a que tem um significado mais complexo", escreveu Bartlett, "como o ponto onde estão localizados os cinco sentidos, o mais fácil indicador da identidade pessoal." Portanto, não era de surpreender que relíquias de cabeça fossem altamente valorizadas, mas também fonte de grande indignação.

As primeiras menções à cabeça de João Batista aparecem em escritos do fim do século IV, quando os cristãos julgaram ter localizado sua sepultura em Sebaste, perto da atual Nablus, na Cisjordânia. Os escritores antigos afirmam que o mosteiro onde os restos mortais do santo estavam guardados foi atacado em 361 EC por pagãos durante um novo despertar da velha religião — lembremo-nos de que o cristianismo era recém-reinante —, e as relíquias do Batista foram danificadas no incêndio. Os restos mortais, que aparentemente incluíam a cabeça, foram juntados pelos monges e mandados para o Egito e outros lugares, para serem preservados em segurança. Em 391, como escreveu George Kazan numa dissertação de 2011 sobre o Batista, o imperador Teodósio mandou levar a cabeça para Constantinopla, onde foi encerrada num pequeno esquife ou urna, enrolada num manto de púrpura imperial e transportada para o Hebdomon, nos arredores de Constantinopla, onde Teodósio construiu uma grande igreja para abrigá-la. A descrição do pequeno esquife, curiosamente, corresponde, de perto, ao relicário desenterrado mais de seiscentos anos depois na ilha de Sveti Ivan, no mar Negro.

Então ocorreu a chamada Segunda Descoberta da Cabeça do Batista, em 453 EC. Consta que o próprio Batista teria revelado a localização da relíquia num sonho que os monges tiveram durante uma visita a Jerusalém. "Descobriram a cabeça, ainda enrolada num saco de pano, dentro do que é descrito como antigo palácio do rei Herodes, o Grande", escreveu Kazan. Era só o começo de uma história picaresca: "Quando viajavam para a Síria de volta para casa, um oleiro que os acompanhava fugiu com a cabeça para Emesa, sua cidade natal" — hoje Homs, na Síria — "também por instrução do Batista, que lhe aparecera em sonho. A relíquia ainda estava escondida no saco, e consta que o oleiro não sabia o que havia dentro. Finalmente, antes de morrer, ele a depositou numa urna lacrada e deixou para a irmã, que não sabia de que se tratava".

Um padre finalmente a recuperou e, ao ser expulso da cidade por heresia, deixou enterrada numa caverna, posteriormente utilizada por outros monges, que a encontraram, graças a outra visão, em 453. Durante a invasão árabe subsequente, essa cabeça também foi levada para Constantinopla, onde suplantou a cabeça resgatada por Teodósio como a verdadeira no coração dos fiéis. Os cruzados ocidentais que saquearam a cidade em 1204 também encontraram a cabeça ainda no lugar.

Não querendo ficar para trás, um francês apareceu no século X afirmando que a cabeça do Batista estava, na verdade, num mosteiro em Saint-Jean-d'Angély, perto de Bordeaux. Essa alegação levou o monge Guiberto a protestar que não, "não houve dois Joões Batistas, nem um com duas cabeças!". Isso não impediu que os franceses adorassem a sua cabeça do Batista, ou que cabeças do Batista e outros restos mortais seus se multiplicassem em suas viagens através dos séculos.

Numerosos santuários, igrejas e mesquitas alegam ter seus braços — importantes porque foram usados para batizar Jesus — e vários dedos estão guardados em diversos lugares, incluindo um deles no Museu de Arte Nelson-Atkins, em Kansas City.

Uma igreja em Roma afirma ter a cabaça do Batista, e a tradição islâmica sustenta que o crânio de João está na Mesquita de Umayyad, em Damasco, onde ficava uma antiga igreja. Uma catedral foi construída em Amiens, no norte da França, por volta de 1200, para abrigar a cabeça do Batista, que, segundo se dizia, fora levada por um cruzado que voltou para casa depois do saque de Constantinopla. Igrejas em Munique, na Alemanha, e em Monte Atos, na Grécia, também alegam ter pedaços do crânio do Batista, enquanto outro pedaço da cabeça permanece em Istambul, e outro, ainda, numa igreja no Egito.

A cidade de Halifax, em West Yorkshire, na Grã-Bretanha, tem inclusive a cabeça do Batista em seu brasão oficial, graças a uma lenda do século XVI segundo a qual os primeiros colonos religiosos da área trouxeram com eles a "*holy face*", ou face sagrada, de João Batista — *holy* grafada como *halig*, em inglês arcaico, e *face* como *fax*, resultando em Halifax.

O único lugar que parece estranhamente privado de uma relíquia do Batista é Florença, onde João é venerado como o padroeiro da cidade. Em 1411, correu o boato de que o papa João XXII — que seria deposto e denunciado como falso pretendente ao Trono de são Pedro durante o Grande Cisma do Ocidente — tinha um crânio do Batista que estava à venda pela enorme soma de 50 mil florins. Não houve como negociar o preço, e o comprador teve que se contentar com um dedo. Uma conspiração para surrupiar a cabeça também fracassou, e os florentinos ficaram magoadíssimos quando o papa Pio II mais tarde doou um braço inteiro do Batista para Siena, cidade natal do pontífice e implacável rival toscana de Florença.

Não é de admirar, portanto, que uma reportagem publicada em 1881 no *New York Times*, que torcia o nariz para "o tolo culto das relíquias", contasse a história de dois mosteiros franceses rivais que alegavam ter a cabeça do Batista. Eles explicavam a disputa dizendo que o primeiro crânio pertencia ao homem João e o menor era de "quando ele era menino". Kazan, no entanto, afirma que a história é apócrifa, e parece ter tido origem numa nota de rodapé de uma tradução do *Tratado das relíquias*, de Calvino. (Calvino não era a favor delas.) Isso mostra a facilidade com que alegações sobre as relíquias do Batista proliferam mesmo entre os céticos.

O problema de toda essa pitoresca história é que, por mais divertida que seja, pode compreensivelmente levar ao sarcasmo sobre a importância e o poder das relíquias, para crentes e não crentes. Os ossos de João Batista abrem uma janela para um capítulo crucial na história, e para uma herança compartilhada por judeus, cristãos e muçulmanos.

De fato, o que costuma ser obscurecido por nosso fascínio pelas relíquias do Batista, ou por sua relação com Jesus, é seu papel ímpar: João é um santo cristão, mas é também pré-cristão. Morreu antes de Jesus sacrificar a si mesmo na cruz, e teólogos posteriores argumentam que, em virtude disso, João foi para o inferno, e não diretamente para o céu, como se poderia supor. O Padre da Igreja Orígenes, do século III, entre outros, tentou atenuar o destino de João pregando que o papel do Batista no mundo inferior foi o mesmo aqui da terra: anunciar a vinda de Jesus. Portanto, quando Jesus desceu ao inferno, como narra o evangelho, entre a Crucificação na Sexta-Feira Santa e a Ressurreição no Domingo de Páscoa, ele resgatou, por toda a eternidade, todos os justos que morreram desde o começo do mundo — incluindo João Batista.

Esse papel fronteiriço faz de João Batista uma espécie de ponte entre tradições e épocas. O cristianismo ortodoxo oriental vê João como o último dos profetas do Antigo Testamento, bem como um santo cristão, um homem do mundo judaico e da Igreja cristã. Os muçulmanos, como já vimos, reverenciam João Batista como profeta, assim como os seguidores da fé *bahá'í*. A pequena comunidade dos mandeus, que se formou nos primeiros séculos depois de Jesus, no atual Iraque, via João Batista, e não Jesus, como o verdadeiro Messias. Seu apelo como profeta é tão antigo quanto o próprio Batista, e perdura até hoje.

João Batista era conhecido como João, o Precursor, João, o Arauto, e João, o Imersor. E, tão importante quanto isso, era João, o Que Diz a Verdade. Na Inglaterra do século XI, dois eclesiásticos debateram se os cristãos venerados como santos deveriam ser considerados mártires se fossem mortos tentando proteger seu povo durante uma invasão. Na tradição cristã, mártir é alguém que morre por defender a fé, por se recusar a negar Cristo. Um desses eclesiásticos, Anselmo, futuro arcebispo da Cantuária, respondeu ao seu interlocutor que, sim, aqueles santos eram mártires porque, se preferiram morrer a deixar de proteger o povo, era porque certamente morreriam antes de negar Cristo, um pecado muito mais grave.

Em defesa do seu argumento, Anselmo observou que João Batista foi morto não por se recusar a negar Cristo, mas por denunciar a imoralidade de Herodes. “Que diferença existe entre morrer pela justiça ou morrer pela verdade? Além disso, uma vez que, segundo o testemunho das escrituras sagradas [...] Cristo é a verdade e a justiça, quem morre pela verdade e pela justiça morre por Cristo.”

É por isso que João Batista pode ser invocado como precursor dos mártires da verdade dos tempos modernos, como o pastor luterano e antinazista Dietrich Bonhoeffer, o Mahatma Gandhi, Martin Luther King Jr. e o arcebispo salvadorenho Oscar Romero. Há uma qualidade universal em João, “a voz dos que clamam no deserto”, que exige respeito a qualquer dia, em qualquer época. O modelo de João talvez seja especialmente poderoso e pungente hoje em dia, quando relatos e vídeos da terra onde pregou nos contam que tantos sofrem o mesmo destino macabro — o que o torna o santo perfeito para os dias de hoje.

2. O Ossuário de Tiago

A mão de Deus ou o crime do século?

O Ossuário de Tiago é uma urna funerária de 2 mil anos de idade que — assim informa sua inscrição — guardou os ossos do irmão de Jesus, Tiago. Mas será a gravação uma fraude?

Foi anunciado como o Julgamento do Século, e quando um tribunal de Jerusalém deu o veredicto, em março de 2012, o mundo das antiguidades bíblicas e o dos que o fiscalizam prenderam coletivamente a respiração: o Estado de Israel tinha acusado o colecionador israelense de antiguidades Oded Golan e vários de seus sócios de forjar artefatos bíblicos, sendo o principal deles o Ossuário de Tiago, uma urna funerária do século I EC cuja inscrição em aramaico a identificava como a sepultura de "Tiago, filho de José, irmão de Jesus". Para muita gente, não se tratava do julgamento de um falsário, mas do desejo da humanidade de encontrar provas de que a religião se baseava na realidade, sendo o Ossuário de Tiago a ligação física mais direta com Jesus de Nazaré que o mundo já tinha visto.

Em dezembro de 2014, Oded Golan e outros quatro foram acusados de dezoito crimes relacionados a falsificação, fraude e obtenção de lucro mediante fraude, além de forjar, entre centenas de itens, o Ossuário de Tiago e uma tabuleta de pedra com registros de reparos feitos no Templo de Salomão em Jerusalém pelo rei Jeoás. O julgamento começou no tribunal distrital do juiz Aharon Farkash, em Jerusalém, no segundo semestre de 2005, e teve a bíblica duração de sete anos, em parte devido à mecânica do sistema judicial israelense, em que só o juiz decide e, como resultado disso, nunca há juízes e advogados em número suficiente, e em parte devido à inacreditável complexidade do caso. Em 116 sessões, o tribunal ouviu uma procissão de 133 especialistas; examinou duzentas provas documentais, muitas delas insondáveis obras de erudição bíblica, e produziu 12 mil páginas de testemunhos. Só o resumo final dos fatos e argumentos da promotoria tinha 653 páginas.

Quando o juiz Farkash se retirou em outubro de 2010 para preparar seu veredicto, muitos estudiosos concordavam com a avaliação do professor Aldo Shemesh, especialista em isótopos do Instituto Weizmann de Ciência, que fora convocado pela defesa. "Debates científicos deveriam ser discutidos e resolvidos por meio da revisão da literatura e de conferências científicas, não num tribunal", argumentou ele.

Mas o Ossuário de Tiago *tinha* ido parar num tribunal penal — a primeira vez em que um tribunal penal israelense fora chamado para julgar um caso de falsificação de antiguidades. Agora que o julgamento terminara, ao mundo só restava aguardar o veredicto: o Ossuário de Tiago se desintegraria na esteira da culpa ou ganharia excitante vida nova sob a auréola de uma absolvição? Fosse como fosse, havia muito a ganhar e muito a perder.

Poderia aquela antiga urna de pedra realmente nos proporcionar nossa primeira ligação física com Jesus e sua família? Ou seria uma das falsificações mais sofisticadas da nossa época? No cerne da questão, havia uma pergunta que não calava: quem foi Tiago? O que fez ele, além de ser o irmão de Jesus, para merecer inscrição num ossuário que ainda cativa o mundo?

"TIAGO, FILHO DE JOSÉ, IRMÃO DE JESUS"

O Novo Testamento nos conta que Jesus teve irmãos e irmãs. Os Evangelhos de Marcos e de Mateus dão os nomes de Tiago, José, Judas e Simão, além de irmãs não identificadas. Mas como esses irmãos se relacionavam com Jesus?

"A relação entre Tiago e Jesus é muito complicada", explica o padre jesuíta James Martin, autor de *Jesus: A Pilgrimage*. "Ele é chamado claramente de irmão do Senhor, e os gregos usam a palavra comum para irmão. Os católicos acreditam na perpétua virgindade de Maria, portanto, nossa opinião a esse respeito, que me parece muito razoável, é que Tiago e os outros irmãos eram filhos de José de um casamento anterior. José seria mais velho e Maria mais nova, por isso os vemos, em certo sentido, como meios-irmãos."

Estudiosos e teólogos tentam entender de que maneira a doutrina da virgindade perpétua conciliaria o fato de Maria ter tido outros filhos e, por serem tantas as facetas do cristianismo, dão respostas diferentes. A Igreja Ortodoxa Oriental acredita que os irmãos e irmãs são filhos de José, de um casamento anterior, e consequentemente meios-irmãos de Jesus. Os protestantes consideram que Maria teve filhos depois de Jesus, e o catolicismo romano os menciona como primos, ou meios-irmãos, de Jesus, nascidos antes Dele, de outra mãe, o que teria preservado a virgindade de Maria.

"O fato de Jesus ter irmãos cria dois grandes problemas para os católicos romanos e para os cristãos de rito oriental", afirma Candida Moss, de Notre Dame. "Maria é, supostamente, uma virgem perpétua, portanto, se tem outros filhos que não são filhos de Deus, então isso deixa de existir. E de fato foi essa ideia, de que Maria é uma virgem perpétua, que expulsou os irmãos de Jesus do palco da história do cristianismo."

Expulsos do palco da história cristã, talvez, mas não dos evangelhos. Mateus e Marcos narram que Jesus volta para a sua cidade natal, Nazaré, minúsculo lugarejo a aproximadamente 145 quilômetros de Jerusalém, e exaspera os moradores locais com seu brilho:

> E, chegando o sábado, começou a ensinar na sinagoga; e muitos, ouvindo-o, se admiravam, dizendo: "De onde lhe vêm estas coisas? E que sabedoria é esta que lhe foi dada? E como se fazem tais maravilhas por suas mãos?

> Não é este o carpinteiro, filho de Maria e irmão de Tiago, e de José, e de Judas e de Simão? E não estão aqui conosco suas irmãs?" E escandalizavam-se dele. E então Jesus lhes dizia: "Não há profeta sem honra senão na sua pátria, entre os seus parentes e na sua casa".

A casa onde Jesus nasceu era humilde: o pai, José, era carpinteiro, e provavelmente trabalhava consertando cabanas de barro, portas, janelas e mesas, dentro da economia de subsistência que era Nazaré, trabalho esse complementado pelos vários projetos de construção na vizinha cidade de Séforis, sede de guarnições romanas; a mãe, Maria, cuidava de um lar judeu e criava uma devota família judia de pelo menos sete filhos.

A única história bíblica que temos de Jesus jovem vem do Evangelho de Lucas, quando José e Maria levam o menino de doze anos a Jerusalém para a Páscoa, e o deixam para trás quando vão para casa com os companheiros de viagem. Quando Maria e José voltam para buscar Jesus, o encontram sentado no Templo conversando com os rabinos num nível de sofisticação que "todos que o ouviam se admiravam da sua inteligência e das suas respostas".

> Logo que seus pais o viram ficaram maravilhados; e sua mãe lhe disse: "Filho, por que fizestes assim conosco? Teu pai e eu, aflitos, estamos à tua procura". Ele lhes respondeu: "Por que me procuráveis? Não sabíeis que me cumpria estar na casa de meu Pai?". Não compreenderam, porém, as palavras que lhes dissera. E desceu com eles para Nazaré; e era-lhes submisso. Sua mãe, porém, guardava todas estas coisas no coração.

Essa espantosa negligência dos pais pode ser vista como a inversão bíblica do enredo de *Esqueceram de mim*, provando que Jesus era o caçula da família, no qual só se pensou mais tarde, em meio à balbúrdia da partida para casa na apinhada Jerusalém da época da Páscoa. Ben Withering, porém, acha que o episódio demonstra o oposto. "Aqui não há menção a outros irmãos e irmãs indo com eles a Jerusalém para a festa, coisa que certamente ocorreria se fossem mais velhos do que Jesus... Como o Novo Testamento não fornece prova em contrário... Tiago era o irmão mais novo de Jesus e cresceu junto com ele na mesma casa."

É bem verdade que não há outros indícios no Novo Testamento de convivência fraterna de Jesus e Tiago, mas existe, nos "Evangelhos da Infância", uma série de parábolas imaginando como teria sido a vida do jovem Jesus, que apareceu no século II EC. Os fiéis da religião em crescimento ansiavam por histórias de Jesus na infância, enquanto aguardavam sua volta para estabelecer o seu reino. O Protoevangelho (ou "pré-Evangelho") de Tiago, supostamente escrito pelo irmão de Jesus, relata o nascimento e a educação de Maria, e afirma que José já tinha filhos quando ficou noivo da Virgem. É a mais antiga fonte a descrever a virgindade perpétua de Maria e, consequentemente, situa Tiago na hierarquia familiar como o irmão mais velho de Jesus.

O Evangelho da Infância de Tomé também situa Tiago antes de Jesus, mas é o irmão mais novo que vem milagrosamente em socorro do mais velho: "E enquanto juntavam galhos secos, uma abominável serpente picou a mão de Tiago. E quando ele jazia esparramado no chão, morrendo, o menino Jesus correu para Tiago e nada fez além de soprar na picada e imediatamente o ferimento sarou. E a serpente foi destruída".

Essa união de Jesus e Tiago, com o mais novo salvando o mais velho e ao mesmo tempo atacando a imagem de Satã, cria uma relação especial entre os dois, que se refletirá tanto na Igreja Cristã como no Ossuário de Tiago.

"Ao trazer Tiago para dentro da história, o que ocorre é que Tiago, conhecido por ter sido um líder importante, é posto ao lado de Jesus já no começo", explica o reverendo Bruce Chilton, professor de religião e titular da cadeira Bernard Iddings Bell no Bard College, "de modo que vemos uma ligação orgânica entre eles, não apenas em termos de relacionamento, mas também em termos de experiência comum."

Apesar dessa ênfase inicial em Tiago, sua história, para a maioria dos cristãos, permaneceu obscura até — quase 2 mil anos depois de sua morte — a descoberta da urna funerária lançá-lo ao centro dos acontecimentos no palco mundial. Mas será que o Ossuário descoberto e apresentado ao mundo por Oded Golan era mesmo do irmão de Jesus? E como foi que Oded Golan, um israelense não religioso, o adquiriu?

"Não vi nada de especial neste ossuário e, para ser sincero, eu nem sabia que Jesus Cristo tinha irmãos e irmãs", afirma Oded Golan, nascido em 1951 em Tel Aviv numa rica e importante família israelense.

Golan demonstrou curiosidade arqueológica e olhar aguçado ainda bem jovem, descobrindo um pedaço crucial da história judaica aos dez anos de idade. O Estado de Israel tinha apenas três anos a mais do que ele quando seus pais o levaram, com o irmão, numa excursão ao mar da Galileia para visitar Tel Hazor. No segundo milênio AEC, Hazor foi a maior cidade da região que se tornaria Israel, mas até 1961 tinha voltado à terra — e a terra a devolveu.

Enquanto acompanhava os pais, Golan encontrou um pequeno fragmento de argila com inscrições que reconheceu como cuneiformes, uma das formas de escrita mais antigas da humanidade, que consiste em caracteres em forma de cunha gravados em tabuletas ou vasos de argila. Golan mandou um postal descrevendo sua descoberta para Yigael Yadin, arqueólogo que adquirira estatura heroica em Israel não só por sua atuação na força paramilitar judaica Haganá durante a Guerra da Independência contra os britânicos, mas também por ser o homem que descobriu a Porta do Rei Salomão em Megido (o local do Armagedom), 25 quilômetros a sudeste de Nazaré, bem como a fortaleza de Massada no alto de um planalto escarpado, onde, de acordo com o historiador romano-judeu Josefo, quase mil rebeldes judeus e suas famílias preferiram o suicídio coletivo à rendição aos romanos que os sitiavam depois da destruição do Templo de Jerusalém em 70 EC.

Para espanto dos pais de Golan, o grande Yadin apareceu na casa deles em Tel Aviv à procura do "sr. Golan". Mesmo quando soube que Golan era um menino, Yadin persistiu. Depois de examinar o fragmento, declarou que era parte de um dicionário existente no palácio de Jabim, o rei de Hazor, mencionado no livro de Josué.

Golan não conseguiu se lembrar exatamente onde tinha achado o fragmento, mas imaginou onde construiria um palácio se fosse rei de Hazor. Indicou um lugar na fotografia do sítio mostrada por Yadin e, *mirabile dictu*, anos depois ficou sabendo que a Universidade Hebraica, fazendo escavações naquele exato lugar, descobriu o palácio.

As afirmações de Oded Golan são menos uma questão de memória do que de ignorância quando se tenta estabelecer a legitimidade do Ossuário de Tiago, cuja proveniência tem sido um dos seus principais problemas. Ele comprou o ossuário quando fazia o curso de engenharia industrial em Technion, uma universidade de tecnologia de Haifa, nos anos de 1970.

"O negociante de quem o comprei — e isso já faz muito tempo — me disse que foi encontrado perto de Silwan, uma aldeia que fica bem próximo do Monte do Templo em Jerusalém", afirma Golan. "Perguntei a ele: 'Você a encontrou junto com garrafas ou lampiões a óleo, ou coisas do gênero?', e o negociante respondeu: 'Não, foi tudo que achei', e foi isso o que comprei. Portanto, ele apareceu por si só, e é tudo que sei a seu respeito, ou pouca coisa mais."

Como colecionador de antiguidades de renome internacional, cuja coleção é substancial — "Na verdade eu tenho a maior coleção privada de ossuários em Israel, provavelmente no mundo", diz Golan —, ele certamente está bem a par da Lei de Antiguidades do Estado de Israel, de 1978, que nacionaliza as antiguidades do país como parte de um esforço para estancar seu fluxo ilegal.

Embora uma pessoa condenada por violar a lei possa cumprir pena de dois anos de cadeia e pagar uma multa pesada, não é difícil contorná-la, já que qualquer artefato desenterrado, vendido ou doado antes de 1978 pode ser legalmente vendido, desde que esteja registrado no governo. Negociantes de antiguidades simplesmente dão um falso número de registro a objetos saqueados, e qualquer um que o deseje, e tenha dinheiro para isso, pode adquirir um ossuário no labirinto de lojas de antiguidades na Cidade Velha de Jerusalém.

Ossuários como o que pode ter guardado os ossos de Tiago eram comuns no século I EC por razões práticas. O rei Herodes, governante instalado pelos romanos, empreendeu extensas construções em Jerusalém, tendo a renovação do Segundo Templo como peça central — não apenas da vida religiosa judaica, mas também da própria cidade, seu grande telhado dourado cintilando ao sol mediterrâneo como um farol para os crentes para os quais o Templo é lugar de reverência, tanto literal como espiritualmente.

A cidade de Jerusalém era pequena, ocupando área de pouco mais de três quilômetros quadrados, dividida pelo Templo entre a rica Cidade Alta e a mais humilde Cidade Baixa, cercada por uma espessa muralha de pedra.

"Temos dados indicando que por volta de 20 EC, no período herodiano, havia 38 mil pessoas em Jerusalém", afirma Camil Fuchs, chefe do Departamento de Estatística da Escola de Ciências Mate máticas da Universidade de Tel Aviv, que não só estuda demografia antiga, mas também faz pesquisas de opinião política para o jornal israelense *Haaretz*. "Na época da destruição do Templo, em 70 EC, havia cerca de 82 mil pessoas. Com base nesses dados, podemos estimar qual era a taxa de crescimento e quantas pessoas morreram naquela época, quantas podiam ser sepultadas."

À medida que a população de Jerusalém aumentava, o espaço para sepulturas encolhia, e no século I EC o ossuário oferecia a solução perfeita. "Pelo costume judaico, os mortos são sepultados fora do perímetro de habitação humana, por isso não se enterrava ninguém onde houvesse gente morando. Aquele anel de túmulos em volta de Jerusalém foi produto dessa crença", explica Byron McCane, arqueólogo e professor de religião no Wofford College, em Spartanburg, Carolina do Sul. MCane, um pesquisador da verdade no mundo antigo "à Indiana Jones", passou toda a sua carreira examinado a Bíblia pelas lentes da ciência.

"Um funeral judaico da época de Jesus na verdade durava um ano inteiro", continua McCane. "Depois de depositar o corpo no sepulcro, a família espera até não sobrar nada além dos ossos. E, tipicamente, lemos que no primeiro aniversário da morte, membros da família — e só membros da família, não há procissão — voltam ao túmulo e juntam os ossos dos seus mortos queridos. Os ossos são colocados num ossuário, o ossuário é assinalado com o nome do falecido e posto num lugar dentro do sepulcro, talvez numa pequena cavidade, talvez numa prateleira. E ali termina o processo de sepultamento."

Um ossuário é uma caixa esculpida em um tipo de pedra calcária comum na área em torno de Jerusalém. Mais ou menos do tamanho de uma caixa acoplada de vaso sanitário, o ossuário tem tamanho suficiente para abrigar o fêmur, o crânio e a pelve, os maiores ossos do corpo humano. Oded Golan acha que comprou um dos milhares de ossuários escavados em sepulcros, legal ou ilegalmente, e não viu nada de extraordinário naquele que o catapultaria primeiro ao noticiário global e depois para um tribunal israelense.

"Não consegui decifrar a inscrição, portanto não pude sequer compreender o significado da inscrição Ya'akov — Tiago — o irmão de Jesus", argumenta Golan, "mas mesmo que tivesse percebido nunca pensei que Jesus tivesse irmãos. Não vi nada de especial nesse ossuário."

Em abril de 2002, Golan convidou André Lemaire, professor de escrita semítica na Sorbonne, para dar uma passada em seu apartamento em Tel Aviv e examinar umas antiguidades. Lemaire lembra que Golan lhe mostrou fotos de diversos ossuários, mas uma em particular chamou sua atenção, a de um ossuário com gravação em aramaico em letras claras e cursivas, a língua que Jesus e seus companheiros judeus falavam. Dizia: "Ya'akov bar-Yosef akhui di Yeshua" — ou "Tiago, filho de José, irmão de Jesus".

Se Golam não sabia que Jesus tinha um irmão, Lemaire, como erudito e ex-padre jesuíta, certamente sabia. Durante toda a sua vida acadêmica correra atrás do "grande achado", e talvez aquele fosse o que procurava. Se a inscrição na lateral do ossuário de Golan se referia ao irmão de Jesus, então seria um momento cataclísmico na história cristã: a primeira prova material do Jesus histórico.

Embora a inscrição fosse clara, a primeira parte — "Tiago, filho de José" — parecia ter sido gravada por mão diferente da que inscrevera "irmão de Jesus". A última inscrição poderia ter sido feita por outro escriba, que chegou para o turno seguinte, por assim dizer. Ou acrescentada posteriormente por um falsário. Agora que o ossuário podia muito bem ser a mais importante descoberta cristã desde que a imperatriz Helena supostamente encontrara a Cruz Verdadeira no século IV EC, Golan e Lemaire decidiram que era o caso de fazer mais testes. Na verdade, o ossuário precisava passar no teste do tempo, por isso Golan o levou para o centro de Pesquisa Geológica de Israel (GSI).

O dr. Shimon Ilani foi um dos cientistas do GSI incumbidos de examinar a inscrição no ossuário para ver se sua pátina (a acumulação de saibro em objetos antigos, ou, mais poeticamente, a acumulação do próprio tempo) era compatível com o século I.

Ilani e sua equipe pegaram minúsculas amostras de pátina do ossuário e as examinaram com o auxílio de um poderoso microscópio eletrônico de varredura (MEV), cuja resolução é de um nanômetro, ou a bilionésima parte de um metro.

"Não encontramos nenhum sinal de que seja uma falsificação moderna", afirma Ilani, "porque a pátina é muito clara — apenas carbonato de cálcio, $CaCO_3$." O carbonato de cálcio é encontrado em muitas rochas, mas especialmente em pedra calcária. "E descobrimos que a pátina cobre o ossuário e também está infiltrada nas letras. É muito importante levar isso em conta, porque se a pátina verdadeira preenche as letras quer dizer que as letras são da antiguidade."

Ilani e seus colegas também estudaram os arranhões no ossuário, causados pelo desgaste de dois milênios numa sepultura de pedra. Se os arranhões dentro das letras não tivessem pátina, então o motivo seria falsificação, mas o microscópio MEV mostrou aos cientistas que até mesmo as ranhuras dentro das letras tinham pátina de antiguidade.

Mas outra questão surgiu. Se o ossuário e sua inscrição eram realmente tão antigos como Golan acreditava, qual era a possibilidade de que a inscrição se referisse a Tiago, o irmão de Jesus, e não a outro Tiago que morreu na mesma época?

Oded Golan foi ver o mago das estatísticas Camil Fuchs e lhe pediu que realizasse uma viagem no tempo fazendo um cálculo gigantesco: qual seria a probabilidade de que essa combinação de nomes — José, Tiago e Jesus — estivesse relacionada a um ossuário do século I EC?

Fuchs teve que levar em conta diversas variáveis para calcular essa probabilidade; a população de Jerusalém entre o provável nascimento de Jesus, em 6 EC, e a destruição do Templo em 70 EC; o fato de que os nomes José, Tiago e Jesus não se repetissem na mesma formação dentro de uma família com o passar do tempo; e o fato de que, para ser sepultado num túmulo, com um ossuário inscrito, o falecido precisaria ter sido rico e letrado ou tido em tão alta estima que as despesas de sua morte fossem pagas por um benfeitor abastado.

"Meus cálculos deram como resultado o número 1,71, que é o número de pessoas — que se chamavam Tiago, com um irmão chamado Jesus e um pai chamado José — que poderiam ter sido sepultadas nos ossuários", conta Fuchs. "Isso quer dizer que nossa estimativa é de aproximadamente duas pessoas com essas características, ou uma pessoa com essas características. É, portanto, uma combinação muito rara. Poderiam ser as pessoas de que estamos falando? Sim, poderiam."

Aqui entra Hershel Shanks, advogado com um interesse diletante tão agudo por arqueologia bíblica que criou a revista *Biblical Archaeology Review*, que se tornou leitura obrigatória e um pesadelo para o mundo dos estudos sérios — Shanks seria capaz de publicar artigos que outros periódicos, de padrões acadêmicos mais rigorosos, rejeitariam. Numa entrevista coletiva em Washington, em 21 de outubro de 2002, Shanks anunciou, com a habilidade de sempre, que aquele ossuário estava possivelmente ligado a Jesus. “É a primeira atestação arqueológica de Jesus, e também de José e Tiago, o que é mais do que surpreendente”, revelou.

Oded Golan, judeu não praticante que ainda se mantinha no anonimato, e que segundo Shanks tinha comprado o ossuário das mãos de um negociante árabe por uma quantia entre duzentos e setecentos dólares, de repente se viu de posse de um artefato bom demais — e valioso demais — para permanecer elegantemente acomodado em seu apartamento. Enquanto isso, 560 quilômetros a noroeste dali, no Canadá, ficava o palco perfeito para trazer Tiago, irmão de Jesus, de volta à luz do mundo.

“AS COISAS ESTÃO FUGINDO DE CONTROLE COM RELAÇÃO A JESUS...”

Quando Jesus começou seu sacerdócio público, por volta de 27 EC teria causado turbulência em casa, especialmente se o pai, José, já não estivesse vivo, como alguns estudiosos acreditam. “Jesus os teria deixado na difícil situação de ter que tocar o negócio da família”, especula Ben Witherington, “como artesãos para sustentar a família, trabalhando em qualquer que fosse o negócio deles, e isso não teria como ser muito confortável. O lugarejo era pequeno, as pessoas criticariam Jesus por sair para exercer uma espécie de sacerdócio e deixar que a família cuidasse dos negócios.”

A pregação rabínica e as curas de Jesus no território ocupado por Roma não eram inusitadas, uma vez que judeus messiânicos estavam longe de ser novidade em Israel sob a dominação romana, com exorcismos, curas e visões do divino constituindo parte integrante de um povo subjugado que aguardava sua libertação. Jesus, no entanto, forçava os limites do judaísmo de forma chocante, atraindo atenção negativa não só dos romanos. O Evangelho de Marcos relata a história de Jesus saindo para curar a mão ressequida de um homem — e no sábado, nada menos. Tratava-se de uma transgressão séria, de acordo com sua própria religião, pois era dia de descanso, não de fazer mágica. Foi, portanto, um ato de provocação direta à cúpula religiosa.

"Eles observavam Jesus para ver se o curaria no sábado, para o acusarem", relata o Evangelho de Marcos.

> E ele disse ao homem da mão ressequida: "Levanta-te e vem para o meio". Então lhes perguntou: "É lícito no sábado fazer o bem ou fazer o mal, salvar a vida ou tirá-la?". Mas eles ficaram em silêncio. Olhando-os ao redor, indignado e condoído com a dureza dos seus corações, disse ao homem. "Estende a tua mão." Estendeu-a e a mão lhe foi restaurada. Retirando-se os fariseus conspiraram logo com os herodianos contra ele, para o matarem.

O sacerdócio de Jesus também afetava negativamente a sua família. "Acho que havia grande preocupação da parte de Maria, e provavelmente dos irmãos e das irmãs, de que as coisas estavam fugindo de controle com relação a Jesus", explica Witherington. "Se Jesus não era de fato meramente um professor itinerante, ou pregador, ou profeta, mas também um milagreiro, e curava no sábado, o que é definitivamente inaceitável, a não ser numa emergência, e fazia exorcismos, então acho que quando a família soube que Jesus praticava essas coisas achou que ele tinha perdido o prumo."

De fato, uma das mais notáveis histórias da família de Jesus nos evangelhos é a de quando Jesus volta para a casa onde está hospedado depois de ter escolhido seus doze apóstolos. Uma multidão tão grande segue Jesus que ele e os discípulos não conseguem nem comer; notícias de sua fama chegam à sua família em casa, causando apreensão. "Quando os seus ouviram isso, saíram para o prender; porque diziam: 'Ele está fora de si'."

Quando Maria e os irmãos e as irmãs de Jesus chegaram para resgatá-lo — Tiago entre eles, supostamente, embora não seja identificado pelo nome no Evangelho de Marcos —, Jesus lhes faz uma assustadora admoestação:

> A multidão estava sentada ao redor dele; e disseram-lhe: "Eis que tua mãe e teus irmãos estão lá fora e te procuram". Respondeu-lhes Jesus dizendo: "Quem é minha mãe e meus irmãos?". E olhando em redor para os que estavam assentados junto dele, disse: "Eis aqui minha mãe e meus irmãos. Pois aquele que fizer a vontade de Deus, esse é meu irmão, irmã e mãe".

O fato de Jesus rejeitar sua família sugere que ele deixou o irmão Tiago para trás em sua união com um mundo espiritual mais vasto. "É uma declaração vigorosa de que a humanidade em geral pertence a uma só família com Deus, seu Pai", afirma Bruce Chilton. "Mas é também uma reprimenda de Jesus à própria família; um jeito de dizer que aquela ligação não é mais determinante para ele."

Jesus iniciava uma jornada que o levaria em triunfo a Jerusalém e, uma semana depois, a uma morte brutal na cruz. Embora Jesus tenha rejeitado seus irmãos e irmãs, o irmão Tiago é que o seguiria a Jerusalém — tanto no sacerdócio como na morte.

"O OSSUÁRIO É REAL, MAS A INSCRIÇÃO É FALSA..."

Em 15 de novembro de 2002, o Ossuário de Tiago fez sua primei ra aparição pública no grandioso palco do Real Museu de Ontário em Toronto, para alívio dos organizadores do museu, que temiam que a exposição tivesse de ser adiada devido a um terrível contratempo: a empresa contratada por Oded Golan para transportar o quc podcria ser a primeira conexão do mundo com o Jesus histórico preferiu fazê-lo não num contêiner estabilizado, mas embrulhando a urna em plástico bolha e colocando-a dentro de uma caixa de papelão. Quando a equipe da curadoria do museu abriu o engradado onde estava o ossuário, descobriu, com horror, "um rendilhado de rachaduras, algumas novas e algumas que eram extensões de rachaduras preexistentes". E o que as rachaduras cobriam eram pedaços do ossuário, que se quebrara em cinco partes.

"Todos ficamos muito tristes", contou o diretor do museu, William Thorsell. "Um objeto como este é tremendamente importante. Acho que [o proprietário] vai precisar ter uma conversa séria com as pessoas que o embalaram e transportaram."

O problema mais premente para Golan era obter da seguradora em Londres permissão para que o Real Museu de Ontário fizesse reparos antes que o ossuário, segurado por 1 milhão de dólares, fosse exposto. Durante cinco dias de tensão, tanto o museu como Golan tentaram convencer a companhia de seguros a mandar um avaliador de perdas marítimas a Toronto, ou, melhor ainda, utilizar os serviços dos diversos avaliadores que viviam na cidade. Por fim, a seguradora despachou um avaliador de Nova York, que concordou oficialmente com a restauração proposta, para que Ewa Dziadowiec, do Real Museu, restauradora especialista em pedra, pudesse reparar os danos.

O Real Museu tinha recolhido em sacos plásticos até mesmo os fragmentos mais minúsculos caídos do ossuário durante o transporte. Dziadowiec pôs-se a trabalhar encaixando os pedaços e colando-os de volta no ossuário, usando uma resina de acetato de polivinila muito forte, mas solúvel em água (e portanto reversível). Para preencher as áreas de onde pedaços do ossuário tinham caído, ela usou carbonato de cálcio, o principal componente químico da pedra calcária, pigmentos secos para combinar com a cor do ossuário e álcool polivinílico.

Uma das rachaduras existentes no ossuário se alargara durante o transporte e, como era parte da "história", Dziadowiec não poderia contaminar a pátina enchendo-a de cola. A solução foi inserir minúsculos pinos de epóxi para evitar que a rachadura se abrisse mais. Quando os reparos ficaram prontos, o ossuário, ironicamente, estava mais estável do que antes de suas desventuras de viagem.

A exposição no Real Museu de Ontário fez tanto sucesso em suas sete semanas de duração, com multidões em fila nas frias ruas de inverno de Toronto para dar uma olhada na história de Jesus, que Golan apresentou ao Departamento de Antiguidades de Israel, a agência estatal de antiguidades, um pedido de extensão da licença de exportação, para continuar satisfazendo o desejo da humanidade de ter contato com uma urna de pedra calcária possivelmente ligada a Jesus.

O departamento, que aprovara automaticamente os primeiros documentos de exportação de Golan, dessa vez negou o pedido. Inicialmente, seus funcionários consideraram que o ossuário de Golan fosse apenas mais um entre tantos e, assim como Golan, nada sabiam sobre Tiago, irmão de Jesus. Agora, dando-se conta do fenômeno mundial da urna funerária de pedra calcária, farejou a existência de algo "bom demais para ser verdade", que é o que todo arqueólogo sonha, e teme, encontrar. O departamento, responsável pela importação e exportação de todos os artefatos de Israel, e zeloso guardião dos 14 mil sítios arqueológicos do país, queria fazer um exame mais detido na peça.

"As Autoridades de Antiguidades disseram, veja bem, 'em seu pedido ele não disse do que se tratava de fato, e não percebemos que era um artigo de tamanha importância que ele queria enviar ao exterior'", conta Matthew Kalman, jornalista britânico que vive em Jerusalém, acompanhou a história de perto desde o início e foi o único repórter a cobrir todo o julgamento de Oded Golan. "Assim sendo, quando voltar, queremos dar uma boa olhada, por favor, porque, se é tão importante, você entende, seria bom fazer isso. Eles ficaram um tanto constrangidos por não saberem nada a respeito do assunto."

Na época, o Departamento de Antiguidades de Israel investigava outra antiguidade que era um grande sucesso de público: a Tabuleta de Joás, que contém uma longa inscrição de Joás, filho do rei Acazias de Judá, sobre os reparos do Templo de Salomão, que corresponde ao Segundo Livro de Reis, capítulo 12.

"Aconteceu que a ministra da Educação [israelense], Limor Livnat, viu uma notícia sobre a tabuleta do Templo de Salomão no jornal, e imediatamente instruiu o Departamento de Antiguidades de Israel a ver o que era", relata Kalman. "Porque, pelo que ela sabia, aquele era o mais importante item de arqueologia judaica já descoberto, e queria entender por que o assunto não estava sendo tratado pelo governo, por que parecia estar nas mãos de um negociante privado. E foi pesquisando a tabuleta do Templo de Salomão que eles começaram a indagar se a inscrição no ossuário também não seria uma falsificação."

Em 31 de maio de 2003, o departamento deu uma entrevista coletiva em Jerusalém para anunciar as descobertas de seu comitê científico sobre o Ossuário de Tiago. "O ossuário é real, mas a inscrição é falsa", declarou Shuka Dorgman, antigo general de brigada das Forças de Defesa de Israel e então diretor-geral do Departamento de Antiguidades de Israel. "Isso quer dizer que alguém pegou uma urna real e forjou a escrita, provavelmente para lhe dar significado religioso." Gideon Avni, um dos arqueólogos que investigaram o ossuário, disse acreditar que "essa falsificação foi feita em algum momento das últimas décadas, talvez dos últimos anos".

Oded Golan não ficou surpreso com o resultado, pois acreditava que o Departamento de Antiguidades de Israel estava disposto a pegá-lo, não só por causa de sua vasta coleção de objetos de procedência indeterminada, mas também por ter constrangido a organização exportando um artefato potencialmente tão importante sem revelar o seu significado.

"Só os funcionários do Departamento de Antiguidades, que às vezes não são sequer arqueólogos, decidiram afirmar que estamos falando de uma falsificação", afirma Golan. "Mas lendo as conclusões de cada um dos indivíduos [que formam o comitê examinador do departamento], vê-se muito claramente que a maioria apoia a conclusão de que é autêntico, ou pelo menos de que não há motivo para supor que não seja."

Golan acredita que o departamento tinha decidido, meses antes de anunciar seus resultados, que o ossuário era parcialmente falso — antes mesmo de reunir uma equipe de investigadores. "Numa entrevista antes de nomear o comitê, no *Maariv* em janeiro de 2001", conta Golan, referindo-se a um jornal israelense, "os chefes do departamento afirmaram por escrito que suspeitavam de falsificação. Portanto o comitê foi nomeado depois dessa afirmação."

As suspeitas do departamento sobre Oded Golan só cresceram, a ponto de agentes vigiarem seu apartamento e seguirem seus movimentos. Queriam pôr as mãos na misteriosa Tabuleta de Joás, que ainda lhes escapava, e suspeitavam que Golan a estivesse escondendo. Mas queriam o Ossuário de Tiago também.

Em 31 de julho de 2003, dois agentes do departamento que vigiavam Golan foram até seu apartamento no terceiro andar, viram que ele estava ausente e subiram até o telhado do edifício para se refugiarem do calor de verão. No telhado, os agentes encontraram uma estrutura que parecia um quarto de lavanderia abandonado. A fechadura da porta era folgada o suficiente para que pudessem dar uma espiada e, para sua surpresa, o que viram foi um quarto cheio de objetos antigos.

Em Tel Aviv, a polícia rapidamente localizou Golan e o levou até sua casa. Na presença de dois advogados, o departamento fez uma busca em seu apartamento. Os agentes encontraram produtos químicos, cera, livros de hebraico, rascunhos de cartas em bulas e óstracos (cacos de cerâmica que os escribas usavam para transmitir mensagens), mas nada da Tabuleta de Joás, nem do Ossuário de Tiago.

Em seguida subiram ao telhado. Golan não tinha a chave do depósito, por isso o departamento arrombou a fechadura, e quando os agentes abriram a porta encontraram ossuários vazios: havia ossuários parcialmente inscritos, sem pátina; ferramentas de dentista e brocas de diamante; e o Ossuário de Tiago — em cima de um vaso sanitário. Para o Departamento de Antiguidades de Israel, era a prova da falsidade da peça.

Para Oded Golan, no entanto, o uso do humilde depósito em seu telhado era apenas uma esperta manobra de segurança.

"O Departamento de Antiguidades de Israel publicou meu endereço no jornal *Haaretz*", explica ele. "Com isso fiquei muito preocupado com a segurança do ossuário e o transferi para o telhado, para um quartinho fechado havia mais de quarenta anos na época, o lugar mais seguro do edifício. E, quando vieram dar uma olhada em meu apartamento, eu os levei, por iniciativa minha, a esse quartinho." Golan tinha enrolado o Ossuário de Tiago em plástico bolha, "de modo que ninguém, ainda que entrasse por engano no quarto, soubesse o que havia dentro".

Quanto às ferramentas que o Departamento encontrou e suspeitava que fizessem parte do arsenal do falsificador responsável, Golan rejeitou a acusação como mais um engano dos zelosos fiscais de antiguidades. "Isso é um absurdo. Tudo que eu tinha numa caixa pequena eram velhas ferramentas, dessas que são usadas por quase todos os colecionadores para guardar ou consertar objetos antigos. Não estamos falando aqui de nenhum laboratório, ou de qualquer ferramenta especial e, a propósito, para forjar uma inscrição, ninguém precisa de laboratório, basta ter um martelo e o cinzel."

Apesar disso, o departamento prendeu Oded Golan naquela tarde e o acusou de falsificação. Começava ali o julgamento de Golan e do Ossuário de Tiago, que duraria nove anos.

O Ossuário de Tiago não foi o primeiro objeto ao qual se vinculou uma conexão arqueológica com a Bíblia. Em 1990, operários que construíam um parque aquático na Floresta da Paz, em Jerusalém, descobriram uma caverna sepulcral do século I EC. O Departamento de Antiguidades de Israel foi chamado, e constatou que todas as covas, menos uma, tinham sido saqueadas. Dentro daquela cova poupada, porém, havia doze ossuários muito ornamentados. Dentro de uma das urnas funerárias, arqueólogos encontraram os ossos de um homem de sessenta anos. Seu ossuário trazia a inscrição: "José, filho de Caifás". Nesse caso, não havia qualquer dúvida sobre procedência: os ossuários tinham sido exumados do túmulo não por saqueadores de sítios arqueológicos de reputação duvidosa, mas pelo próprio Departamento de Antiguidades de Israel. Teria aquele ossuário alguma relação com o homem que, de acordo com os evangelhos, pronunciou a sentença de morte de Jesus?

O Evangelho de Mateus traz o relato mais dramático do julgamento de Jesus perante Caifás, o sumo sacerdote e líder do Sinédrio, o conselho de anciãos que governava a vida judaica dentro dos limites da ocupação romana. Mateus nos diz que Jesus é preso e levado para a casa de Caifás, onde é interrogado pelo sumo sacerdote e uma assembleia de escribas e anciãos.

> E o sumo sacerdote lhe disse: "Eu te conjuro pelo Deus vivo que nos digas se tu és o Cristo, o Filho de Deus". Respondeu-lhe Jesus: "Tu o disseste; entretanto, eu vos declaro que desde agora vereis o Filho do homem assentado à direita do Todo-Poderoso, e vindo sobre as nuvens do céu". Então o sumo sacerdote rasgou as suas vestes, dizendo: "Blasfemou! Que necessidade mais temos de testemunhas? Eis que ouvistes agora a blasfêmia. Que vos parece?". Responderam eles: "É réu de morte".

A descoberta do Ossuário de Caifás, como ficou conhecido, criou uma espécie de clima que arqueólogos, colecionadores, crentes e falsificadores adoram: o da possibilidade de que o próximo ossuário relacionado à Bíblia estivesse ali perto, debaixo da próxima colina.

O julgamento de Golan começou em dezembro de 2004. Ele e outros quatro homens foram denunciados por fazer parte de uma quadrilha internacional de falsificadores especializada em artefatos bíblicos. "A polícia israelense indiciou Oded Golan em mais de quarenta acusações de falsificação e comércio de artigos falsificados e de objetos antigos roubados", relata Matthew Kalman. "E disseram que sua quadrilha de falsários estava falsificando o registro histórico ao forjar artigos importantes como a urna funerária de Tiago, o irmão de Jesus."

Ao longo dos sete anos seguintes, mais de 120 peritos passaram pelo banco das testemunhas para lançar luz sobre as acusações através das poderosas lentes de suas especialidades, que abrangiam da arqueologia a línguas antigas, geologia e geoquímica. À medida que o julgamento avançava, a inscrição do Ossuário de Tiago ia recebendo mais atenção, e o pêndulo ora parecia apontar para o veredicto de inocente, ora para o de culpado.

As escaramuças dos estudiosos sobre a legitimidade do ossuário concentravam-se na inscrição desde o início da vida pública do artefato, uma inscrição que parecia formada por letras de dois escribas — "Tiago, filho de José" numa letra, e "irmão de Jesus" em outra, levando a polícia a acusar diretamente Oded Golan de ter falsificado a segunda metade da inscrição pouco antes de o ossuário ser revelado ao mundo, em 2001.

O pleito do Departamento de Antiguidades de Israel foi reforçado pela descoberta de que Golan tinha um cúmplice, um egípcio chamado Samech Marco Shokri Ghattes, que passava temporadas no apartamento de Golan e cuja saúde fora comprometida pelos produtos químicos que usava no processo de falsificação de antiguidades, ganhando de duzentos dólares a 2 mil dólares por "objeto antigo". O egípcio, um cristão copta, voltara ao Cairo para se recuperar. Foi lá que o major Jonathan Pagis, policial israelense que estudara arqueologia na faculdade e falava árabe fluentemente, ouviu a história de Ghattes.

"Ele era um dos que produziam as contrafações para Oded Golan", afirma Pagis. "Era a pessoa — uma pessoa muito talentosa — que fazia todas as gravações e polia os artefatos e tudo o mais para que parecessem genuínos. Tomamos o seu depoimento, e ele nos contou que fabricou a Tabuleta de Joás e outros artefatos, por isso não havia nenhuma dúvida. Oded Golan era o responsável pelas falsificações."

O que parecia uma grande revelação foi frustrado pela recusa do egípcio a ir a Israel testemunhar no tribunal, compreensivelmente com medo das acusações que poderiam sobrar para ele. "Pela lei israelense, não podemos dizer que temos o falsificador do Ossuário sem que ele esteja presente no tribunal para depor", explica Pagis. "Assim sendo, não podemos dizer que esse egípcio forjou o Ossuário e levá-lo a sentar-se no banco das testemunhas, de modo que, sem o principal colaborador, sem o depoimento da pessoa que fez as falsificações, a ação fica muito enfraquecida."

Os advogados de Golan contra-atacaram com uma prova ocular de que o egípcio estava mentindo. "Durante o julgamento", conta Matthew Kalman, Golan "apresentou uma fotografia que mostrava um canto do ossuário numa prateleira em seu quarto, no apartamento de seus pais, ao lado de listas telefônicas e livros dos cursos universitários que fazia em meados dos anos de 1970." A inscrição era visível na fotografia. "E apresentou também uma namorada que disse lembrar-se de tê-lo visto ali naquela época. Com isso, demonstrou que estava de posse do ossuário pelo menos desde meados dos anos 1970. Chegou a trazer um especialista do FBI para provar que a fotografia era autêntica. E isso destruiu completamente a acusação no indiciamento de que fora recentemente falsificado."

A promotoria então se voltou para a questão da pátina nas inscrições, as camadas de saibro acumuladas no ossuário no decorrer dos séculos. Sete amostras foram tiradas da inscrição para serem comparadas por cientistas do Departamento de Antiguidades de Israel com outras áreas do ossuário. Constataram a presença de água de torneira nas amostras de pátina, claro indício de falsificação.

Oded Golan tinha uma explicação para isso também. Ele guardara o Ossuário de Tiago no apartamento dos pais e disse que talvez a mãe, que era professora de microbiologia — ou uma empregada, ou o próprio Golan — o tivesse limpado com água e sabão. Quando os cientistas submeteram a testes sua explicação "descobriram que ela é 100% compatível com os materiais de limpeza, usados para limpar o Ossuário de Tiago ao longo dos anos", afirma Golan. "Portanto, foi uma confusão, um grande mal-entendido. Os especialistas que eles escolheram para aquela missão não tinham experiência alguma com pátina; compararam-na com uma coisa completamente errada."

No banco das testemunhas, os cientistas do departamento foram interrogados novamente para esclarecer pontos contraditórios relativos a suas descobertas, e tiveram que admitir que a amostra tirada da camada superior da palavra aramaica correspondente a Jesus — supostamente uma falsificação posterior — na verdade continha pátina antiga. A acusação contra Oded Golan e seu ossuário voltou à estaca zero.

"NÃO IMPORTA ONDE ESTEJAM, VOCÊS DEVEM IR TER COM TIAGO, O JUSTO"

Com todo o calor e toda a luz girando em torno dos aspectos científicos do Ossuário de Tiago, era fácil perder de vista o que o tornava tão importante: sua ligação espiritual com o nascimento do cristianismo através de sua conexão física com Tiago, o irmão de Jesus. Mas quem foi Tiago? E que papel exerceu na sobrevivência da nova religião depois da morte do irmão?

"Já no evangelho de Tomé — um evangelho não canônico que data, pelo menos, do século II, aproximadamente —, ouvimos falar de Tiago como a pessoa que sucederá a Jesus", explica Mark Goodacre, da Universidade Duke. "Os discípulos procuraram Jesus e disseram: 'Que devemos fazer quando você estiver morto?'."

O Evangelho de Tomé claramente nos diz o que Jesus queria. "Jesus lhes disse: 'Não importa onde estejam, vocês devem ir ter com Tiago, o Justo, em cujo nome o céu e a terra passaram a existir'". Tiago não só é considerado piedoso, com a alcunha de "justo", mas é mencionado claramente como sucessor de Jesus, e por decisão divina. Apesar disso, o Novo Testamento não diz que Tiago estava presente na Crucificação de Jesus, nem existe ali texto que em qualquer sentido transmita a ideia de que a partir desse momento o manto do destino messiânico recaiu sobre ele. Com os romanos à caça de qualquer seguidor do Jesus crucificado e sua missão, Tiago e os demais apóstolos tentavam não chamar muita atenção em Jerusalém. Embora os evangelhos não mencionem que Jesus ressuscitado apareceu para Tiago, Paulo registra o episódio numa carta aos Coríntios: "Depois foi visto por mais de quinhentos irmãos de uma só vez, dos quais a maioria sobrevive até agora, mas alguns já dormem. Depois foi visto por Tiago, mais tarde por todos os apóstolos. E, afinal, depois de todos foi visto também por mim, como por um nascido fora do tempo".

"As aparições a Tiago mudaram a vida de Tiago", afirma Mark Goodacre. "Ele provavelmente tinha achado toda a história da crucificação de Jesus tão traumática, tão transformadora quanto se possa imaginar. Ali está um membro da sua família — um membro muito próximo — que passou por uma sinistra, terrível, ignominiosa execução, e ao mesmo tempo parece ter sido alguém adorado por multidões, e a Ressurreição é o momento em que Tiago passa a acreditar que Jesus é realmente especial. É o momento em que tudo muda para Tiago."

Esse encontro marcou o início do papel de liderança de Tiago nos primeiros tempos da igreja cristã em Jerusalém. O apóstolo Pedro e o convertido Paulo são vistos como as forças propulsoras da nova religião, mas é a comunidade cristã que Tiago estabelece em Jerusalém que se torna seu cerne.

Na realidade, alguns estudiosos acreditam que a "Epístola de Tiago" foi escrita pelo irmão de Jesus. A carta, endereçada às "Doze Tribos da Dispersão", fala de fé e perseverança em meio à turbulência da vida dos que seguiam essa nova e revolucionária vertente do judaísmo.

"O grau em que essa carta reflete os ensinamentos de Jesus dá razão ao autor que se identifica como servidor do mestre, Jesus", argumenta Ben Witherington. "Além disso, um escritor cristão posterior chamaria Tiago de 'o irmão de Jesus' ou 'Tiago, o Justo, de Jerusalém'." O fato de a epístola, cuja cópia mais antiga data do século III EC, se referir a Tiago é, para Witherington, indício de que o autor é o irmão de Jesus.

Enquanto Paulo e Pedro divulgam e adaptam a mensagem de Jesus na diáspora para alcançar todos os ouvintes, Tiago se apega estritamente à pureza da mensagem. Essa questão ameaça a nova fé. "O apóstolo Paulo representa um problema para gente como Tiago, porque Tiago acha que o que há de mais importante em Jesus é o fato de ele ser o Messias judeu", afirma Mark Goodacre. "Trata-se de alguém que cumpre tudo aquilo que as Escrituras esperavam. É a pessoa que vem para redimir Israel, e há um grande temor quando o apóstolo Paulo está convertendo todos esses gentios que não fazem circuncisão e que não observam a lei: qual será a possibilidade de isso fazer o movimento cair em descrédito?"

O conflito criado pelo ministério de Jesus e o de Tiago, em oposição ao de Paulo, girava em torno de decidir quem poderia aderir à nova religião. Para Tiago, Jesus estava reconstruindo o judaísmo para os judeus, e quem quisesse aderir teria, em primeiro lugar, que se tornar judeu — sendo a circuncisão dos homens adultos uma ação necessária. Paulo, por sua vez, nunca se encontrara com Jesus, e estava expandindo o seu ministério com ímpeto próprio. A questão atingiu o ponto crítico em Jerusalém vinte anos depois da morte de Jesus, por volta de 50 EC, no Concílio de Jerusalém.

"Paulo leva com ele Tito, um grego incircuncidado, para o Concílio de Jerusalém como um gesto de provocação", conta Goodacre. "Ele quer dizer: 'Vejam, vocês precisam reconhecer que esta pessoa é, de fato, um seguidor de Jesus, apesar de não ser circuncidado'."

No fim, Tiago concorda com Paulo, embora a vida depois do concílio não seja tão simples assim, e uma disputa se desenvolve entre os dois sobre a mistura à mesa de jantar dos judeus, para quem Jesus era o Messias, e dos gentios que aderiram à nova religião. Paulo e Pedro continuariam sua obra missionária na Diáspora, ao passo que Tiago ficaria em Jerusalém, fiel ao ministério do irmão, na cidade onde ele morrera.

Na década que se seguiu ao Concílio de Jerusalém, o clima político em Jerusalém foi marcado pela turbulência. Várias facções judaicas tentavam impor sua interpretação da santidade do Templo, com Tiago proclamando que o próprio Jesus era o Templo, e, pela crença nele como o Filho de Deus, o culto no Templo era o culto de Jesus.

Exatamente como o irmão o fizera, Tiago ameaçava a ordem constituída, cada vez mais corrupta e irascível. O sumo sacerdote Ananias, neto do homem que condenara Jesus à morte, aproveitou-se do fato de que não havia governador romano na Judeia desde a morte do relativamente justo procurador Pórcio Festo, em 62 EC, e tomou uma grande liberdade judicial: acusou Tiago de blasfêmia.

O Novo Testamento silencia sobre o assunto, mas o historiador Josefo, proveniente ele próprio de uma família eclesiástica judia, narrou o que houve com o irmão de Jesus uma geração depois dos acontecimentos: "[Ananias] reuniu o Sinédrio de juízes, e trouxe perante ele o irmão de Jesus, chamado o Cristo, cujo nome era Tiago, e alguns outros [ou alguns dos seus companheiros]; e tendo formulado contra eles a acusação de violarem a lei entregou-os para serem apedrejados."

Menos de trezentos metros de onde o irmão tinha sido executado trinta anos antes, Tiago também foi morto por causa da sua religião. Hegésipo, cronista da Igreja Cristã do século II, ele próprio judeu convertido, descreveu o episódio em termos dramáticos:

> Os já mencionados escribas e fariseus levaram Tiago para a cúpula do templo e gritaram-lhe, dizendo: "Ó justo, a quem todos devemos obedecer, na condição de pessoas equivocadas, e que segue Jesus o crucificado, diga-nos o que é a porta de Jesus, o crucificado". E ele respondeu em voz alta: "Por que perguntam a respeito de Jesus, o Filho do homem? Ele próprio está sentado no céu, à mão direita do Todo-Poderoso, e virá nas nuvens do céu".

Hegésipo conta que muitos que assistiam foram convencidos pela resposta de Tiago, o que serviu apenas para irritar seus acusadores.

> E cumpriram o que está nas Escrituras em Isaías: "Livremo-nos do homem justo, porque ele é um incômodo para nós: portanto comerão dos frutos das suas obras". Portanto foram e empurraram o homem justo e disseram entre si: "Apedrejemos Tiago, o Justo". E começaram a apedrejá-lo; pois ele não morreu da queda; mas se voltou, e ajoelhando-se disse:

"Eu vos suplico, Senhor Deus nosso Pai, perdoai-os; pois eles não sabem o que fazem".

Em menos de uma década o Templo estaria em ruínas, a catástrofe final na guerra judaica contra Roma.

"PARA ALÉM DE QUALQUER DÚVIDA RAZOÁVEL"

Em 14 de março de 2012, o juiz Aharon Farkash deu seu veredicto de 475 páginas favorável a Golan: "A acusação não conseguiu provar, para além de qualquer dúvida razoável, aquilo que foi declarado no indiciamento: que o ossuário é uma falsificação e que o sr. Golan, ou alguém atuando em seu nome, o tenha forjado".

Oded Golan foi absolvido de todas as acusações — menos três, de menor importância, relativas ao comércio ilegal de objetos antigos — e condenado a pagar multa equivalente a 8 mil dólares. A autenticidade do Ossuário de Tiago não foi contestada num tribunal de justiça (embora quase o tenha sido algumas vezes ao longo de sua tumultuada década), nem completamente comprovada.

"Não quer dizer que a inscrição no ossuário seja verdadeira e autêntica, nem que foi gravada 2 mil anos atrás", declarou o juiz. "Esperemos que essa questão continue a ser investigada no mundo arqueológico e científico e só o futuro o dirá. Além disso, não foi provado, de forma alguma, que as palavras 'irmão de Jesus' se refiram diretamente ao Jesus que aparece nos escritos cristãos."

Mais uma vez o mundo estava de volta ao ponto de partida, diante de indícios que tinham sobrevivido a um tribunal israelense, mas cuja proveniência, divina ou de outra natureza, continuava em dúvida. "O juiz foi muito específico em sua sentença, dizendo que a absolvição não provava nada com relação à autenticidade ou não autenticidade dos objetos em si, porque não era isso que estava em julgamento", esclarece Matthew Kalman, presente durante a leitura do veredicto. “O que estava em julgamento era se comprovadamente Oded Golan os havia ou não falsificado. E a acusação não conseguiu provar que Oded Golan os falsificara. E o juiz disse: ‘não é uma sentença sobre a autenticidade ou não dos objetos em si’.”

Depois da absolvição de Golan, a promotoria tentou convencer o juiz de que os artefatos deveriam permanecer de posse do Estado, comparando sua devolução a Golan, segundo Kalman, “a entregar a um traficante que se livrou graças a uma brecha processual todas as suas drogas de volta”.

Para o policial que atua na área de antiguidades Jonathan Pagis, a absolvição de Golan foi arrasadora. “Fiquei muito decepcionado. Nosso caso era muito bem fundamentado, na minha opinião, mas aparentemente o juiz não se convenceu disso e o liberou. Acho lamentável que hoje Oded Golan seja um homem livre.”

No fim, Golan teve que brigar para que o governo devolvesse o que era seu. Quando recebeu o Ossuário de Tiago, havia uma mancha avermelhada em cima da palavra *Jesus*, provocada pela negligente investigação científica dos seus acusadores. “O departamento de criminalística da Polícia Israelense derramou silicone vermelho na inscrição”, conta Golan. “E quando eles tiraram o silicone, já seco, tiraram também a maior parte da pátina natural.”

Agora é impossível provar se era mesmo a urna funerária do irmão de Jesus, o que leva a história de volta ao ponto de partida, uma questão de crença. “Sei que é frustrante pensar que jamais saberemos se o artefato é realmente genuíno, ou se está realmente ligado ao irmão de Jesus, mas o fato é que, quando conversamos com qualquer arqueólogo, ele nos dirá que isso era tudo que viríamos mesmo a saber, de um jeito ou de outro”, garante Kalman. “Porque nunca se pode afirmar, em arqueologia, que determinado objeto está definitivamente associado a determinada figura da Bíblia. Isso é quase impossível.”

Ainda assim, o Ossuário de Tiago ligou boa parte do mundo a uma história quase desconhecida, tratada com descaso, e para os estudiosos isso é mais importante do que comprovar a sua veracidade.

"A controvérsia sobre o ossuário levou as pessoas a prestarem mais atenção em Tiago", confirma o reverendo Bruce Chilton. "No entanto, olhando para ele do ponto de vista da autenticidade, sempre faz diferença quando se pode mostrar a imagem de uma coisa obviamente antiga; as pessoas levam mais a sério a ideia de que aquela figura talvez tenha existido. Por isso não acho que o ossuário seja um caso em que se possa ter alguma certeza de autenticidade, mas de qualquer maneira fez algum bem."

Oded Golan concorda. Agora que conseguiu de volta o Ossuário de Tiago, quer mostrá-lo ao mundo mais uma vez. "Acho que o melhor lugar para ele não é o meu depósito", admite Golan. "Deveria ser exposto para pessoas que têm sentimento e que se interessam pelos primórdios do cristianismo, e espero que viaje por esses lugares nos próximos anos, e seja mostrado ao público. E, é claro, quem quiser estudá-lo terá, dessa maneira, toda a assistência necessária."

3. Maria Madalena

Prostituta, apóstola, santa ou esposa de Jesus?

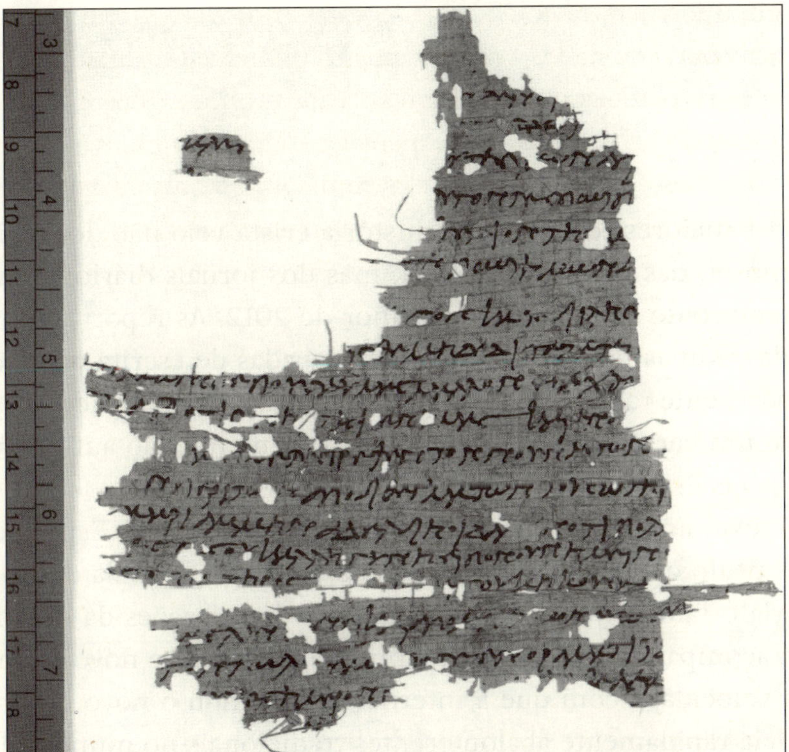

Maria Madalena era devota seguidora de Jesus, apoiando seu sacerdócio, testemunhando sua morte — e sua ressurreiçao. Mas teria sido mais do que isso?

Uma das maiores revelações da história cristã veio não dos lábios de um anjo ou das páginas da Bíblia, mas dos jornais diários, num dia de setembro do Ano de Nosso Senhor de 2012. As reportagens eram baseadas numas poucas linhas meio apagadas de escrita cóptica, desajeitadamente rabiscadas num pedaço de papiro amarelado do tamanho de um cartão de visitas, mas, aparentemente, tão antigo quanto as próprias Escrituras.

O texto antigo foi nomeado como o Evangelho da Esposa de Jesus — título que diz tudo, mas não dá sequer uma ideia do que significaria o fato de Jesus ter-se casado. As implicações da descoberta foram acompanhadas por um fenômeno igualmente novo e ameaçador: a velocidade com que a internet disseminou o novo evangelho. A notícia rapidamente abalou crentes tradicionais no mundo inteiro, inspirou seguidores mais amigáveis com as mulheres e foi uma festa para detratores que sempre viram a Igreja como um bastião do patriarcado, obcecada em controlar a sexualidade, baseada num monte de mitos que só se tornaram dogmas graças à passagem do tempo e às maquinações de uma hierarquia tacanha. Ali estava a prova de que tinham razão.

Outros textos do cristianismo primitivo e também chamados de evangelhos tinham vindo à luz nos anos anteriores, alguns com mensagens surpreendentes, uns poucos insinuando um papel muito maior das mulheres nos primórdios da Igreja. Alguns sugeriam que havia alguma coisa além de uma relação platônica entre o Salvador e sua mais famosa seguidora, Maria Madalena. O achado mais significativo e histórico foi a descoberta, em 1945, por um camponês egípcio que fazia escavações nos morros íngremes dos arredores da cidade de Nag Hammadi, à beira do Nilo, no Alto Egito, de um tesouro de mais de cinquenta textos antigos em papiros encadernados em couro. A maioria estava ligada a um movimento cristão inicial conhecido como gnosticismo, cujo nome deriva da ênfase dos seus seguidores nas revelações divinas e nos conhecimentos secretos — *gnosis*, em grego — como o único e verdadeiro caminho da salvação.

Os códices de papiro, porém, levaram décadas para fazer a perigosa ronda do mercado mundial de peças de antiguidades e chegar às mãos de estudiosos, que por sua vez gastaram muito tempo traduzindo os textos e debatendo o que diziam, e qual era o seu significado. Só em 1979, com a publicação do best-seller *Os evangelhos gnósticos*, de Elaine Pagels, estudiosa de Princeton, esses textos sagrados, e seus curiosos ensinamentos, vieram ao conhecimento do público. Muita gente se viu na obrigação de reavaliar Jesus e reconsiderar o significado dos seus ensinamentos.

Nas décadas seguintes, a cultura popular se apropriou de passagens e ideias sugestivas dos textos antigos, submeteu-as a suas máquinas de fazer sonhos e fabricou vários produtos relacionados, pelo menos tangencialmente, aos códices de Nag Hammadi. O mais notável desses produtos foi *O código Da Vinci*, romance de 2003 que alcançou tremendo sucesso de público (posteriormente transformado também um filme de sucesso com Tom Hanks), que se utilizou do que seu autor, Dan Brown, definiu como fatos históricos para sustentar uma obra comercial de suspense ininterrupto sobre o casamento de Jesus e Maria Madalena e sua linhagem de descendentes que se estende até os dias atuais — segredo guardado por 2 mil anos graças a uma sangrenta maquinação da Igreja Católica.

Obviamente, era só ficção, ainda que milhões de pessoas tenham acreditado na versão de Dan Brown. Até então não existia nada parecido com o Evangelho da Esposa de Jesus, um pedaço verdadeiro de texto cristão que parecia antecipar, na vida real, a fantasia imaginada por Dan Brown no século XXI.

O que diz esse "evangelho"? Em oito linhas parece registrar parte de uma conversa entre Jesus e os apóstolos, os doze homens que ele escolheu para servirem como fundação de seu ministério e, segundo a tradição da igreja, que deveriam construir depois da Crucificação. Mas o pedaço de papiro é tão pequeno — pouco mais de 7,5 centímetros de largura por 3,8 centímetros de altura — que mais parece a transcrição de uma ligação telefônica várias vezes interrompida:

> "... não [para] mim. Minha mãe me deu a vi[da]..."
> "... Os discípulos disseram a Jesus..."
> "... nega. Maria [não?] é digna disso..."
> "... Jesus lhes disse: 'Minha esposa...'"
> "... ela está apta para ser minha discípula..."
> "... Que as pessoas más cresçam em número...
> "... Quanto a mim, eu moro com ela para..."
> "... uma imagem..."

Apesar do texto fragmentário, o papiro trata diretamente de várias questões que têm fascinado crentes e não crentes: Jesus era casado e fazia sexo? Mulheres podem ser sacerdotes (e bispas) em pé de igualdade com os homens?

É difícil exagerar a importância de tudo que estava em jogo. Para os católicos, Jesus celibatário era crucial para o celibato sacerdotal: "O fato de o próprio Cristo, o eterno sacerdote, viver sua missão até o Sacrifício na Cruz em estado de virgindade é o ponto de referência para se compreender a tradição da Igreja Latina neste assunto", escreveu o Papa Bento XVI em 2007. Mas não parou aí: "O celibato, na realidade, é uma maneira especial de identificar-se com o estilo de vida do próprio Cristo". Em outras palavras, não fazer sexo é o melhor jeito de parecer-se com Jesus.

Mas essa alegação não era exclusividade dos católicos. Há um vasto consenso ecumênico de que Jesus não se casou. Os protestantes podem discordar dos católicos na questão de a mãe de Jesus, Maria, ter permanecido virgem. Mas, se Jesus fez sexo, então o próprio Deus fez sexo. Isso era coisa que Zeus e aqueles promíscuos olimpianos faziam. O único e verdadeiro Deus? Isso seria heresia.

Karen King, estudiosa respeitadíssima da Faculdade de Teologia de Harvard em textos cristãos dos primeiros tempos, estava prestes a contrariar tudo isso. Um colecionador anônimo entregou o papiro a King para verificação, e ela determinou que era legítimo. Como disse aos repórteres, embora aquilo não provasse que Jesus era casado, tratava-se da mais antiga declaração conhecida que fazia referência ao fato de Jesus ter uma esposa. King e especialistas por ela consultados disseram que o papiro foi escrito em copta, provavelmente no século IV, mas copiado de um evangelho ainda mais antigo, talvez do século II, uns cem anos depois da Crucificação, e mais ou menos na mesma época em que o cânone das Escrituras Cristãs, o Novo Testamento, estava sendo coligido.

"Este fragmento sugere que havia entre alguns dos primeiros cristãos uma tradição de que Jesus foi casado", King declarou ao *New York Times*. Dando ainda mais tempero à história, King afirmou que a palavra "Maria" no texto provavelmente se refere a Maria Madalena, uma das primeiras seguidoras de Jesus, famosa pela sensualidade e universalmente conhecida como prostituta, que mudou de vida sob a influência do Messias.

Essa notícia, por si só, já teria bastado para abalar as estruturas da Igreja, mas King e a Faculdade de Teologia de Harvard, em conjunto com o Canal Smithsonian, que detinha direitos exclusivos sobre o fragmento para levar ao ar um documentário no fim de setembro de 2012, prepararam a descoberta de tal maneira que causasse o máximo impacto: não só houve uma cobertura coordenada nos grandes jornais diários americanos, mas naquele dia King anunciou a descoberta em Roma, numa faculdade católica em frente ao Vaticano, onde os maiores especialistas em copta do mundo estavam reunidos para uma conferência realizada a cada quatro anos.

King batizou o texto como Evangelho da Esposa de Jesus, título que não deixava dúvida sobre sua principal reivindicação ou sobre sua autoridade — só os evangelhos de Mateus, Marcos, Lucas e João conseguiram entrar no Novo Testamento como a definitiva "boa nova" (da palavra *evangelion*, no grego comum dos primeiros textos cristãos) trazida pelo Filho de Deus. Assim como as descobertas anteriores, esse novo evangelho levantava dúvidas sobre tais pretensões, afirmou Roger Bagnall, diretor do Instituto de Estudos do Mundo Antigo e professor de história antiga da Universidade de Nova York, que ajudou King a autenticar os papiros. Ele "nos ajuda a lembrar que praticamente tudo que gerações posteriores disseram sobre Jesus foi juntado e editado muito depois de sua morte, e representa a opinião sobre Jesus que elas tentavam passar adiante", declarou Bagnall ao *Boston Globe*.

Em outras palavras, *verdade evangélica* é uma expressão relativa, e nada que dizia respeito ao Novo Testamento era o que parecia ser. Muita coisa estava em jogo, não apenas para a religião de bilhões de fiéis, mas também para King e o mundo da arqueologia bíblica.

King tinha tomado conhecimento do Evangelho da Esposa de Jesus da maneira indireta e fortuita que é o básico do negócio de antiguidades, um submundo que respeita poucas regras ou fronteiras nacionais e despreza até mesmo as mais elementares convenções do rigor acadêmico ou do método científico. Artefatos de todos os tipos são rotineiramente saqueados de lugares secretos no Egito — quase certamente onde o Evangelho da Esposa de Jesus teve sua origem. Passam por muitas mãos a caminho de um museu ou de um colecionador, e com frequência são cortados e divididos para que o negociante tenha mais peças para vender, e consequentemente mais dinheiro para ganhar. A cadeia de indícios usada para determinar a proveniência e legitimidade desses itens é, quase sempre, trabalho de adivinhação, e às vezes uma vaga história sobre a origem de uma relíquia é contada apenas para camuflar o fato de que não passa de uma falsificação destinada a render bom lucro ao vendedor ou quinze minutos de fama.

"Neste campo, essas coisas continuam aparecendo", confirmou King. "Por isso acho que desconfiar é quase um reflexo." No caso dela, o e-mail de um estranho surgido do nada em 2010 a alertou para a existência do papiro. O proprietário tinha uma coleção de papiros em grego, copta e árabe, e contou a King que adquirira esse fragmento, junto com vários outros, em 1999, de um colecionador alemão não identificado. Acompanhava o fragmento de papiro um bilhete manuscrito em alemão, dos anos 1980, que citava um professor de egiptologia em Berlim, àquela altura já morto, segundo o qual o fragmento era "o único exemplo" de texto em que Jesus afirma ter uma esposa.

O proprietário, sobre cuja identidade, e até mesmo nacionalidade, King concordou em guardar segredo, mandou-a uma foto do tal evangelho. As palavras coptas para *Jesus* e *minha esposa* saltaram-lhe à vista, mas ela não sabia como interpretar o texto. "Não acreditei que fosse autêntico e avisei que não estava interessada", contou King. Ela foi cuidar de outros assuntos e deixou o papiro de lado, apesar de suas explosivas implicaçoes. Em meados de 2011, o dono mandou outro e-mail para King pedindo-lhe que desse mais uma olhada. Dessa vez ela percebeu algumas similaridades com frases de textos anteriores, não canônicos, como o Evangelho de Tomé e o Evangelho de Maria, ambos escritos mais ou menos na mesma época, cerca de um século depois que Jesus viveu.

King agora queria ver de perto o Evangelho da Esposa de Jesus. Em dezembro de 2011, o proprietário levou o fragmento para a Faculdade de Teologia. King examinou-o com mais atenção, e mandou fotos para Bagnall, que as mostrou a um pequeno grupo de papirologistas. Como declarou Barnall ao *Globe*: "Nós o jogamos numa tela e dissemos 'argh'. Achamos feio. E é feio. A letra não é boa — riscos grossos, mal controlados, feitos por alguém que não tinha uma pena muito boa".

Em março de 2012, King enfiou o papiro em sua bolsa de couro vermelha e foi a Nova York conversar com Bagnall e AnneMarie Luijendijk, papirologista e professora de religião da Universidade de Princeton. Ficaram horas sentados em volta de uma mesa no escritório de Bagnall, examinando o fragmento sob diferentes luzes e ampliações. O papiro parecia real, e antigo. Mas como papiro antigo pode ser comprado no mercado negro, determinar se a tinta era igualmente antiga (e não aplicada mais recentemente) era crucial. Parecia ser: as bordas irregulares do papiro mostravam traços da tinta usada antes de o material ter sido danificado. Além disso, o idioma era o copta saídico, dialeto antigo do sul do Egito.

"É difícil imaginar uma situação plausível em que alguém falsificasse uma coisa assim. Não é que o mundo esteja infestado de papirologistas desonestos", disse Bagnall ao *New York Times*.

King temia que a notícia do fragmento vazasse, e de uma forma que distorcesse seu significado e sua importância. Ainda não submetera o papiro aos cruciais testes de datação por carbono-14, que poderiam determinar sua verdadeira idade; nem testara a tinta para ver se poderia ser um acréscimo posterior. Mas o papiro parecia autêntico; vários especialistas o examinaram, apesar de um ter feito muitas restrições. Ainda assim, King decidiu divulgá-lo na conferência em Roma, acompanhado de um grande lançamento de mídia.

"Não é com isto que se constrói uma carreira", afirmou King ao *Boston Globe*. "Se for uma falsificação, é o fim de uma carreira."

Essas palavras tinham acabado de ser impressas quando fortes objeções à autenticidade do papiro foram levantadas, e sérias dúvidas começaram a surgir.

"COMO DATAR A ESPOSA DE JESUS"

"Eu diria que é uma falsificação", concluiu Alin Suciu, papirologista da Universidade de Hamburgo, quando King acabou de apresentar sua dissertação de 52 páginas na conferência de Roma. Um dos elementos que tinham convencido Bagnall e outros da autenticidade do papiro, a letra inusitadamente amadorística, foi o que deixou Suciu e outros desconfiados. "A escrita não parece autêntica" quando comparada a outras amostras de papiro copta datadas do século IV, declarou ele à Associated Press.

Outros, como o célebre especialista em copta Wolf-Peter Funk, argumentou que sem um contexto era impossível dizer o que o papiro significava, ainda que fosse real, coisa que duvidava. "Há milhares de pedacinhos de papiro contendo as coisas mais absurdas", explicou Funk, codiretor de um projeto que edita a biblioteca cóptica Nag Hammadi (uma coleção de textos gnósticos) na Universidade Laval em Quebec. "Pode ser qualquer coisa."

"Há muita coisa realmente suspeita nisso", concordou David Gaill, professor de patrimônio arqueológico da Universidade Campus Suffolk e autor do blog Looting Matters, que acompanha o ilícito mercado de antiguidades. "Parece-me que qualquer acadêmico sensato e responsável se manteria longe disso."

O jornal semioficial do Vaticano, *L'Osservatore Romano*, entrou na discussão poucos dias depois com dois artigos, um deles uma enérgica coluna do editor afirmando que a interpretação do conteúdo do fragmento feita por King era "totalmente implausível" e distorcia os fatos para atender a uma "ideologia contemporânea que nada tem a ver com a história do cristianismo antigo, ou com a figura de Jesus".

É claro que o Vaticano diria *isso*, responderam defensores do novo evangelho. Mas os críticos detectaram numerosas falhas na interpretação de King: por exemplo, embora reconhecesse que Jesus poderia estar falando metaforicamente — invocando uma analogia comum entre a Igreja primitiva e "a noiva de Cristo" —, King ainda insistia em fazer uma leitura literal demais. Textos dos primórdios do cristianismo com frequência fazem referência a beijos e abraços para denotar uma "intimidade espiritual" entre Cristo e seus discípulos, e não a uma realidade sexual ou marital.

Outros assinalaram que dois ou três estudiosos anônimos que a *Harvard Theological Review* pediu para examinar a dissertação de King levantaram dúvidas sobre a autenticidade e a gramática do fragmento, e a maneira como foi traduzido e interpretado. Para muitos, como resumiu um escritor, era "menos um evangelho totalmente desenvolvido do que um antigo jogo de palavras cruzadas" — e havia gente ansiosa demais para preencher os espaços em branco com suas próprias respostas.

Há um adágio em arqueologia bíblica segundo o qual, se algo parece bom demais para ser verdade, provavelmente é. Aquele caso parecia cada vez mais um desses. Um pedaço de papiro com apenas oito linhas fragmentárias de texto que tocavam nos tópicos mais espinhosos do cristianismo contemporâneo — se Jesus era casado, se casado com Maria Madalena, e se mulheres poderiam exercer o sacerdócio exatamente como os homens. Sexo e gênero, poder e autoridade — tudo num pedaço de papel que, como bônus, desmascarava uma das maiores conspirações de todos os tempos.

Antes de setembro acabar, as dúvidas tiveram efeito sobre as primeiras afirmações. O artigo de King sobre o evangelho, a ser publicado na edição de janeiro de 2013 da *Harvard Theological Review*, foi adiado, e o documentário do Canal Smithsonian sobre o papiro foi engavetado até que ela pudesse oferecer informações mais conclusivas.

Depois disso, silêncio. Testar o papiro deveria levar algumas semanas, talvez meses. Mas um ano se passou, e nada. Várias vezes Harvard postergou informações sobre o andamento dos testes, e se recusou a dizer quem era o responsável pelos procedimentos ou quando ficariam prontos. Eruditos e blogueiros preencheram o silêncio com debates sobre a autenticidade do evangelho com base no que já se sabia. É possível encontrar argumentos, geralmente bastante válidos, em defesa de qualquer ponto de vista, embora o prolongado silêncio contribuísse para a sensação de que havia qualquer coisa de muito errado com o Evangelho da Esposa de Jesus.

Finalmente, em abril de 2014, pouco antes da Páscoa e um ano e meio depois que King chocara o mundo com o seu anúncio, ela mesma revelou que os testes tinham demonstrado que o papiro era antigo e não se tratava de falsificação moderna. Compreensivelmente, sentia-se vingada. "Espero que possamos deixar de lado a questão da falsificação e falar mais, muito mais, a respeito do significado histórico do fragmento e como ele se encaixa na história do cristianismo, e a respeito de questões sobre família, casamento, sexualidade e Jesus", King declarou aos repórteres.

Sua esperança durou pouco. Os críticos imediatamente apontaram para gritantes discrepâncias com as afirmações originais de King — ou seja, os testes mostraram que o papiro datava de 741 EC, ou mesmo de 859 EC, mais de cinco séculos depois do que King dissera inicialmente. Esse resultado veio depois que os primeiros esforços de datação por carbono apontarem para uma data de quatrocentos a duzentos anos antes de Jesus nascer. Além disso, a tinta não pôde ser testada diretamente, porque para isso seria preciso destruir um pedaço de um fragmento que já era pequeno. E testes espectroscópicos mostraram que era de um tipo usado entre 400 AEC e 800 EC, uma janela imensa de doze séculos. Como um gaiato tuitou: "ÚLTIMA NOTÍCIA: fragmento sobre 'esposa de Jesus' pode datar de quatrocentos anos antes de ele nascer". Um artigo da revista *Christianity Today* trazia o esperto título de "How to Date Jesus' Wife" [Como datar (ou namorar) a mulher de Jesus].

Os estudiosos foram igualmente sarcásticos. Leo Depuydt, egiptólogo da Universidade Brown, escreveu uma refutação publicada na *Harvard Theological Review* sugerindo que o papiro "parece pronto para um esquete do Monty Python". Mais concretamente, afirmou que o papiro continha sérios erros gramaticais e parecia plagiar frases diretamente do Evangelho de Tomé. Observou que outros estudiosos descobriram que incluía até um erro de grafia que está no evangelho de Tomé. Quais eram as chances de algo assim ocorrer espontaneamente? "Não aceito o argumento de que é sofisticado. Acho que poderia ser feito numa tarde por um estudante universitário", declarou Depuydt ao *Boston Globe*.

King, Bagnall e seus defensores refutaram essas objeções, argumentando que Depuydt estava interpretando errado o copta. Além disso, segundo eles, muitos textos cristãos antigos plagiavam trechos uns dos outros. O artigo foi publicado, e o documentário da Smithsonian levado ao ar — e a controvérsia perdeu força. As únicas questões remanescentes pareciam ser: por que esse evangelho foi suprimido, e por que a Igreja primitiva (e o patriarcado atual) se preocupava tanto com qualquer coisa que indicasse que Jesus foi casado ou fez sexo, ou que as mulheres poderiam exercer tanta autoridade quanto os homens — especialmente uma "mulher caída" como Maria Madalena.

Dentro de um mês, porém, essa estranha saga deu mais uma — talvez a última — guinada.

JESUS SE DIVORCIA

Enquanto King apresentava sua bombástica descoberta na conferência cóptica de Roma, em setembro de 2012, um jovem estudioso americano chamado Christian Askeland estava no palco de uma sala vizinha apresentando um trabalho sobre a versão copta do Livro do Apocalipse, importante momento para qualquer acadêmico em começo de carreira. Naturalmente, a dissertação de King era o foco das atenções gerais, mas quando Askeland voltou para a Alemanha, onde era professor pesquisador adjunto na Universidade Protestante de Wuppertal, pôs-se a examinar com mais atenção as imagens do evangelho apresentado por ela.

Foi só em abril, porém, quando a *Harvard Theological Review* postou os resultados dos testes e todos os documentos relevantes on-line, que Askeland realmente pôde dar uma boa olhada no evangelho. O que ele descobriu causaria mais impacto do que qualquer dissertação acadêmica.

Em primeiro lugar, ele encontrou, entre as imagens postadas pela *Review*, a foto de outro pedaço menor de papiro esfarrapado que parecia um fragmento de um manuscrito copta conhecido como Evangelho de João. Esse pedaço de papiro fora dado a King pelo mesmo colecionador que lhe entregou o Evangelho da Esposa de Jesus. Por coincidência, a tese de doutorado de Askeland tinha sido sobre as versões coptas do Evangelho de João, e ele pôde comparar a versão recebida por King com uma autêntica versão anterior em papiro do Evangelho de João em copta, descoberta numa jarra num túmulo egípcio em 1923.

As similaridades "desafiavam a coincidência", segundo ele. O fragmento do Evangelho de João que King recebera reproduzia alternadamente as frases da versão autêntica de 1923, e as quebras de linha eram idênticas — o que jamais aconteceria, porque no mundo antigo os pedaços de papiro tinham tamanhos diferentes e cada escriba tinha uma caligrafia diferente. Além disso, os escritos nos dois fragmentos que King recebera tinham a mesma letra; era altamente improvável que o mesmo escriba tivesse produzido as duas cópias. O fragmento do Evangelho de João só podia ser falso, portanto, e viera do mesmo colecionador que fornecera o Evangelho da Esposa de Jesus.

Askeland levantou a hipótese de que um falsário moderno tinha copiado um fragmento do Evangelho de João de uma versão disponível na internet. Se aquele fragmento era falso, então era falso também o Evangelho da Esposa de Jesus. "Para mim, cogitar a hipótese de que eu posso ser atingido por um raio duas vezes no mesmo dia significa que [este fragmento] circula no reino do absurdo", declarou Askeland ao *Washington Post*. "E a partir daí só vai piorando."

De fato, Askeland percebeu também que o verdadeiro Evangelho de João era escrito no dialeto licopolitano, que segundo especialistas desapareceu aproximadamente no século v. O fragmento do Evangelho de João datava do mesmo período do Evangelho da Esposa de Jesus (entre os séculos vii e ix), o que significava que a língua usada no recém-descoberto fragmento do Evangelho de João, escrito na mesma letra do Evangelho da Esposa de Jesus, desapareceu pelo menos duzentos anos antes de quando o texto foi escrito.

"Resumindo: se um é falso, ambos são falsos", afirmaram em um artigo para a CNN os estudiosos Joel S. Baden, professor adjunto de Velho Testamento da Faculdade de Teologia de Yale, e Candida Moss, professora de Novo Testamento de Notre Dame. "Como nos casos de doping no esporte, pode-se presumir com segurança que os melhores trapaceiros estão sempre um passo adiante da ciência." Mark Goodacre acrescentou: "Em face das avassaladoras similaridades, é de supor que estejamos lidando com uma falsificação".

Algumas pessoas fizeram o possível para defender o evangelho. Uma postagem em um blog intitulada "Jesus Teve uma Cunhada Horrorosa" (referência às relações do fragmento do Evangelho de João com o fragmento do Evangelho da Esposa de Jesus) acusava Askeland de sexismo. Uma coluna no site Religion Dispatches também sugeria que, como cristão evangélico ligado à Green Collection, compilação de antigos textos e artefatos bíblicos fundada por Steve Green, presidente da rede varejista Hobby Lobby e ele próprio evangélico conservador, Askeland devia ter seus motivos pessoais. "É sempre muito excitante descobrir qualquer coisa nova, mas não me dá nenhum prazer complicar a vida de Karen King", declarou Askeland ao *Washington Post*. "Meu problema é com quem quer que tenha pregado essa peça, mas estou convencido de que é um embuste."

King parecia estar esperando pelo pior. "Isso é significativo, vale a pena levar a sério, e pode apontar na direção da falsificação", disse ela ao *New York Times*. "É uma hipótese que merece ser considerada seriamente." Mas acrescentou, esperançosa: "Não acho que o caso esteja encerrado".

Nisso ela estava certa. Ainda que os indícios mostrassem, conclusivamente, que o papiro tinha sido forjado por algum acadêmico tentando provar que era mais hábil e inteligente do que seus crédulos colegas na guilda dos arqueólogos bíblicos, ou por um colecionador desonesto em busca de lucro fácil, as discussões jamais acabariam (nem a suspeita desapareceria). Por que isso aconteceria? Questões sobre sexo e Jesus e mulheres e autoridade sempre alimentaram debates no cristianismo, e o foco das discussões sempre acaba sendo a mesma pessoa: Maria Madalena.

"Desde os primórdios da era cristã, Maria Madalena funciona como uma figura que levanta questões sobre a natureza da autoridade religiosa feminina, as relações entre espiritualidade e sexualidade, e a posição social e política das mulheres nas religiões institucionais", escreveu Theresa Coletti em seu livro *Mary Magdalene and the Drama of Saints* [Maria Madalena e o drama dos santos]. O mais notável é o quanto se tem atribuído a essa mulher, levando em conta o pouco que o Novo Testamento diz sobre ela.

"MARIA MADALENA FOI A PRÓPRIA IGREJA"

Antes dos acontecimentos da Semana Santa, o ato final e ponto alto do drama da história da vida de Jesus na terra, Maria Madalena é mencionada apenas uma vez, no Evangelho de Lucas. No capítulo 9, o evangelista descreve as viagens de Jesus na Galileia, pregando e fazendo milagres, e narra o seguinte:

> E os doze iam com ele, e também algumas mulheres que haviam sido curadas de espíritos malignos e de enfermidades: Maria, chamada Madalena, da qual saíram sete demônios, e Joana, mulher de Cuza, procurador de Herodes, e Suzana e muitas outras, que lhe prestavam assistência com seus bens.

Essa breve referência dá sobre Maria Madalena os poucos detalhes que contribuiriam para alguns dos mitos e confusões que se desenvolveriam em torno dela, mas também as informações que, como se verá adiante, ajudariam a esclarecer quem foi de fato Madalena.

Maria Madalena só aparece plena e vigorosamente quando Jesus vai a Jerusalém para a Páscoa e nos episódios que culminariam com sua morte e Ressurreição.

Embora suas aparições sejam esparsas, ela está lá, nos quatro evangelhos. É importante lembrar que esses episódios são os mais verossímeis historicamente, porque ocorrem já no fim da vida de Jesus, quando o número de seguidores era significativo. Além disso, os eventos da Paixão na Semana Santa foram, na grande maioria, públicos. A entrada de Jesus em Jerusalém no Domingo de Ramos, o julgamento, a flagelação, a Crucificação e o sepultamento foram todos assistidos por incontáveis testemunhas, e causaram impressão tão forte nos seguidores imediatos de Jesus que eles posteriormente prefeririam morrer a negá-los, e fizeram questão que alguém registrasse as histórias por escrito.

O próprio Jesus não deixou registro escrito, e há quem acredite que talvez não soubesse escrever. Ficou para outros a tarefa de contar sua história, que basicamente chegou até nós nos quatro evangelhos do Novo Testamento. Conforme mencionado anteriormente, três desses evangelhos — Mateus, Marcos e Lucas — se parecem tanto na forma e no conteúdo que são chamados de sinóticos, da palavra grega que significa "olhar do mesmo ponto de vista". O quarto, o Evangelho de João, foi escrito depois, talvez no ano 100, e tem estilo acentuadamente diferente.

Maria Madalena entra no drama da Paixão em Marcos, o primeiro evangelho a ser escrito, citada como uma das mulheres que ficaram no Calvário quando Jesus morreu. Àquela altura, os homens que um dia lhe declararam sua devoção tinham fugido — ou, no caso de Judas, traído o Messias. A fidelidade das mulheres que seguiam Jesus sempre as distinguiu dos homens, os doze apóstolos, para crédito delas. De outro lado, como nota Candida Moss, mulheres "não seriam vistas como ameaça política como os doze seriam. Por isso pode-se imaginar que era mais perigoso para os doze [ficar na cruz] do que para Maria e as outras mulheres, porque elas estavam fora do alcance do radar".

Em sua narrativa da Crucificação, o autor do evangelho de Marcos também nota que Maria Madalena e aquelas mulheres na cruz, "quando ele [Jesus] esteve na Galileia, o acompanhavam e serviam". Maria Madalena, escreve o autor, e outra mulher chamada Maria vigiaram o sepulcro quando o corpo foi tirado da cruz naquela tarde de sexta-feira.

Marcos então conta que Maria Madalena, outra Maria, mãe de Tiago, e Salomé foram ao sepulcro bem cedo no domingo, o primeiro dia da semana, para ungir o corpo de Jesus com aromas em preparação para o sepultamento. Naquela época, essa era uma tarefa das mulheres, que elas não poderiam ter feito no dia anterior, sábado, porque era o sabá. A caminho do sepulcro, as mulheres se perguntavam se seriam capazes de remover a imensa pedra da porta, mas, quando chegaram, viram que a pedra não estava mais lá. Entram no sepulcro e veem que o corpo de Jesus tinha desaparecido; o que encontram lá é um jovem sentado, vestido de branco. Ele diz às mulheres que Cristo ressuscitou dos mortos e que elas devem ir contar a Pedro e aos outros discípulos.

As mulheres, porém, estão temerosas e desnorteadas, e nada dizem. Então, numa passagem que pode muito bem ser um acréscimo posterior, Jesus aparece só para Maria Madalena, e ela vai alertar os outros. Mas os homens não acreditam nela, e só compreendem quando Jesus aparece pessoalmente diante dos sete apóstolos restantes, repreendendo-os por sua incredulidade.

Na versão de Mateus, também, Madalena continua na cena da Crucificação enquanto outros fogem, e faz vigília no sepulcro. Então, no domingo de manhã, ela e a outra Maria vão ao túmulo, que ainda está fechado. Na versão de Mateus, há um tremor de terra e, em vez do jovem de branco, como em Marcos, um anjo de branco desce, revolve a pedra, e se senta. Os guardas postos ali pelos romanos, para impedir que alguém roubasse o corpo (e fingisse uma ressurreição), ficaram assombrados, como mortos. O anjo diz às duas Marias que não tenham medo, que Jesus ressuscitou. Correndo para contar aos outros, elas encontram Jesus, e se ajoelham para lhe abraçar os pés. Ele também diz para irem dar a notícia aos demais.

O evangelho de Lucas conta que todas as mulheres que seguiam Jesus desde a Galileia — incluindo, supostamente, Madalena — ficam na cruz e vigiam o sepulcro. Maria Madalena só é mencionada pelo nome quando Lucas conta que as mulheres voltaram domingo de manhã para ungir o corpo de Jesus com aromas. Maria Madalena e outra mulher não identificada encontram a pedra revolvida, e nenhum corpo. Dois homens, "em vestes resplandecentes", aparecem e dizem que Jesus tinha ressuscitado, mas quando elas correm para contar aos outros, sua história é ignorada. "Suas palavras lhes pareceram como um delírio." Mais uma vez, só quando Jesus aparece diante deles os homens acreditam.

A mais comovedora e memorável versão dos acontecimentos dessa manhã de Páscoa está no Evangelho de João, o estranho no ninho dos evangelistas.

No relato de João, Maria Madalena vai sozinha ao sepulcro, tão cedo que ainda está escuro. Vê que a pedra foi removida e que não há mais corpo e corre para contar a Pedro e aos demais. Pedro e outro discípulo que aparece no sepulcro veem que ela disse a verdade, mas não entendem o que aconteceu e vão embora.

Madalena, fiel como sempre, fica na tumba, chorando:

> Enquanto chorava, abaixou-se e olhou para dentro do túmulo; e viu dois anjos vestidos de branco, sentados onde o corpo de Jesus fora posto, um à cabeceira e o outro aos pés. Então eles lhe perguntaram: "Mulher, por que choras?". Ela lhes respondeu: "Porque levaram o meu Senhor, e não sei onde o puseram". Tendo dito isto, voltou-se para trás e viu Jesus em pé, mas não reconheceu que era Jesus.
>
> Perguntou-lhe Jesus: "Mulher, por que choras? A quem procuras?". Ela, supondo ser ele o jardineiro, respondeu: "Senhor, se tu o tiraste, dize-me onde o puseste e eu o levarei". Disse-lhe Jesus: "Maria!". Ela, voltando-se, lhe disse em hebraico: "Rabôni!", que quer dizer Mestre.
>
> Recomendou-lhe Jesus: "Não me detenhas, porque ainda não subi para meu Pai. Mas vai ter com meus irmãos e dize-lhes: 'Subo para meu

Pai e vosso Pai, para meu Deus e vosso Deus'". Então saiu Maria Madalena anunciando aos discípulos: "Vi o Senhor"; e contava-lhes que ele lhe dissera estas coisas.

Essa representação da descoberta e do encontro com Jesus é tão dramática, tão íntima e tão poderosa e rica de significado que inspiraria artistas e teatrólogos pelos séculos vindouros. Plantaria também a semente da suspeita de que Jesus era mais íntimo de Madalena do que de qualquer dos outros seguidores, e talvez mais do que os textos canônicos gostariam de revelar.

O que importa lembrar é que os quatro evangelistas descrevem o papel fundamental de Maria Madalena na descoberta do sepulcro vazio, na primeira aparição do Jesus ressuscitado, e na ordem para que fosse contar aos outros a incrível notícia. É um registro notavelmente consistente em todos os textos, e confirma o papel central de Madalena e sua importância histórica.

"Maria Madalena é a primeira a quem o Cristo ressuscitado aparece e, portanto, tem imensa importância para o cristianismo", afirma o autor jesuíta reverendo James Martin. "Mas mais importante ainda, acho, é que no período que [vai de quando] Maria Madalena vê Jesus no sepulcro e corre para contar aos discípulos a boa notícia e partilhar a boa notícia com a comunidade, Maria Madalena era a Igreja. Durante uma ou duas horas, Maria Madalena foi a única a saber da Ressurreição, portanto Maria Madalena foi a própria Igreja."

Felizmente, dessas poucas pistas, historiadores da Bíblia podem tirar conclusões abalizadas sobre o tipo de pessoa que Maria Madalena deve ter sido e que papel pode ter desempenhado.

"SENHOR E SENHORA JESUS?"

O primeiro ponto a destacar é que Maria Madalena foi, quase certamente, uma pessoa de carne e osso que existiu naquela época e naquele lugar, e que provavelmente desempenhou na história de Jesus um papel bem parecido com aquele que o Novo Testamento descreve.

Como assinalamos ao tratar de João Batista, estudiosos da Bíblia (especialmente John Meier) citam o "critério de constrangimento" como indício de que uma coisa qualquer relacionada aos evangelhos é provavelmente verdadeira. No caso de João Batista, seu papel como mentor e batizante de Jesus se revelou embaraçoso para cristãos que vieram depois, e o fato de preservarem o Batista e seu papel nos quatro evangelhos dá mais autenticidade à sua história. O mesmo se aplica a Maria Madalena: sua leal presença na Crucificação, quando os homens fugiram, e o fato de ter sido ela quem descobriu o sepulcro vazio e a primeira a se encontrar com o Cristo ressuscitado — e de ser instruída a divulgar a notícia, ainda que o testemunho das mulheres naquele tempo tivesse pouco valor — constrangeriam os homens que escreveram os evangelhos e viriam a ser os líderes da Igreja. Portanto, se os primeiros líderes cristãos estivessem reescrevendo a história com um propósito em mente, como os adeptos das teorias conspiratórias acreditam, Maria Madalena seria a primeira a desaparecer. Mas ela permaneceu.

Então, quem era ela?

Um fato que parece inquestionável — mesmo tendo contribuído para conjeturas sexuais posteriores em torno de Maria e Jesus — é que o nome de Madalena revela que ela vem da cidade de Magdala, ou Midgal, no canto nordeste do mar da Galileia (a rigor um lago, de vinte quilômetros de comprimento, também conhecido como lago de Tiberíades ou lago de Genesaré). Migdal em hebraico quer dizer "torre" ou "fortaleza", e a versão aramaica, Magdala, acrescenta a conotação de "elevada" ou "magnífica" — termos que os primeiros líderes cristãos gostavam de aplicar a Madalena.

A região da Galileia em torno de Magdala é a área onde Jesus foi criado e onde exerceu a maior parte do seu sacerdócio público, pregando o Sermão da Montanha numa montanha perto do lago, caminhando sobre suas águas tempestuosas e acalmando as ondas perigosas. Jesus chamou pescadores como Pedro para serem seus "pescadores de homens" e, nas margens do lago, depois da Ressurreição, preparou um desjejum de peixe grelhado na brasa para seus discípulos.

Peixe era uma fonte de proteína vital para os moradores da região, e Magdala se tornou uma cidade próspera graças à indústria da pesca. Essa prosperidade talvez tenha contribuído para a reputação de Magdala como a Cidade de Perdição da Galileia, destruída em 75 EC em parte por causa de "sua má fama e do comportamento licencioso dos seus habitantes", como escreveu Susan Haskins em seu estudo de referência, *Mary Magdalene: Myth and Metaphor* [Maria Madalena: mito e metáfora]. Embora não haja provas de que Maria de Magdala fosse licenciosa, a reputação de sua cidade natal não ajudava a sua. A prosperidade da cidade, no entanto, talvez lhe tenha assegurado renda suficiente para apoiar o ministério de Jesus.

Durante séculos se supôs que Maria Madalena e as outras mulheres seguidoras agiram mais ou menos como as mulheres judias da época: sua vida consistia basicamente em executar tarefas domésticas, como moer farinha, assar pão, lavar roupas e tecer lã. Pesquisas mais recentes, porém, estão mudando essa noção sobre as mulheres que seguiam Jesus. "Maria e as outras mulheres desempenharam papel muito importante no início do movimento de Jesus. Estavam lá para financiar e apoiar esse movimento de homens itinerantes que tinham largado seus trabalhos para sair pregando o evangelho", explica o professor Geoffrey Smith. "É provável também", acrescenta Smith, "que o papel de Maria como financiadora do início do movimento de Jesus lhe desse algum tipo de influência sobre o movimento." Trata-se de algo inusitado, levando em conta as convenções da época.

"Maria Madalena parece um caso incomum entre as mulheres judias de sua época", concorda o rabino Garroway do Hebrew Union College. "A maioria das mulheres judias na Galileia estaria em algum tipo de ambiente doméstico, fosse como filha, mãe ou esposa, mas sair para o deserto em companhia de pregadores itinerantes, usando um nome que não a vincula a nenhum homem, é inusitado."

Esse nome, Madalena, é outra pista importante — e outro fator que contribuiu para a sua reputação posterior. Seguindo as convenções da época, mulheres casadas geralmente eram identificadas pelo nome do marido. Naquele tempo, o marido dava à mulher um nome e uma identidade, além do sustento. Mas, como Jesus de Nazaré, Maria de Magdala evidentemente não era casada, ou talvez fosse viúva, por isso é identificada pela cidade onde nasceu. "É, portanto, como mulher *independente* que ela é apresentada", afirma Haskins. "Isso implica que devia ter algum recurso, para ser capaz de optar por seguir e apoiar Cristo."

Quer dizer que ela não era a sra. Jesus? Parece improvável. Deixando de lado as objeções teológicas, o registro histórico não dá sustentação à ideia de que Jesus ou Maria Madalena fossem casados, e certamente não um com o outro.

Em diversos pontos dos evangelhos, por exemplo, as multidões em volta de Jesus notam que ele está cercado pela mãe e pelos irmãos e irmãs, um amplo leque de parentes. Mas não há menção a esposa, nem naquela altura, nem quando Jesus é crucificado e sepultado, ou depois da Ressurreição. Se tivesse mulher, é difícil imaginar que não fosse citada pelo nome.

Alguns usam o "argumento do silêncio" — segundo o qual, justamente porque nenhuma esposa é mencionada, a mulher de Jesus deve ter sido riscada da história. "Por que só a literatura que diz que ele era celibatário sobreviveu?", perguntou Karen King em sua defesa do Evangelho da Esposa de Jesus. "E todos os textos que mostravam que ele teve uma relação íntima com [Maria] Madalena ou que é casado não sobrevivem? Será cem por cento coincidência? Ou será porque o celibato se tornou o ideal do cristianismo?"

Sim, o celibato se tornou o ideal cristão e, na opinião de muitos, acabou recebendo uma ênfase excessiva. A rigor, até mesmo o chefe da Igreja Católica, o papa Francisco, tem comentado que o celibato compulsório dos padres é uma lei da Igreja que data apenas do século XII, e poderia ser alterada para atender às realidades de hoje.

O argumento do silêncio, no entanto, é muito fraco, e nesse caso se baseia em algumas suposições sobre homens, e sobre judeus em particular. Como diz o herói de *O código Da Vinci*, o "simbologista" Robert Langdon, "a convenção social durante aquela época praticamente proibia um homem judeu de permanecer solteiro. Segundo o costume judaico, o celibato era condenado". O protagonista de Dan Brown afirma inclusive que o celibato era "antinatural" e se Jesus fosse solteiro isso exigiria uma explicação por partes dos autores do evangelho.

Nem tanto. Um homem solteiro como Jesus talvez não fosse a norma, mas dificilmente seria um caso inusitado. Na verdade, no século I havia comunidades inteiras de homens judeus levando existências quase monásticas no deserto em volta do mar Morto. Como já vimos, João Batista talvez tenha pertencido a uma delas, a dos essênios, e Jesus também. Fílon, o famoso filósofo judeu de Alexandria, no Egito, contemporâneo de Jesus, falou elogiosamente dos essênios e de sua dedicação ao celibato: "Este agora é o invejável sistema de vida dos essênios", escreveu Fílon, "de tal maneira que não só indivíduos comuns, mas até mesmo reis poderosos, por admirarem esses homens, veneram sua seita, e elevam sua dignidade e majestade a um grau ainda mais alto com a aprovação e as honras que lhes conferem."

Lembremos que Jesus também falou (no Evangelho de Mateus) sobre "eunucos que se castraram a si mesmos se fizeram eunucos por causa do reino dos céus". E acrescentou: "Quem pode aceitar isso, aceite". O apóstolo Paulo — às vezes chamado de "segundo fundador do cristianismo" devido à sua influência como evangelista e ao número de escritos de sua autoria incluídos no Novo Testamento — ampliou essa visão, mais claramente em sua Primeira Carta aos Coríntios. Nessa epístola, Paulo recomenda o celibato como o melhor caminho, e deseja que todos os homens "fossem como eu mesmo". (Também fazendo eco a Jesus, acrescenta que, quem não puder ficar solteiro deve casar, porque "é melhor casar do que abrasar-se".)

O fato de tanta gente ainda hoje estar convencida de que Jesus foi casado, e com Maria Madalena, talvez diga mais sobre nossas próprias preocupações com sexo do que sobre as realidades da vida e da fé para os judeus que viviam na Palestina do século I e para os primeiros cristãos do Império Romano. "Há essa coisa preguiçosa, implícita, de que ela e Jesus formam um belo casal. Ela é bonita e mais ou menos da idade dele", argumenta Candida Moss. "Mas pode ser que não fosse nada disso. Pode ter sido uma jovem e atraente viúva, no fim da adolescência, ou entrando nos vinte, cujo marido morreu e lhe deixou um bom dinheiro, ou pode ter sido uma mulher de negócios muito bem-sucedida, talvez já sessentona, nada atraente, mas que trabalhou muito e agora, nos últimos anos de vida, se dedica à espiritualidade e ao crescimento espiritual."

Seja como for, o Novo Testamento não oferece muita coisa mais, e depois da Ressurreição Madalena desaparece da narrativa canônica. A súbita lacuna é incongruente, devido à importância do seu papel.

"Um dos grandes mistérios do cristianismo primitivo é o que aconteceu com Maria Madalena, porque ela está presente nas páginas dos evangelhos em todos os momentos decisivos: no fim da vida de Cristo, no sepulcro e vivendo a experiência religiosa da Ressurreição", afirma Mark Goodacre. "E de repente não ouvimos mais falar nela, e não sabemos nada." Uma possibilidade, segundo ele, é que "ela fosse uma pregadora, saísse numa missão, mas esses autores, todos homens, nunca pensaram em nos contar a respeito, por causa da sua visão sexista do mundo".

Ou, de acordo com Goodacre, "pode ser também que ela já fosse muito velha e tenha morrido. Pode ser que não tenha acontecido muita coisa com ela depois. É totalmente possível, se era viúva, que tenha morrido não muito tempo depois, e que ninguém se lembrasse direito de nada depois do momento decisivo no sepulcro".

Seja como for, a Madalena não aparece em parte alguma das cartas de são Paulo, ou dos outros escritos que constituem o Novo Testamento e descrevem as dores do crescimento do cristianismo em suas primeiras décadas. Sua cidade natal não se saiu muito melhor: depois da destruição pelos romanos, Magdala jamais se recuperou — não havia santuários dignos de nota, poucos eram os peregrinos, e não houve milagres ou visões associados ao lugar. Mesmo em anos recentes, a cidade, ou o que dela restou, é pouco mais do que um pedaço de chão incultivável e coberto de mato, assinalado por uma pequena e surrada placa à beira da rodovia.

Mas, mesmo com suas raízes históricas minguantes, a história de Madalena e sua reputação continuaram ganhando mais espaço na mente dos fiéis.

"UMA CONFUSÃO DE MARIAS"

Não foi só a ausência de informações sobre Maria Madalena nos evangelhos que incentivou muita gente a preencher lacunas. Foi também o excesso de Marias no Novo Testamento que ajudou a embelezar sua história com tanta criatividade.

Com base em registros de sepultamento e nos documentos da época que chegaram até nós, os estudiosos calculam que 50% das mulheres na Palestina do século I se chamavam Salomé ou Maria, ou uma variante desse nome (como Miriam). O círculo de seguidores de Cristo era típico: além da mãe, Maria de Nazaré, também conhecida como a Virgem Maria, ele teve pelo menos mais quatro seguidoras com esse nome: Maria, mãe de Tiago, o Menor, e de José; Maria de Betânia, a irmã de Marta e de Lázaro, o amigo de Jesus; Maria de Clopas; e, é claro, nossa Maria de Magdala.

É uma "confusão de Marias", como escreveu Marina Warner, e os primeiros líderes da Igreja não resistiram à tentação de tentar esclarecer as coisas — e explicar as inconsistências entre as narrativas da Páscoa nos diferentes evangelhos — fundindo muitas dessas Marias em uma única Madalena.

A metamorfose começou com a junção de Maria Madalena com a Maria irmã de Marta, descrita no Evangelho de Lucas. Nessa história, Jesus e os discípulos param numa aldeia e são recebidos por Marta em sua casa. Enquanto ela se ocupa da preparação da comida, sua irmã Maria — jamais chamada de Madalena — senta-se aos pés de Jesus, bebendo cada palavra sua. Num diálogo que ressoa pelos séculos afora, Marta se queixa:

> "Senhor, não te importas que minha irmã tenha deixado que eu fique a servir sozinha? Ordena-lhe que venha ajudar-me." Respondeu-lhe o Senhor: "Marta, Marta! Andas inquieta e te preocupas com muitas coisas. Entretanto, pouco é necessário, ou mesmo uma só coisa. Maria escolheu a boa parte, e esta não lhe será tirada".

Em nenhuma parte essa Maria é identificada como Madalena, mas a proximidade física e emocional com Jesus parece compatível com a intimidade que Maria Madalena e Jesus partilharão posteriormente na cruz e no sepulcro.

A ligação entre Jesus e Maria irmã de Marta é consolidada no Evangelho de João, o único a contar a história da ressurreição de Lázaro. Marta e Maria são identificadas na história como irmãs de Lázaro, e Jesus, como amigo íntimo: "Ora, Jesus amava a Marta, e a sua irmã e a Lázaro". Numa das cenas mais comoventes dos evangelhos, as irmãs mandam dizer que Lázaro está doente e Jesus precisa ir curá-lo. Mas Jesus tarda, e Lázaro morre. Quando ele chega à aldeia, Betânia, Marta o saúda, mas quando se encontra com Maria ela se joga aos seus pés e diz: "Senhor, se tu estivesses aqui meu irmão não teria morrido". Suas palavras perturbam Jesus, e ele chora no túmulo de Lázaro. E o ressuscita dos mortos.

Nessa passagem, Maria, irmã de Marta, também não é chamada de Madalena, mas é descrita como "a mesma que ungiu com bálsamo o Senhor e lhe enxugou os pés com os seus cabelos". No capítulo seguinte, Marta novamente o serve durante o jantar enquanto Maria, sua irmã, "tomando uma libra de bálsamo de nardo puro, de muito preço, ungiu os pés de Jesus e os enxugou com os seus cabelos".

Essa cena comovente pressagia a infâmia de Judas Iscariotes, que se queixa de que o perfume deveria ser vendido e o dinheiro, dado aos pobres. (O que nos contam é que ele na verdade queria roubar o dinheiro — Judas era ganancioso, nos conta João, e essa ganância levará à traição poucos dias depois.) "Deixa-a", diz Jesus. "Que ela o guarde para o dia do meu sepultamento. Porque os pobres sempre os tendes convosco, mas a mim nem sempre me tendes."

Essa Maria, irmã de Marta, foi desde cedo identificada como Maria Madalena e, uma vez estabelecida a ligação, apesar de infundada, bastou um passo para que Madalena fosse também a "mulher pecadora" de Lucas, capítulo 7, que, ao saber que Jesus está jantando na casa de um fariseu, leva uma jarra de alabastro de perfume caro para lhe ungir os pés. A mulher, que nunca é identificada pelo nome, molha os pés de Jesus com suas lágrimas, enxuga-os com os seus cabelos, e finalmente unge-os com óleo aromático. O fariseu protesta dizendo que Jesus não deveria permitir que uma mulher como aquela fizesse isso, mas Jesus diz que o grande amor da mulher redimiu seus muitos pecados. "Tua fé te salvou", diz ele à mulher. "Vai-te em paz."

No capítulo seguinte, Lucas apresenta Maria Madalena pelo nome, na primeira vez em que a menciona, descrevendo-a como a mulher "da qual saíram sete demônios". A proximidade com a mulher pecadora do capítulo anterior, e a clara identificação de Maria Madalena como uma mulher que fora afligida por demônios, decide o destino de Madalena aos olhos do mundo. (O fim do Evangelho de Marcos, provavelmente acrescentado bem depois que o texto original foi redigido, também identifica a Madalena como a mulher "da qual [Jesus] expelira sete demônios".)

A possessão demoníaca foi interpretada por alguns como uma forma velada de se referir à luxúria desenfreada, especialmente perturbadora numa mulher, e os primeiros exegetas (pregadores e intérpretes das Escrituras) também começaram a associar Maria Madalena à mulher anônima flagrada em adultério no evangelho de João. Alguns chegaram a ver Maria Madalena como a mulher samaritana no poço do capítulo quarto de João, que Jesus classifica como tendo tido vários maridos e vivendo em pecado com outro homem com quem não era casada.

Era como se nada pudesse salvar a reputação de Maria Madalena. Seu destino como devassa arrependida foi sacramentado em 21 de setembro de 591, quando o papa Gregório Magno pregava uma homilia na Basílica de São Clemente, em Roma, sobre a história contada por Lucas a respeito da mulher pecadora ungindo os pés de Jesus com suas lágrimas e com unguento da jarra de alabastro.

"Acreditamos que essa mulher", declarou o papa Gregório, "que Lucas chama de pecadora, que João chama de Maria, é aquela Maria da qual Marcos diz que sete demônios foram expelidos." Esses sete demônios, claro, simbolizavam os sete pecados mortais, dos quais o pior, como sempre, era a luxúria:

> Fica claro, irmãos, que a mulher anteriormente usava o unguento para perfumar sua carne em atos proibidos. Portanto, o que ela ostentava mais escandalosamente agora oferece a Deus de maneira mais louvável. Ela havia cobiçado com olhos terrenos, mas agora, através da penitência, esses olhos são consumidos por lágrimas. Ela ostentava os cabelos para realçar o rosto, mas agora os cabelos enxugam suas lágrimas. Ela dizia coisas arrogantes com sua boca, mas ao beijar os pés do Senhor agora planta a boca nos pés do Redentor. Em nome de cada prazer, portanto, que tinha dentro de si, ela agora se imola. Transforma a massa de seus crimes em virtudes, a fim de servir inteiramente a Deus em penitência.

Como diz o ditado, *Roma Locuta est, causa finita est.* "Roma falou, caso encerrado." A partir de então, Maria Madalena virou a mulher lasciva que se arrependeu, para sempre representada com cabelos longos e soltos (quase sempre sem nada mais) e uma jarra de unguento.

Não que o sermão de Gregório tivesse diminuído a popularidade de Madalena entre os fiéis. Pelo contrário, todo mundo queria ter um pedacinho dela — relíquias de Madalena proliferaram em toda a Europa na Idade Média, e havia versões da história de Madalena para todos os gostos.

De acordo com uma tradição, Maria Madalena foi com João Evangelista — o autor do evangelho, que lhe deu um papel tão dramático e minucioso na descoberta da manhã de Páscoa — a Éfeso, na costa da atual Turquia. A Virgem Maria a acompanhava, segundo essa versão, e ambas terminaram ali sua vida terrena. O corpo de Maria Madalena acabou num relicário em Constantinopla, em 886 EC, ao lado de seu irmão Lázaro.

Em outra versão da história, Maria Madalena passou por Roma, onde teve um encontro com o imperador Tibério, proclamando a notícia da ressurreição de Cristo e mostrando ao imperador um simples ovo como símbolo da nova vida. Tibério, segundo consta, riu muito e disse que ressurgir dos mortos era tão plausível quanto o ovo que estava na mão dela ficar vermelho, e antes que as palavras acabassem de sair dos lábios imperiais, o ovo ficou vermelho. Essa é uma das explicações para a tradição moderna de pintar ovos na Páscoa.

A mais popular das histórias de Madalena, porém, é também a mais divertida: nessa versão, depois da execução de Tiago, o irmão de Jesus e líder da Igreja em Jerusalém, Maria Madalena parte num barco sem remos, leme ou velas, junto com Lázaro e suas irmãs, todos eles sob a direção de um discípulo chamado Maximino. Maria Madalena converte muita gente pregando para os pagãos em Marselha, segundo consta, antes de se retirar para uma gruta nas montanhas dos arredores — La Sainte-Baume, que significa "gruta santa" no dialeto local —, onde passa seus últimos dias vivendo no ermo, como um eremita.

(Essa versão da história de Madalena, a chamada *vita eremetica*, é na verdade uma fusão com a história de santa Maria do Egito, prostituta de Alexandria que se arrependeu dos seus pecados e foi viver no deserto pelo resto da vida, a mais ascética das penitentes, subsistindo à base de qualquer coisa que pudesse surrupiar, quase nua e irreconhecível como ser humano.)

De acordo com a tradição, quando Maria Madalena jazia moribunda em sua gruta santa, os anjos a levaram para Aix-en-Provence, onde vivia Maximino. E quando ela morreu, Maximino embalsamou o corpo e construiu-lhe uma capela, a de são Maximino, em Villa Lata, onde foi sepultada — mas não para sempre: em 1771, supostamente por medo dos invasores muçulmanos no Sul da França, as relíquias de Madalena foram transportadas para uma nova abadia beneditina fundada na cidade de Vézelay, nas colinas da Borgonha. Uma basílica foi construída no lugar — uma das glórias da arquitetura românica — e tornou-se importante centro de peregrinação na Europa medieval (embora os camponeses da região tenham sido tributados tão pesadamente para custear a construção que a certa altura se rebelaram, matando o abade por vingança).

Em 1279, Carlos II de Anjou, rei de Nápoles, deu ordem para que fosse feita uma escavação em Saint-Maximin-la-Sainte-Baume, na Provença. Examinou o sarcófago, encontrou o corpo de Madalena quase intacto, bem como o crânio, à exceção do maxilar inferior, que era venerado numa basílica em Roma. E proclamou que aquelas eram as verdadeiras relíquias de Madalena. Um convento dominicano foi erigido no lugar e, na competição para exaltar suas respectivas Madalenas, os dominicanos saíram vitoriosos. (Talvez tenha ajudado o fato de o rei Carlos isentar os moradores da Provença de impostos para financiar a construção.) O maxilar inferior de Maria foi juntado novamente ao resto da cabeça em 1295, e hoje o crânio escurecido fita os peregrinos do alto de um adornado busto dourado que reproduz a suposta beleza de Madalena em vida.

Ainda que essas tradições e transposições, esses mitos e essas fusões fossem um insulto à realidade histórica da mulher de Magdala e seus restos mortais, também representavam uma exaltação que a fez, e às mulheres cristãs em geral, aproximar-se de exercer uma genuína autoridade na Igreja num grau nunca visto desde os primeiros anos.

De uma distância de séculos, e através das lentes embaçadas das teorias conspiratórias de hoje, tão cheias de calor e sentimento, sobre a supressão da "verdadeira" Maria Madalena, talvez seja difícil reconhecer como essa santa já foi popular.

Se a Virgem Maria era a Rainha do Céu, a mãe de todos nós e o primeiro recurso dos suplicantes que recitam seu rosário em busca de acesso especial a Jesus, então Maria Madalena foi "a santa do povo". Ela era como nós, uma pecadora corrompida — deixando de lado a história verdadeira — que aprimorou a sua conduta e conquistou lugar especial entre os seguidores de Jesus, quem sabe o melhor lugar, na Ressurreição. Ela é a Ovelha Negra resgatada pelo Pastor e, como disse Jesus, "haverá mais júbilo no céu por um pecador que se arrepende do que por noventa e nove justos que não necessitam de arrependimento". Maria Madalena está melhor nesse papel, que nós também podemos fazer.

Maria Madalena também foi feita sob encomenda para a "redescoberta do indivíduo" que floresceu no século XII. Naquela época, histórias de grandes heróis e grandes santos se tornaram imensamente populares, e os europeus devoravam cada palavra sobre Maria Madalena — e os autores se empenhavam em lhes fornecer todas as histórias que pudessem encontrar, ou inventar. O livro conhecido como *Legenda áurea* foi particularmente bem-sucedido, uma densa coletânea de biografias de dezenas de santos e histórias de milagres de diversas tradições preparada por um bispo dominicano chamado Jacopo de Varazze por volta de 1260. Pelo século XII, o volume de Varazze era o livro mais popular da Europa, e cerca de novecentos manuscritos sobrevivem, o que é um número notável.

Mas não foram apenas histórias e mitos que elevaram Madalena acima dos outros. Na verdade, foi a recuperação do seu papel original no anúncio da Ressurreição que lhe conferiu no mínimo uma aura de autoridade.

A partir do século IX, e culminando no século XIII, os principais pregadores começaram a se referir a Madalena pelo título com o qual se tornaria amplamente conhecida, *Apostola Apostolarum*, a "Apóstola dos Apóstolos", porque foi ela quem primeiro anunciou a Ressurreição aos outros apóstolos. Agostinho deu-lhe o título no século IV, mas foi o abade Godofredo de Vendôme que passou a mencionar especificamente as palavras de Madalena como pregação — numa época, como geralmente ocorre ainda hoje, em que as mulheres eram impedidas de pregar. A Madalena, segundo o abade Godofredo, era uma *praedicatrix* que "pregava o que Pedro negou", ou seja, a Ressurreição. Saltérios e hinários e outros textos com iluminuras também começaram a representar Maria Madalena como "Apóstola dos Apóstolos", levantando o dedo para repreender os apóstolos descrentes da verdade dos ensinamentos de Cristo.

Isso era revolucionário. O mundo judaico em que a Maria de Magdala histórica cresceu não era exatamente o que um observador moderno chamaria de igualitário. As mulheres da época não podiam pedir o divórcio, embora os maridos tivessem esse direito com base em todo tipo de violações, inclusive deixar o cabelo solto, como posteriormente Madalena seria retratada. O divórcio também podia ser um destino arrasador: geralmente deixava a mulher sem nenhum tipo de apoio, e com poucas oportunidades, num mundo perigoso; se acusada de adultério, corria risco de apedrejamento.

Nas sinagogas, as mulheres se sentavam em local separado dos homens, numa pequena galeria, e eram consideradas "impuras" durante a menstruação. Embora pudessem ler a Torá, não tinham permissão para pregar com base no texto ou desempenhar funções litúrgicas. "Antes queimar as palavras da Torá do que confiá-la a uma mulher!", declarou o rabino Eliezer no século I. "Quem ensina a Torá à filha é como se lhe ensinasse lascívia."

Jesus deu um exemplo diferente, acolhendo prostitutas e coletores de impostos, leprosos e pedintes — todos os rejeitados pela sociedade. "Jesus parece ter pregado uma ética muito radical, que ressalta que aqueles que ocupam posição elevada e poderosa, as pessoas poderosas da sociedade cederão a vez a alguns dos elementos inferiores: os doentes, os pobres, e muitas mulheres talvez tenham se sentido inspiradas por essa mensagem, porque elas também estavam na base da hierarquia social", explica Garroway.

Mas, embora inusitadamente inclusivo, Jesus não deixou nenhuma declaração que endossasse de forma explícita as mulheres para o exercício da autoridade nas mesmas condições dos homens, fosse no judaísmo ou numa igreja futura. Por isso, independentemente da opinião de Jesus sobre o papel das mulheres, seus seguidores futuros voltariam à norma cultural, reforçando, e por vezes até transformando em franca misoginia, as barreiras à participação da mulher.

Como Jesus, o apóstolo Paulo inicialmente promoveu uma nova função para as mulheres. Em cartas a seus irmãos de crença, ressaltava que "não há macho nem fêmea, porque todos vós sois um em Cristo Jesus", e Paulo frequentemente se referia ao papel crucial que as mulheres, em especial viúvas e benfeitoras ricas, desempenhavam na acolhida de incipientes congregações em igrejas domésticas. Nomeou uma colega, Júnia, como apóstola, e outra, Febe, como diácono — cargo ocupado tanto por homens como por mulheres na igreja primitiva.

Mas, em outras partes, Paulo também escreve sobre o papel secundário que as mulheres devem exercer, moderando a língua e submetendo-se humildemente aos homens, que têm sobre elas uma autoridade concedida por Deus. Na primeira carta à igreja em Corinto, por exemplo, Paulo escreve que as mulheres que "querem aprender alguma coisa interroguem em casa a seus próprios maridos; porque é vergonhoso que as mulheres falem na igreja". E em sua primeira epístola a Timóteo repete esse refrão: "A mulher aprenda em silêncio, com toda a submissão. E não permito que a mulher ensine, nem que exerça autoridade sobre o marido; esteja, porém, em silêncio".

Apesar disso, muitos estudiosos, de Jerome Murphy-O'Connor a Elaine Pagels, acreditam que essas afirmações são tão incompatíveis com Paulo que foram acrescentadas posteriormente pelos interessados em eliminar cargos para as mulheres na Igreja. "Cem anos depois de Paulo, as mulheres já não tinham permissão para assumir nas igrejas posições de destaque", conta Pagels. "Não podiam falar, não podiam liderar congregações e assim por diante. E isso provavelmente tem a ver com o movimento de grupos cristãos dentro da cultura romana das camadas superiores, onde as mulheres não desempenhavam esses papéis e os homens ocuparam todas as funções importantes. O que se vê, portanto, é o movimento cristão assumindo a forma cultural de seus vizinhos, naturalmente. E com isso as mulheres são excluídas de posições de liderança."

Os restauracionistas, que queriam reafirmar a autoridade patriarcal, tiveram êxito. Com o passar das décadas e dos séculos, as mulheres foram sendo impedidas de uma participação ativa, e os Padres da Igreja que moldaram a religião contribuíram com um alarmante grau de misoginia.

Para Clemente de Alexandria, por exemplo, "a consciência da própria natureza da mulher deve evocar sentimentos de vergonha", e o teólogo Orígenes, do século III (que provavelmente se castrou para estimular sua devoção a questões puramente espirituais) descrevia as mulheres como "a porta para o diabo", por terem introduzido o pecado e a morte no mundo. São João Crisóstomo tinha pavor das mulheres, e se referia a seus belos corpos como "sepulcros caiados", uma armadilha mortal para os homens que buscam a santidade. Santo Agostinho, seu contemporâneo do século IV, tinha atitude parecida, vendo as mulheres como essencialmente inferiores e dizendo que se uma mulher "deseja servir a Cristo mais do que ao mundo, então deixará de ser mulher e será chamada de homem".

Até Maria Madalena, a Apóstola dos Apóstolos, foi recrutada numa campanha contra as mulheres. Santo Ambrósio, o arcebispo de Milão no século IV e um dos homens de igreja mais influentes da época, interpretou as ternas palavras de Cristo a Madalena na manhã de Páscoa, "Não me detenhas" (a famosa frase latina *Noli me tangere*), como uma forma de dizer que as mulheres eram proibidas de ensinar na Igreja — e isso numa passagem sobre uma mulher que anunciava a própria Ressurreição!

Pelo século XII, a proibição já se ampliara, determinando que as mulheres não podiam pregar nem administrar os sacramentos, e uma série de decretos ao longo do século seguinte garantia que as mulheres fossem explicitamente proibidas de tocar em objetos sagrados, de levar a hóstia consagrada para os doentes, ou mesmo de entrar no sacrário, que se tornou arena exclusivamente masculina.

Maria Madalena, por outro lado, representava uma testemunha popular e aparentemente irrefutável contra esses decretos. "Ela mostrou que era igual a João Batista, sendo mais que um profeta [...] Seus feitos são iguais aos dele", escreveu um monge cisterciense num relato do começo do século XII. Essa linguagem assinala um ponto decisivo na concepção de Maria Madalena. Sim, ela ainda era a pecadora arrependida e todas aquelas fusões historicamente infundadas, porém profundamente comoventes, mas agora a Madalena era também a primeira e maior pregadora da Palavra.

Inclusive, quando Carlos de Anjou mandou abrir o sarcófago original em Saint-Maximin-la-Baume, em 1279, seus funcionários disseram ter encontrado brotos verdes de palmeira crescendo na língua da santa. Que melhor prova de que ela teve um papel especial na difusão da mensagem de vida nova?

Mas os pregadores — os homens, pelo menos — eram muito inventivos e, exatamente como tinham feito mil anos antes, aos poucos foram encontrando justificativas para o papel privilegiado da Madalena. Sim, ela era uma pregadora, reconheciam alguns, mas só por especial disposição divina, porque a Igreja tinha poucos pregadores no tempo de Jesus. (Talvez porque todos os homens tinham fugido?). Outros afirmavam que a Madalena precisava trazer ao mundo a mensagem da Ressurreição para compensar o fato de Eva, a primeira mulher, ter trazido a morte com seu pecado no Jardim do Éden. Outros chegavam a dizer que Jesus apareceu primeiro a Madalena porque sabia que as mulheres eram incapazes de ficar caladas e, portanto, uma mulher seria o melhor veículo para espalhar a notícia mais depressa. "Pregadores idiotas", irritou-se a escritora e poeta do século XIII Cristina de Pisano.

Como sempre, porém, a explicação mais comum para o papel especial de Maria Madalena era a condição de grande pecadora: Cristo se revelou a essa alma depravada para reforçar a mensagem de que tinha vindo não pelos justos, mas pelos pecadores.

Durante quase quinhentos anos, a imagem de Maria Madalena como Apóstola dos Apóstolos inspirou os fiéis e deu apoio às mulheres. Mas os líderes da Igreja conseguiram o que queriam, e a devoção crescente não se traduziu em autoridade para as mulheres.

"A ÚLTIMA TENTAÇÃO"

A Madalena não teve melhor sorte quando o mundo secular resolveu adotá-la. Isso começou a acontecer com mais frequência quando vaidosas cortes renascentistas rivais e aristocratas da pequena nobreza começaram a suplantar os bispos e os mosteiros como patronos das artes. Ao adaptarem tópicos sagrados aos seus objetivos seculares, acharam Madalena tão atraente e maleável quanto os fiéis sempre acharam. De repente, em telas das salas de visitas da Europa, a "aparência penitente [da Madalena] agora adornava a carne de amantes de reis, duquesas e outras aristocratas, e as 'damas mais levianas' da corte, assim como mulheres, amantes e filhas de artistas", escreveu Haskins. A imagem da santa, segundo ela, foi "adotada simplesmente como piada irreverente, ou como mais um vestido extravagante, ao lado de pastoras, deusas, virtudes e outras figuras alegóricas, como alguém na pele de quem essas mulheres predominantemente das classes superiores gostavam de se verem retratadas". De alguma forma, uma santa que tinha sido uma censura à vaidade e à luxúria se tornara a personificação do prazer e da tolerância.

De forma semelhante, mas com um objetivo bem diferente, reformistas do século XVIII na Inglaterra começaram a se apropriar da Madalena como justificativa para purgar a sociedade de prostitutas e damas indóceis, estabelecendo asilos para essas almas perdidas, aos quais chamavam "casas de Madalena". Mas, em vez de forjarem novas santas, como sua xará, esses reformatórios, quase sempre dirigidos para o Estado pelas igrejas protestante e católica, se tornaram mais parecidos com campos de prisioneiros de guerra. A santa, que fora um ícone de consolação, virou um açoite a ser usado contra mulheres jovens.

Com o tempo, as igrejas foram assumindo uma postura mais esclarecida que a do mundo secular. Ao contrário dos católicos, e até da maioria das tradições protestantes que resultaram da Reforma, as igrejas ortodoxas orientais nunca aceitaram a fusão entre Madalena e a prostituta, e sempre a veneraram, sobretudo como discípula, alguns até afirmando que ela, como a mãe de Jesus, era virgem. Nos anos 1960, o Vaticano reconheceu a realidade, declarando oficialmente aquilo que todo mundo sabia ser a verdade histórica: que Maria Madalena não era a mulher pecadora, nem qualquer dessas Marias erroneamente rotuladas dos evangelhos, mas foi, antes e acima de tudo, "a primeira pessoa a quem Cristo apareceu depois de sua Ressurreição".

Por ironia, justamente quando o mundo cristão reabilitava Maria Madalena, a cultura popular pegou o fio da meada no ponto onde os aristocratas europeus tinham deixado, assegurando, dessa forma, como escreve Haskins, que Madalena "permanecesse trancada dentro de sua imagem mítica". O advento do cinema foi especialmente tentador para diretores que não resistiram ao canto de sereia da mulher lasciva que se encantou com o único homem que não poderia ter. O épico filme mudo de 1927, *O rei dos reis*, de Cecil B. DeMille, até amplia a tensão sexual, estabelecendo um triângulo amoroso com Jesus, Judas e Madalena, apresentada como uma pródiga cortesã, que vai numa biga puxada por zebras buscar Judas, que está passando tempo demais com o Messias.

Filmes e peças teatrais subsequentes pouco ajudaram a redimir Madalena desse estereótipo, ou de séculos de deturpação. No musical *Godspell*, de 1971, Maria Madalena é a adúltera que Jesus salva do apedrejamento, e um ano antes, na ópera-rock *Jesus Cristo Superstar*, é a mulher de má fama que se apaixona por Jesus, mas não consegue imaginar um jeito de se relacionar com ele sem fazer sexo. "Não sei como amá-lo", canta ela numa das canções mais famosas da trilha sonora. (O triângulo amoroso também aparece aqui, com Judas cada vez mais ciumento de Madalena, o que estimula sua traição final.)

Na minissérie para a TV *Jesus de Nazaré*, de 1977, de Franco Zeffirelli, Anne Brancroft apresenta Madalena como prostituta, e *A paixão de Cristo*, de 2004, de Mel Gibson, embora se concentre apenas nos dias que precedem a Crucificação, dá um jeito de inserir um flashback de Maria Madalena como a mulher apanhada em adultério. O filme atinge o clímax numa evocativa sequência da Ressurreição, mas sem nenhuma referência a Madalena. Seu papel mais importante foi cortado e jogado no chão da sala de edição.

A mais explícita e controvertida Madalena do cinema foi a de Barbara Hershey, no filme de Martin Scorsese *A última tentação de Cristo*, de 1988. A Madalena de Scorsese é uma fusão de quase todas as mulheres pecadoras mencionadas nos evangelhos. Torna-se prostituta quando Jesus se recusa a casar com ela, e ele a salva posteriormente do apedrejamento quando é acusada de fazer sexo com romanos no sabá. A "última tentação" consiste, na verdade, da fantasia de Jesus, quando está pendurado na cruz, de casar-se com a Madalena, que engravida. Mas ela morre logo depois, e Jesus se casa com Marta e sua irmã Maria, tendo filhos e uma vida longa. Isso tudo, no entanto — quem ainda não viu o filme, não leia o resto do parágrafo! —, é uma sequência onírica plantada por Satã. No fim, Jesus rejeita essa opção e volta para morrer na cruz e cumprir sua missão. Nesse caso também não há Ressurreição, nem uma Apóstola dos Apóstolos anunciando a boa nova.

Mesmo um católico manifestamente ortodoxo como Bill O'Reilly, do canal de notícias Fox News, em seu best-seller de 2013 sobre os evangelhos, *Killing Jesus* [Matando Jesus], apresenta a jovem Maria Madalena como uma andarilha de família pobre. Sua inocência, escreveu O'Reilly, "será inevitavelmente destruída nos miseráveis confins daquela aldeia proscrita" e ela "será prostituta quando crescer".

A insistente representação da Madalena como uma moça má e arrependida tem persistido, apesar dos esforços de estudiosos da Bíblia para recuperar a verdadeira história da Madalena, figura muito mais interessante e desafiadora do que a mulher tentadora mostrada nos filmes. No entanto, tudo isso não parece ter tido efeito, e não foram poucos os estudiosos que lançaram mão da pesquisa histórica para embasar conjeturas sobre a vida sexual de Madalena e de Jesus. Em 1970, por exemplo, o teólogo presbiteriano William Phipps sugeriu que Jesus casou com Maria Madalena, e que ela foi infiel — embora, claro, Jesus a perdoasse. Em 1992, a especialista australiana em estudos bíblicos Bargara Thiering levou essa tese ainda mais longe, assim como a narrativa da "última tentação", em seu livro *Jesus the Man* [Jesus, o homem], no qual afirma que Jesus sobreviveu à Crucificação e depois casou — duas vezes.

A mais influente dessas teorias, e o mais bizarro refinamento dos mitos de Madalena desde Jacopo de Varazze no século XIII, é o livro de 1982 *Holy Blood, Holy Grail* [Sangue santo, Santo Graal], de Michael Baigent, Richard Leigh e Henry Lincoln. Nessa investigação "erudita", os autores decidem que a Crucificação foi um engodo, e que Jesus foi levado clandestinamente naquele barco com Maria Madalena e seu irmão Lázaro para o Sul da França. Lá chegando, Jesus e Maria se estabelecem e têm filhos, filhos do "sangue santo", ou "sangue real", do Messias — ou, no dialeto francês, *sang real*. Claro, quando pronunciadas às pressas, essas palavras soam como *san graal* ou — *voilá* — Santo Graal. Portanto, o Santo Graal não é o cálice da Última Ceia, como pensávamos, mas a linhagem de Jesus, transmitida por Maria Madalena, ela própria um vaso sagrado. Nessa teoria, a progênie dessa linhagem se casa com a dinastia merovíngia de aristocratas franceses, com desígnios de governar uma cristandade outra vez unida. Tudo isso é conspirativamente protegido por uma sociedade secreta conhecida como Priorado de Sião, um legado dos Cavaleiros Templários.

No fim, parece que os devotos modernos de Madalena não a ajudaram nem um pouco. Ou será que estão na pista de uma descoberta importante? Surpreendentes achados nas areias do Egito indicam que alguns dos primeiros cristãos também já debatiam a relação entre Jesus e Maria Madalena, e o papel das mulheres na Igreja.

Será que essas descobertas nos dizem alguma coisa sobre quem foi de fato Madalena — e o que ela significa hoje para os crentes?

"TODA MULHER QUE SE FAZ HOMEM ENTRARÁ NO REINO DOS CÉUS"

Quando um agricultor egípcio chamado Muhammed al-Samman deparou com doze códices encadernados em couro quando escavava as colinas perto da aldeia de Nag Hammadi, à beira do Nilo, no Alto Egito, em 1945, ele mudou quase sozinho a história e a percepção pública do cristianismo.

Os 52 textos pertenciam quase todos à escola que chamamos de gnosticismo, um diversificado conjunto de comunidades cristãs que prosperaram nas décadas seguintes à redação dos evangelhos canônicos (ou seja, depois de 90 EC) e se extinguiram — ou foram destruídas, a depender da versão histórica que escolhermos — em poucos séculos. O nome vinha da palavra grega para conhecimento, *gnosis*, e nesse caso para um conhecimento muito particular e secreto. A salvação, nessa teologia, viria nem tanto da fé em Jesus e no sacrifício da cruz, mas de um tipo de conhecimento que podia ser adquirido por uns poucos eleitos que tinham dentro de si a faísca divina e receberam, portanto, o privilégio de uma revelação secreta. Para os gnósticos, esse conhecimento especial era mais do que poder. Era a própria salvação.

As doutrinas gnósticas eram quase sempre muito divergentes, mas tendiam a compartilhar a crença de que o mundo atual e tudo que nele existe é "o mal do começo ao fim" e de que os seres humanos, por consistirem de matéria e existirem neste tempo e neste espaço corruptos, são também inerentemente maus. Por isso, o objetivo das pessoas sábias é escapar deste mundo miserável, material, e desta "existência humana exterior".

Os gnósticos acreditavam também, como os cristãos e judeus tradicionais, que nosso mundo foi criado pelo Deus do Antigo Testamento — com a diferença de que, para os gnósticos, esse Deus não era o real e verdadeiro Deus, ou sequer um bom deus. Em vez disso, o deus criador era uma divindade menor, um ser tolo e malévolo que produziu este mundo cruel e tudo que nele existe, geralmente em conluio com outras divindades astuciosas.

Na doutrina gnóstica, somos salvos não pela adoração do Deus que criou este mundo atual, mas fugindo deste mundo para alcançarmos uma existência mais elevada e a união espiritual com a pura, santa e verdadeira divindade. Nem é preciso dizer que essa teologia dualista (que inclui mais um número incontável de panteões e divindades), com sua rejeição do corpo, do mundo material e do Deus de Abraão, era considerada uma heresia para a versão ortodoxa do cristianismo, que lutava para preservar suas crenças e sua predominância na Igreja primitiva em rápida expansão.

No entanto, antes dos achados de Nag Hammadi, quase tudo que sabíamos sobre os gnósticos vinha de seus inimigos — através de polêmicas como o tratado do século II *Contra as heresias*, de Irineu, bispo de Lyon, na França. Irineu e seus aliados no fim prevaleceram, e por quase dois milênios os gnósticos foram um fantasma associado ao passado do cristianismo. Mesmo depois da descoberta dos códices de Nag Hammadi, décadas se passaram para que os textos percorressem os mercados de antiguidades e chegassem às mãos dos estudiosos, e só em 1979, com a publicação de *Os evangelhos gnósticos*, de Elaine Pagels, da Universidade de Princeton, o gnosticismo chegou ao conhecimento do público. E de forma arrebatadora. Incrivelmente, um livro sobre textos esotéricos de quase 2 mil anos de idade capturou a imaginação dos homens, tornou-se best-seller e despertou uma fascinação ainda vigente sobre o que de fato teria acontecido nos primeiros dias do cristianismo, e alimentou a dúvida sobre a Igreja ter escondido a verdade durante todos esses séculos.

Às vezes, essa visão conspiratória fugiu de controle, e os textos gnósticos já foram simplificados, higienizados e atrelados a várias tendências modernas, em detrimento do registro histórico. Na verdade, as crenças gnósticas eram tão diversas e francamente bizarras em sua cosmologia que muitos proponentes começam se perguntando se o termo *gnosticismo* — cunhado por estudiosos modernos — tem algum valor.

Deixando de lado todos esses debates, um aspecto que ficou claro com a popularização do evangelho gnóstico, e a visão do gnosticismo que persistiu, é que se trata de uma versão da religião muito mais simpática às mulheres do que qualquer coisa do cristianismo ortodoxo que chegou até nós. Segundo Esther de Boer, uma das mais importantes estudiosas do gnosticismo, a quantidade de personagens e imagens femininas na biblioteca gnóstica é "impressionante". Sofia é uma deusa, Noreia é uma salvadora, a alma é decididamente feminina e as discípulas desempenham papel importante, nenhuma mais do que Maria Madalena. Por exemplo, um importante texto de Nag Hammadi é o Pitis Sophia, ou "Sabedoria da Fé", uma longa e por vezes desinteressante série de reflexões gnósticas apresentadas como respostas de Jesus a perguntas dos discípulos. Das 64 perguntas do Pitis Sophia, 39 são feitas por uma mulher referida como Maria, ou, mais explicitamente, Maria Madalena.

A certa altura, Jesus até diz a Maria: "Maria, que és abençoada, a quem ensinarei todos os mistérios daqueles do alto, fala abertamente, tu, cujo coração está mais elevado ao reino dos céus do que todos os teus irmãos".

Mais aterrador para as sensibilidades modernas acostumadas a um Jesus casto é o fato de que os textos gnósticos parecem mostrar Madalena não apenas como líder, mas como íntima de Jesus. Para tomar um exemplo bastante conhecido: os textos de papiro do Evangelho de Filipe, parte da biblioteca de Nag Hammadi, têm muitos buracos, com palavras faltando, mas uma passagem pode ser reconstruída da seguinte forma:

> A companheira do [Salvador] é Maria Madalena. O [Salvador] ama-a mais do que [a todos] os discípulos, e a beija com frequência em sua [boca]. Os outros [discípulos] [...] lhe disseram: "Por que tu a amas mais do que a todos nós?". O salvador respondeu e lhes disse: "Por que não vos amo como a ela? Se uma pessoa cega e uma que vê no escuro, ambas são iguais. Quando a luz vem, a que pode vê a luz, e a cega continua no escuro."

Jesus beijando Maria? Em sua... bem, deve ser na boca, embora haja uma frustrante lacuna no texto nesse ponto. Mas os leitores rapidamente preencheram as lacunas, e uma nova convicção logo surgiu: a de que partes cruciais da história de Jesus tinham sido suprimidas, em especial no tocante a sexo, especificamente entre Jesus e a Madalena, e que o gnosticismo era a versão feminista perdida do cristianismo.

Mas mesmo os mais obstinados defensores dos gnósticos alertam contra o risco de ver igualitarismo demais, ou sacanagem demais, nesses textos. Uma razão é que, segundo eles, esses "evangelhos" não são evangelhos no sentido que damos aos de Mateus, Marcos, Lucas e João. Não só porque não constituem o cânone oficial, "ortodoxo", da sagrada escritura, mas porque pretendem ser versões verossímeis da vida e do ministério de Jesus. Foram escritos décadas, até séculos, depois dos evangelhos do Novo Testamento, e são, com frequência, prolixos ensaios sobre uma teologia enigmática ou — como no caso do gnóstico "Evangelho de Tomé" — coleções de dizeres que podem ser impenetráveis, pela quase total ausência de contexto.

Sobre a relação a Jesus e Madalena como casal, estudiosos dizem que os gnósticos, como muitos cristãos primitivos, costumavam ser íntimos, mas sem envolvimento sexual. Havia sempre muitos abraços e beijos como saudação. No Evangelho de Filipe, por exemplo, os cristãos se cumprimentam com beijos, para dar a ideia de uma família espiritual. Sim, parece haver uma fascinação especial em alguns textos gnósticos sobre a ideia de que Jesus tinha uma relação física estreita — e até demais — com mulheres. Mas essa tensão também recebe uma solução caracteristicamente gnóstica: Maria se torna, como no Pistis Sophia, um "espírito inteiramente puro". Deixa para trás o corpo corrompido e o gênero feminino.

"O Evangelho de Filipe é um texto místico", explica Pagels. "Fala de Maria como o Espírito Santo, como a Igreja, que é a Noiva de Cristo, como Sabedoria Divina. Portanto Maria aqui representa essas qualidades espirituais no Evangelho de Filipe [...] Ela é extrapolada, para falar sobre a companheira espiritual, feminina, de Jesus."

Isso aponta para outra séria restrição à tendência de ver os gnósticos como especialmente amistosos com as mulheres: os textos gnósticos veem o sexo masculino como superior, e as mulheres não são mais valorizadas do que no cristianismo ortodoxo. Por exemplo, o Evangelho de Tomé relata que Simão Pedro diz a Jesus que Maria [Madalena] "deveria nos deixar, pois as mulheres não merecem a vida". Em vez de repreender Pedro, diz Jesus: "Eu a orientarei para fazer dela um homem, a fim de que, ela também, venha a ser um espírito vivo parecido com vós, homens. Pois toda mulher que se faz homem entrará no reino dos céus".

Estudos mostraram que em todos os textos gnósticos, na realidade, para cada episódio em que uma mulher desempenha papel central, há dois em que o homem é dominante. Além disso, em alguns episódios dos evangelhos canônicos que mostram mulheres em posição de destaque, elas foram eliminadas do contexto na versão gnóstica. A Madalena dos textos gnósticos é, na verdade, tida em alta consideração, mas "justamente por ter transcendido sua condição inferior de mulher", escreveu De Boer. (De Boer morreu aos 51 anos em 2010.) A Madalena não foi transformada numa prostituta penitente, como na versão dos Padres da Igreja, mas também não era a personagem feminina poderosa que desempenhou papel importante na Igreja primitiva, como tantas mulheres sem dúvida o fizeram. Ela foi além do seu gênero. "Por que a mulher não é mais parecida com o homem?", indaga o exasperado Henry Higgins em *My Fair Lady*. Os gnósticos, como muitos no mundo antigo, faziam a mesma pergunta. "É fácil demais concluir que o cristianismo ortodoxo teria dado pouco crédito a Maria Madalena enquanto o cristianismo gnóstico teria tido por ela uma grande estima", afirmou De Boer.

No entanto, há um tema subjacente nesses textos gnósticos, sublinhando um debate que percorria todas as correntes do cristianismo em sua primeira infância, assim como hoje, dois milênios depois: as mulheres tentam opinar, afirmar-se, e isso deixa os homens furiosos. "Meu senhor", diz Pedro a Jesus no texto da Pistis Sophia, "não aguentamos essa mulher [Maria Madalena] que nos dificulta a vida e não deixa nenhum de nós falar, embora fale o tempo todo." Maria faz uma confidência a Jesus: "Tenho medo de Pedro, porque ele me ameaça, e odeia mulheres".

Esse conflito se apresenta com mais clareza, e talvez com mais relevância para os dias de hoje, no Evangelho de Maria — o único texto do cristianismo primitivo a receber um nome de mulher.

DE VOLTA AOS EVANGELHOS... DE VOLTA AO FUTURO?

O Evangelho de Maria não fazia parte dos achados de 1945 em Nag Hammadi; foi escavado nos arredores da aldeia de Akhmim, no Alto Egito, meio século antes. Aparece pela primeira vez nos registros oficiais quando foi comprado no Cairo em 1896 por um estudioso alemão, Carl Reinhardt, e levado para Berlim. O Evangelho de Maria foi encontrado num códice juntamente com dois outros importantes papiros gnósticos, o Apócrifo de João e A Sofia de Jesus Cristo. Provavelmente foram copiados e encadernados entre o fim do século IV e o começo do século v, e são traduções coptas de textos gregos que especialistas como Karen King datam do século ii. Juntos, ficaram conhecidos como Códice Gnóstico de Berlim.

Embora tenha sido descoberto décadas antes dos achados de Nag Hammadi, o Evangelho de Maria só foi publicado em 1955, devido a uma série de contratempos: um cano de água rompido numa casa editora alemã em 1912 destruiu a edição inteira, já pronta para ir ao prelo. Em seguida veio a Primeira Guerra Mundial. Então o estudioso que tentava trazer à luz uma edição definitiva morreu em 1938, às vésperas de outra guerra mundial que arrasaria a Europa e atrasaria a publicação. As rodas da produção acadêmica giram devagar também, e apenas em 1955 o Evangelho de Maria foi finalmente publicado. E mesmo assim foi necessário o ressurgimento do interesse por Maria Madalena e o feminismo cristão, duas décadas depois, e a publicação da obra de Elaine Pagels, *Os evangelhos gnósticos*, para garantir ao evangelho a atenção que merece.

Apesar de toda a sua importância, porém, o documento também sofreu as vicissitudes dos séculos e das longas disputas contemporâneas sobre objetos antigos. Faltam as páginas de 1 a 6 e de 11 a 14, por isso temos os capítulos 4 e 5, e depois com os capítulos 8 e 9, onde o evangelho parece terminar. São oito páginas no total, mais ou menos metade do original.

Mesmo com essas lacunas, o Evangelho de Maria é um dos textos mais importantes já encontrados nas areias do Egito, devido ao papel central que atribui a "Maria", que a maioria dos especialistas supõe ser Maria Madalena (embora muitos afirmem que essa Maria pode ser a mãe de Jesus). É um documento emocionante quando visto de perto, com a clareza da escrita sobre a página. E com um título bem provocativo: a versão de Maria Madalena sobre suas relações com o Salvador.

O Evangelho de Maria é simples de resumir: começa com um diálogo entre Jesus e seus discípulos, em que o Salvador expõe sua sabedoria sobre o destino do mundo material e do pecado, e os exorta a "Ir, pois, pregar o evangelho do Reino", e a não serem legalistas nesse sentido. Então Jesus sai. Mas os discípulos ficam confusos sobre o que ouviram, e temerosos de serem perseguidos. É Maria Madalena que os anima. "Não chorem, não se aflijam e não sejam irresolutos, pois Sua graça estará inteiramente com vocês e os protegerá." Pedro admite que "o Salvador amou-te acima das outras mulheres" e pede que ela compartilhe quaisquer revelações que Jesus lhe tenha feito em caráter privado.

Ela concorda e começa a ensinar-lhes o que, na maior parte, está contido nas páginas que faltam. No início do capítulo 9, Maria conclui e se cala. O apóstolo André é o primeiro a falar, contestando-a: "Não acredito que o Salvador tenha falado isso, pois há ideias estranhas nesses ensinamentos". Pedro então intervém (como o faz com frequência nos textos gnósticos, em contraponto à mulher), querendo saber por que Jesus partilharia esses ensinamentos com uma mulher. "Será que devemos mudar de opinião e ouvir o que ela diz?", pergunta ele aos outros. "Ele a preferiu a nós?"

Isso leva Maria às lágrimas, e Levi fala em sua defesa, dizendo a Pedro que ele sempre foi irritadiço (como no Novo Testamento canônico) e deveria aceitar as palavras de Maria:

> Pois se o Salvador a fez merecedora, quem és tu para a rejeitar? Certamente o Salvador a conhece bem. É por isso que a amou mais do que a nós. Deveríamos era ter vergonha. Deveríamos era nos tornar humanos perfeitos, fazer o que ele nos mandou, e anunciar a boa nova, sem baixar nenhuma lei diferente do que o Salvador disse.

Isso parece acalmar Pedro e os outros, e depois da fala de Levi eles saem para ensinar e pregar, e o Evangelho de Maria termina.

Opiniões eruditas e populares divergem sobre o significado de tudo isso, e sobre a importância que deve ser atribuída ao Evangelho de Maria. Para Karen King, o evangelho "apresenta o argumento mais direto e convincente de qualquer escrito cristão pela legitimidade da liderança feminina" e "nos pede para repensar as bases da autoridade da igreja". Alguns acham que esse evangelho pode inclusive ter sido escrito por uma mulher. Esther de Boer afirma que o Evangelho de Maria só é gnóstico superficialmente, e deveria ser categorizado como mais próximo da teologia judaico-cristã tradicional surgida no século posterior a Jesus. Outros tendem a menosprezar o evangelho como outro texto gnóstico esotérico, um acréscimo tardio ao debate entre os primeiros cristãos, cujos acólitos desapareceram gradualmente junto com a tinta dos papiros dos seus textos sagrados.

No fim, texto nenhum, e nenhuma mulher sozinha, podem suportar o peso de tantas expectativas sobre o que deveria ser o cristianismo e que papel as mulheres desempenhariam na religião. Os evangelhos gnósticos do século II certamente não são capazes de resistir a esse escrutínio, nem as lendas medievais de Jacopo de Varazze, nem as encarnações modernas desses criadores de mitos, como Dan Brown. E esperar que algum "evangelho perdido" surja das areias do Egito, ou do estúdio de um falsificador, para mostrar definitivamente que Jesus e Maria Madalena eram casados (ou não eram) é uma atitude que nos levará, mais provavelmente, a uma aventura imprevisível do que ao esclarecimento.

Os crentes de hoje devem antes decidir entre si, exatamente como seus irmãos e irmãs o fizeram nos primórdios do cristianismo, qual deve ser o papel das mulheres na Igreja, e onde buscar inspiração e justificativa para suas opiniões. Para alguns, a Virgem Maria, ou Maria de Nazaré, será o modelo primordial. Para outros, será Marta, ou outra Maria do Novo Testamento, ou uma das mulheres que ajudaram o apóstolo Paulo a evangelizar no mundo mediterrâneo. Outros serão atraídos, por muitas razões, para a mulher apanhada em adultério, ou para a samaritana na fonte.

No centro de tudo, porém, como ocorre desde o início, estará a "torre" de força e de fé de Magdala, a mulher que sustentou a Igreja nos primórdios com seus próprios recursos e anunciou a notícia da Ressurreição como a Apóstola dos Apóstolos. Nem prostituta arrependida, nem sra. Jesus — a Maria Madalena do Novo Testamento vale por si.

4. O Evangelho de Judas
A maior novela policial do cristianismo

O Evangelho de Judas conta uma versão diferente sobre a maior traição da história — a de que Judas agiu por instrução do próprio Jesus. Conta mesmo?

Melhor um tapa honesto no rosto do que um beijo insincero.

Provérbio iídiche

Se existe algo que tanto os crentes como os céticos sabem sobre o Novo Testamento — fora o nascimento de Jesus numa manjedoura (Natal) e a morte na cruz (Páscoa) — é que Judas é o apóstolo que trai o Cristo e o entrega a uma morte brutal por crucificação.

Essa é uma notável exceção ao fenômeno amplamente comentado do "analfabetismo bíblico", que tanto deixa frustrados os líderes da Igreja. De fato, pesquisas mostram que nove entre dez americanos têm um exemplar da Bíblia, e muitos citam capítulos e versículos para reforçar suas posições em numerosas questões polêmicas. Mas as pesquisas também revelam, consistentemente, que ter uma Bíblia não significa conhecê-la; apenas metade dos americanos é capaz de dizer o nome de um dos evangelhos, e a maioria não sabe metade dos Dez Mandamentos, apesar de o Decálogo ter-se tornado um dos pontos principais das guerras culturais. Metade dos alunos da última série do ensino médio acha que Sodoma e Gomorra eram um casal de marido e mulher, e não cidades do Antigo Testamento associadas à libertinagem sexual.

A pesquisa mostra, porém, que há uma figura bíblica que a maioria reconhece: Judas Iscariotes. Numa consulta popular, mais de 70%

o identificaram como o homem que traiu Jesus e deflagrou os incidentes que levaram à Crucificação.

Esse resultado não deveria surpreender ninguém. O crime de Judas é abominável, e mais facilmente lembrado por ser tão repulsivo. Além disso, os quatro Evangelhos contam a história, com diversidade de detalhes, relatando que Judas recebeu trinta moedas de prata para entregar Jesus às autoridades depois da Última Ceia. Ele em seguida o traiu com um beijo, no Jardim de Getsêmani, para selar sua infâmia, e saiu para se enforcar de remorso, um reconhecimento da culpa que jamais será apagada. "Ai daquele por quem o Filho do Homem é traído!", diz Jesus aos discípulos, incluindo Judas, um dos doze originais, naquela refeição derradeira, sabendo muito bem o que lhe aconteceria: "Melhor lhe fora não ter nascido".

A morte certamente foi um alívio para Judas. O grande poeta medieval italiano Dante Alighieri enfia Judas no fundo do Inferno, o círculo inferior, onde condena os "Traidores de seus Benfeitores" a uma gélida eternidade de tormentos. No centro de tudo está a figura monstruosa de Satã, com três cabeças horríveis e três dos mais notórios pecadores da história pendentes das bocas: Bruto e Cássio, que assassinaram César; e no centro Judas, que, ao contrário dos outros dois, é comido pela cabeça, constantemente esfolado pelos dentes, mas jamais morto:

"Aquele espírito mais de cima
Que sofre o maior castigo", disse o guia,
"É Judas, que tem a cabeça dentro
E fora agita os pés."

Durante séculos foi assim para Judas. A quarta-feira da Semana Santa foi apelidada de Quarta-feira do Espião, porque foi na véspera da Quinta-Feira Santa e da Última Ceia que, segundo a tradição, Judas tomou a fatídica decisão de trair seu mestre. O nome "Judas" era usado para tachar qualquer um que traísse os amigos, e desde o início foi vinculado com especial ferocidade ao povo judeu em geral.

Como escreveu são Jerônimo num sermão por volta do ano 400 EC: "Os judeus receberam esse nome não por causa de Judá [quarto filho do patriarca Jacó], que era um homem santo, mas por causa do traidor". E que preço os judeus não pagaram por essa medonha calúnia! Alguns chegam a afirmar que Judas foi inventado pelos autores dos evangelhos para tirar a culpa da morte de Jesus dos romanos (cuja terrível ira aqueles primeiros cristãos não tinham a menor intenção de provocar) e atribuí-la aos judeus, um bode expiatório coletivo. "Os criadores desse personagem e [d]as tradições ligadas a ele sabiam o que estavam fazendo, e nisso foram muito mais bem-sucedidos do que poderiam ter imaginado, o que teria sido uma surpresa até mesmo para seus cérebros intoxicados de ódio", escreveu Robert Eisenman, professor de religiões do Oriente Médio e de arqueologia da Universidade do Estado da Califórnia em Long Beach, e um dos mais polêmicos especialistas em estudos bíblicos.

Poucos dão crédito à teoria do "Judas como mito fabricado". Ele está presente desde os primeiros, e historicamente mais confiáveis, relatos sobre a vida de Jesus, e em várias fontes. Além disso, a traição de Judas é outro bom exemplo do "critério de constrangimento" que indica que uma coisa que aparece na Bíblia é verdade: "Por que a Igreja se esforçaria tanto para criar uma história que ela mesma precisaria explicar imediatamente?", escreveu o estudioso da Bíblia John Meier. "Vai contra a lógica." Como o falecido Raymond Brown, outro especialista em estudos bíblicos, notou em sua magistral obra sobre a morte de Jesus, os primeiros adversários do cristianismo citavam o fato de Jesus escolher um apóstolo que o trairia como prova de que não era profeta, e consequentemente não era divino. Havia, portanto, muitos motivos para que os primeiros cristãos eliminassem a história de Judas, mas isso não aconteceu.

O que também está fora de questão é que Judas se tornou um sucedâneo fácil para qualquer tipo de perfídia. Pecuaristas de áreas rurais se valem de uma "cabra de Judas", que conduz as ovelhas para o matadouro, enquanto ela mesma é poupada; e uma "janela de Judas" é um postigo por onde os guardas vigiam os presos sem serem notados. Numa época mais familiarizada com a Bíblia, ou seja, qualquer uma antes do século XX, as analogias comuns para pessoas más eram o faraó, reconhecido por todos pela crueldade de manter o povo escolhido por Deus em cativeiro no Egito; Pôncio Pilatos, por permitir que Jesus fosse morto; e Judas, por iniciar o processo homicida.

Depois dos horrores do Holocausto, "Adolf Hitler" suplantou os nomes de todos os homens maus como sinônimo do mal absoluto, mas Judas, muito mais do que o faraó ou Pilatos, perdura como símbolo quase universalmente conhecido do mal.

Quando o astro do rock Bob Dylan abandonou notoriamente seu violão para "se eletrificar" num concerto em 1965, pelo menos um dos presentes gritou "Judas". Décadas depois, a estocada ainda doía. "Judas, o nome mais odiado da história humana!", disse Dylan à revista *Rolling Stone* em 2012. "Se acha que já foi xingado, tente se recuperar desse xingamento. E por quê? Por tocar uma guitarra elétrica? Como se isso, de alguma forma, fosse comparável a trair nosso Senhor e o entregar para ser crucificado."

Para qualquer um, dos frequentadores de igreja aos fãs do rock, Judas é o que pode haver de mais baixo e vil: ele fez a escolha, praticou o ato, pagou o preço. Fim de papo. Ou pelo menos era o que pensávamos.

Então, na Páscoa de 2006, veio um anúncio que foi manchete no mundo inteiro: Judas, no fim das contas, tinha seu próprio evangelho, e nesse relato antigo o traidor é, na verdade, o herói, o maior dos apóstolos. Essa versão da história das origens do cristianismo virou de cabeça para baixo tudo que sabíamos sobre Judas, e sobre Jesus, e esteve perdida — ou suprimida — por 1800 anos.

"Este texto escritural pode abalar algumas interpretações, ou mesmo os alicerces, da fé em todo o mundo cristão", escreveu Herbert Krosney num relatório oficial sobre a descoberta do Evangelho de Judas, publicado pela National Geographic Society, que ajudou a patrocinar a restauração do papiro em troca dos direitos exclusivos de divulgação do espantoso achado. "Não era um romance", afirmou Krosney. "Era um evangelho de verdade, saído diretamente do mundo dos primórdios do cristianismo."

O que era, afinal, esse "evangelho", esse relato revolucionário da "boa nova" de Jesus Cristo, e o que dizia?

O texto estava escrito na frente e no verso de treze folhas de papiro quebradiço, cada uma de trinta por quinze centímetros, e encadernado numa capa de couro já esfiapada. Escrito em copta antigo, foi composto no século III EC, segundo os peritos, e muito provavelmente copiado de um texto grego original redigido mais de um século antes, talvez apenas algumas décadas depois de os evangelhos canônicos de Mateus, Marcos, Lucas e João terem sido compilados. Era parte da escola gnóstica do pensamento dos primórdios do cristianismo, aqueles estranhos textos que se extinguiram — ou foram suprimidos pela Igreja primitiva — dos séculos III e IV. Foi mencionado, de passagem, por Irineu, mas ninguém sabia o que o evangelho dizia, ou que uma cópia pudesse ter sobrevivido por todos esses séculos, até que um pequeno grupo de especialistas em gnosticismo resolveu dar uma espiada.

Esse novo evangelho era, como declara nas primeiras linhas, "o relato secreto da revelação que Jesus mencionou em conversa com Judas Iscariotes dias antes de celebrar a Páscoa" — ou seja, uma série de diálogos mantidos antes da Última Ceia e dos acontecimentos que levaram à Crucificação. Essas conversas trazem várias falas notáveis entre Jesus e seu traidor, aqui visto não como vilão, mas como o mais íntimo apóstolo de Jesus, "o consumado confidente, aquele a quem Jesus confia sua revelação secreta", explica Bart Ehrman, um dos principais especialistas em cristianismo primitivo e gnosticismo da Universidade da Carolina do Norte em Chapel Hill. O herói dessa história não é João, o discípulo amado; nem Pedro, o futuro papa, a quem Jesus entregou a chave do reino e o papel de pedra angular da Igreja vindoura. Não, o mais leal seguidor de Jesus é Judas Iscariotes. "Judas é o discípulo fiel, aquele que compreende Jesus, aquele que recebe a salvação", conta Ehrman. "Os outros discípulos, e a religião que representam, estão radicados na ignorância."

A rigor, os outros discípulos, aqueles que serão reconhecidos como líderes da Igreja primitiva e os primeiros na linhagem ininterrupta de sucessão apostólica que até hoje continua, ficaram furiosos com Jesus "e começaram a blasfemar contra ele em seus corações". Nesse evangelho, os apóstolos são os verdadeiros traidores do Salvador. Só Judas Iscariotes é suficientemente virtuoso para se envolver com Jesus, que por sua vez puxa Judas de lado para fazer revelações que o assinalam como o favorito para todo o sempre. "Tua estrela resplandece", diz Jesus a Judas, e os outros vão "amaldiçoar tua subida à santa (geração)", explicando que Judas será exaltado acima de todos os demais, e não condenado ao castigo eterno.

"Tudo te foi dito", conclui Jesus. "Ergue os teus olhos", diz ele a Judas, "e olha para a nuvem e para a luz dentro dela, e para as estrelas que a cercam. A estrela que indica o caminho é a tua estrela." Então os escribas e os sumos sacerdotes se aproximam de Judas, "e ele recebe algum dinheiro e lhes entrega (Jesus)".

Mas, segundo essa versão, isso é bom, segundo a mais bombástica passagem do novo evangelho. Nela, Jesus se refere aos outros discípulos e diz a Judas: "Mas tu os excederás. Pois tu sacrificarás o homem que me veste". Em outras palavras, em vez de entregar Jesus a um destino que lhe causará terrível agonia — "Pai, se possível passa de mim este cálice", como reza Jesus nos evangelhos canônicos, o suor escorrendo da face como sangue — Judas está, na verdade, fazendo um favor a Jesus. Ajuda a matar o corpo que "veste" Jesus para possibilitar "a libertação da pessoa espiritual que está dentro".

"Judas não poderia fazer menos do que isso por seu amigo e alma gêmea, e o trai", explica Marvin Meyer, destacado estudioso do gnosticismo da Universidade Chapman. "Esta é a boa nova do Evangelho de Judas." E no século XXI, diferentemente do século I, foi uma novidade que se espalhou rapidamente. A National Geographic levou ao ar um documentário sobre o Evangelho de Judas, deu-lhe tratamento de reportagem de capa em sua revista e publicou dois livros de defensores do evangelho. Numerosos especialistas em cristianismo primitivo também intervieram, com surpreendentes declarações sobre o significado do texto. Elaine Pagels, que durante décadas estivera à frente de um esforço para levar os escritos gnósticos a um público mais amplo, aplaudiu o Evangelho de Judas por "detonar o mito de um cristianismo monolítico e mostrar como o movimento cristão inicial era, de fato, diversificado e fascinante".

Essa diversidade, sustentavam Pagels e outros, incluía uma espécie de forma "espiritual mas não religiosa" de cristianismo, não só compatível com similares sensibilidades modernas sobre a fé, mas que também pode, na verdade, representar uma forma mais verdadeira e pura da fé pregada por Jesus. "O autor do Evangelho de Judas é como um cristão sectário que considera que o movimento como um todo perdeu o rumo", afirma Pagels. "Não é tão diferente, na verdade, daquilo que se vê na revolução protestante, na qual Martinho Lutero e outros protestam contra os ensinamentos católico-romanos, dizendo que a Igreja se afastou de sua missão original da mensagem de Jesus e na realidade servia aos poderes errados. Da mesma forma, o Evangelho de Judas sugere que os líderes da Igreja estão errados, são mais diabólicos do que divinos."

O Jesus dessa nova versão da fé é uma espécie de Buda cristão, "um mestre afável, benigno, que irradia sabedoria", explica Krosney. O Evangelho de Judas é um manifesto espiritual no qual Jesus diz a Judas que "siga a estrela" para encontrar a salvação. A religião é má, nessa versão; as igrejas são piores ainda, pregando crenças falsas. A rigor, Judas não é um herói, mas uma vítima, com seu evangelho "impiedosamente fadado à destruição", de acordo com Rodolphe Kasser, o erudito suíço que durante anos trabalhou em segredo para restaurar e traduzir o evangelho.

Mas Judas, aparentemente, ficou com a última palavra. "O traidor se torna herói", segundo Krosney, "e Jesus Cristo providencia sua própria execução." A Crucificação do Filho de Deus já não é culpa de Judas ou dos judeus.

Essas afirmações chocantes, surgidas de forma tão repentina, e justamente quando bilhões de cristãos se preparavam para celebrar a Páscoa e a Ressurreição de Jesus, estavam destinadas a provocar rápidas reações, que de fato não tardaram.

O Evangelho de Judas "não nos diz nada sobre o Jesus histórico e nada sobre o Judas histórico", escreveu James M. Robinson, maior autoridade americana nos textos gnósticos de Nag Hammadi — e um especialista que perdeu a disputa para dar a notícia do papiro de Judas. "Ele nos diz apenas o que, cem anos depois, os gnósticos faziam com a história que encontraram nos evangelhos canônicos." As declarações sobre o significado do evangelho, afirmou Robinson em tom de irritação, eram "deliberadamente enganadoras".

Ou, como o estudioso do Novo Testamento Simon Gathercole argumenta numa veia um pouco mais branda: "o Evangelho de Judas é certamente um texto antigo, mas não antigo o suficiente para nos contar nada de novo [...] Seria, para usar uma analogia, como descobrir um discurso supostamente escrito pela rainha Vitória" — que reinou no século XIX — "no qual ela falasse sobre *O senhor dos anéis* e sua coleção de CDs".

Mesmo os que não são crentes perceberam que estava faltando alguma coisa. As afirmações sobre o novo evangelho "parecem desconfortavelmente sensacionalistas", escreveu Adam Gopnik na revista *New Yorker*. O Evangelho de Judas, segundo ele, "aparece na época em que existe um novo gosto, para não dizer entusiasmo, por Evangelhos 'alternativos' e por novas versões da história de Jesus. Não se trata das versões igualitárias e feministas da história, como os primeiros frutos da descoberta de Nag Hammadi. Em vez disso, a nova obsessão consiste em introduzir, ou reintroduzir, no cristianismo alguma coisa de escondido, de estranho e de cultual — revelar uma história deliberadamente suprimida".

Sendo assim, em que devemos acreditar? Tudo que sabíamos sobre Judas estava errado? Já não era um mero debate acadêmico. Um dogma cristão central estava em jogo, bem como a credibilidade da sagrada Escritura e a capacidade de os seguidores de Jesus serem levados a sério no mundo de hoje.

Para resolver esse debate, seria preciso responder a duas questões importantes sobre o Evangelho de Judas. Primeira: era falso? Segunda: era verdadeiro? Ou seja, se o texto do papiro era autêntico, o que realmente dizia, e o que de fato significava?

"DESMANCHANDO-SE NA OBSCURIDADE"

A história da descoberta do Evangelho de Judas, perdido novamente (várias vezes) e recuperado depois de quase ter sido destruído, parece uma mistura de *O falcão maltês* e um roteiro de Indiana Jones, recheado de trapaças e traições, como o relato tradicional da história de Judas.

A história começa ao sul do Cairo, nas colinas de Jebel Garara, no Médio Egito, no fim dos anos 1970, embora, como quase tudo que se refere ao Evangelho de Judas, muitos detalhes sejam nebulosos. Dois agricultores, conhecidos como *fellahin*, subiam as áridas encostas que margeiam o Nilo. Os morros são bem mais secos do que as terras baixas ribeirinhas, a poucos minutos de caminhada, com um clima estável que se mostrou incrivelmente eficaz na preservação até mesmo de delicados papiros ao longo de séculos, até mesmo milênios. Os *fellahin* levam uma vida de luta e trabalho duro, e estão sempre tentando um jeito de ganhar um dinheiro extra. Nos anos 1970, o mercado de objetos antigos estava aquecido, e para um camponês o roubo de túmulos era a maneira mais rápida de conseguir alguma coisa. Desde a esplêndida descoberta, em 1922, dos objetos dourados no túmulo de Tutancâmon, de 3300 anos, os ocidentais andavam obcecados com qualquer coisa ligada aos faraós e ao Egito antigo. Relíquias do túmulo de Tutancâmon foram exibidas no mundo todo na década de 1970, elevando essa fascinação a um nível quase incontrolável — e com ela os preços dos objetos antigos.

Mas os *fellahin* também sabiam que negociantes estavam dispostos a pagar bem por artigos que talvez tivessem sido atirados na lata de lixo da história anos antes. Tudo, qualquer coisa, podia ser vendido: havia poucas regras nesse comércio, e mesmo essas eram rotineiramente ignoradas ou contornadas.

Os dois camponeses depararam com uma gruta escondida entre as pedras e, ao entrar, viram um sarcófago com um esqueleto. O ocupante, se não chegava a ser um faraó, era evidentemente rico — o túmulo era uma espécie de galeria, com muitas colunas quadradas esculpidas na pedra calcária, de tal maneira que o visitante podia andar facilmente, sem se curvar. O principal ocupante fora enrolado num sudário e sepultado incontáveis séculos atrás, com muitos parentes ao lado dele. Perto do sarcófago havia uma caixa branca de pedra calcária contendo os livros que ele, pelo visto, quis que o acompanhassem na outra vida.

Os camponeses não faziam ideia do que estava escrito nos livros — eram analfabetos, como a maioria dos moradores da região — mas sabiam que eram antigos e, como escreve Krosney em sua irresistível reconstrução dos acontecimentos, que "eram os ganhadores de uma das grandes loterias do Egito".

No entanto, os homens precisavam agir com cautela. Se contassem sua descoberta à pessoa errada, ou se informações sobre sua localização vazassem, poderiam ser mortos, e o precioso sítio saqueado. Por isso confiaram o segredo a Am Samiah, plantador de alho local, que sabidamente tinha contatos com gente do agitado comércio de artefatos do Cairo. A certa altura, Am Samiah pagou aos *fellahin* e fez a viagem de carro de três horas para o Cairo, no norte, com os valiosos manuscritos enrolados em jornais velhos, maneira tradicional de transportar quase tudo no Egito. Lá chegando, vendeu os textos em papiro a um negociante de antiguidades chamado Hanna Asabil.

Hanna Asabil (pseudônimo usado para proteger sua identidade) pagou a Am Samiah o equivalente a uns poucos milhares de dólares e três pulseiras de ouro — na verdade, bijuterias — para sua mulher. Isso fez de Am Samiah um dos homens mais ricos da aldeia, mas não chegava nem perto do valor real dos manuscritos, ou do que Hanna Asabil tentou conseguir por eles. O negociante era um cristão copta, membro de uma das primeiras igrejas da Antiguidade, mas nem ele mesmo compreendia o que estava escrito nos fólios. Sabia apenas que valiam muito dinheiro, e pediu 3 milhões de dólares, soma vultosa em 1979.

O preço era alto demais. Hanna tentou encontrar compradores, principalmente na Suíça, que servia aos objetivos do mundo clandestino dos objetos antigos mais ou menos como servia aos objetivos dos endinheirados que tentavam ocultar fortunas em contas secretas. Qualquer coisa era possível, mas antes que Hanna fechasse um negócio, ladrões entraram em seu apartamento no Cairo e levaram toda a sua coleção de peças de ouro, estátuas, tecidos, moedas — e manuscritos antigos. Foi, provavelmente, trabalho de gente bem informada: poucos dias antes, Hanna tinha mostrado sua coleção para um possível comprador, e assim os rumores se espalharam.

Dentro de dois anos, artigos roubados no arrombamento começaram a aparecer no mercado, apesar de não haver sinal dos textos dos papiros. Agentes nesse bazar do submundo sabiam que Hanna tentava desesperadamente recuperar qualquer coisa que pudesse e, depois de uma série de comunicações entre Genebra, Atenas e o Cairo, um negociante grego baseado na Suíça, Nicolas Koutoulakis, informou a Hanna que havia tido acesso aos manuscritos. Por fim, em 1982, depois de uma tensa reunião num quarto de hotel em Genebra, Hanna conseguiu seus textos antigos de volta. Imediatamente os guardou no cofre de um banco suíço, claro, e poucos meses depois, em maio de 1983, vários estudiosos tiveram a chance de examiná-los, também num quarto de hotel de Genebra rigorosamente protegido. Foi a primeira vez que especialistas puderam ver os textos, que correspondiam às expectativas.

O mesmo não podia ser dito dos papiros. "O material estava guardado em três caixas de papelão, com jornais", contou Stephen Emmell, jovem coptólogo que lá estava como representante de James Robinson, o destacado perito americano em textos gnósticos. Usando pinças, Emmel e os outros começaram a examinar os quebradiços papiros e reconheceram, de imediato, que se tratava de textos gnósticos, dois deles conhecidos: um se chamava Carta de Pedro a Filipe; o outro, Primeiro Apocalipse de Tiago, ambos presentes na coleção de Nag Hammadi. O terceiro texto era desconhecido de Emmel e dos outros, e pouco tempo lhes foi concedido para o examinarem com atenção. Viram o nome de Judas, mas imaginaram que fosse outro discípulo, Judas Dídimo Tomé, que aparece no Evangelho Gnóstico de Tomé.

Ainda assim, eles sabiam que os textos eram de extraordinário valor, mas mesmo juntando o dinheiro de suas respectivas instituições, os estudiosos só conseguiram 150 mil dólares, quantia bem distante dos 3 milhões de dólares que Hanna pedia. O negócio foi cancelado, os especialistas voltaram para casa, e o Evangelho de Judas, ainda não identificado como tal, foi condenado a desfazer-se em pó.

Então as coisas pioraram ainda mais para Judas. Pensando em conseguir uma grande bolada, Hanna levou os puídos papiros para os Estados Unidos em 1984, embrulhados em jornais e guardados numa bagagem de mão que ele não precisou declarar na alfândega. Usando contatos na eminente comunidade copta de Nova York, fez várias tentativas de vender seus objetos mais valiosos, em reuniões com a presença de padres coptas e seguranças armados, mas nada deu em nada, apesar de ele ter baixado o preço para 1 milhão de dólares.

Desconsolado, pediu a um amigo na comunidade copta que o levasse de carro para guardar os manuscritos numa agência do Citibank num shopping center em Hicksville, Long Island. Ali, alugou um cofre e os guardou. As condições de preservação num subúrbio de Long Island não são nem de longe tão ideais como no Médio Egito, e pelos dezesseis anos seguintes o Evangelho de Judas lá ficou, "desmanchando-se na obscuridade", nas palavras Krosney.

Foi quando, em 2000, uma negociante de antiguidades baseada na Suíça, Frieda Nussberger Tchacos, que vira os papiros pela primeira vez em 1980, arrastou Hanna do Cairo para Nova York disposta a fechar negócio.

"FUI ESCOLHIDA POR JUDAS PARA REABILITÁ-LO"

Tchacos era uma figura notável, cosmopolita. Nascida no Egito, educada na Genebra de fala francesa, tinha cidadania grega e suíça. Além de árabe, francês e grego, falava inglês, italiano e um pouco de alemão. Também era uma das raras mulheres negociantes nos escalões de elite dos proprietários europeus de galerias. Sua especialidade eram artefatos, e não papiros, mas ela ficou intrigada com o potencial dos manuscritos que Hanna lhe mostrara em 1980. A passagem dos anos, durante os quais não tivera notícia do paradeiro dos textos, em nada diminuíra o seu interesse, rapidamente reacendido quando foi levada de volta às negociações, quase vinte anos depois daquele primeiro encontro.

"Eu tinha uma missão", revelou ela posteriormente, com aquela espécie de paixão messiânica que o evangelho parece inspirar em seus devotos. "Judas me pedia que fizesse uma coisa por ele. É mais do que uma missão, vejo agora quando penso no assunto. Acho que fui escolhida por Judas para reabilitá-lo."

Mas parecia que Judas ia precisar de intervenção divina para ser salvo àquela altura. Quando abriram o cofre em Hicksville, Hanna e Tchacos viram que as folhas estavam se desfazendo, quase ilegíveis, em piores condições do que qualquer um teria imaginado. O estado de deterioração incentivou Hanna a finalmente fechar negócio, por um preço muito abaixo do milhão de dólares que vinha pedindo. Voltou para o Cairo com algum dinheiro em troca de suas décadas de labuta, e Tchacos levou os fragmentos de papiros para peritos na Biblioteca Beinecke de Livros e Manuscritos Raros, na Universidade de Yale, uma hora e meia de viagem ao norte de Nova York.

Poucos dias depois, quando Tchacos se preparava para voltar a Zurique, o especialista em manuscritos que examinava as folhas ligou para ela, empolgado. "Frieda, isto é fantástico!", disse Robert Babcock, um dos principais curadores da Beinecke. "O nome de Judas aparece neste códice. É uma grande descoberta. Não existe nada parecido!"

Tchacos nada sabia desses evangelhos, gnósticos ou não, mas entendeu que aquilo era muito importante. Apesar disso, depois de meses de deliberações, Yale decidiu que a proveniência do manuscrito estava contaminada demais, e a exposição da universidade a possíveis litígios legais era grande demais para assumir o risco de comprá-los. Isso forçou Tchacos a encontrar outro comprador potencial em Akron, Ohio, e iniciou outra negociação. Mais uma vez, tudo desabou numa cascata de promessas não cumpridas, de chicanas financeiras e de questões legais. Enquanto isso, durante as negociações, o comprador potencial deixou os papiros guardados em seu freezer. Achou que fosse boa ideia. Não era.

Tchacos acabou recuperando as páginas e levando-as de volta para a Suíça onde, finalmente, em 2001, encontrou um comprador confiável e um lar para Judas: a Fundação Mecenas de Arte Antiga. Agora havia dinheiro para cuidar dos textos, e peritos restauradores, os melhores do ramo, foram contratados para a tarefa hercúlea de tentar pôr Judas novamente em ordem.

"Se você pegar nove, dez páginas de documento datilografado, rasgá-las em pedacinhos, jogar fora metade e tentar reconstruir a outra metade, terá ideia da dificuldade do processo", explicou Rodolphe Kasser, o idoso e prestigiado especialista em copta escolhido pela Fundação Mecenas para supervisionar a operação e a tradução. Além do quebra-cabeça, o papiro estava tão quebradiço que se desfazia ao mais leve toque, e em certos trechos era indecifrável. Parecia um caso perdido.

Quase milagrosamente, cerca de 85% do manuscrito foi recomposto e preservado. Mas sua própria existência, e seu conteúdo, ainda eram conhecidos apenas por um pequeno círculo de pessoas que estava comprometido a preservar sua confidencialidade. Em 2004, a National Geographic Society entrou em cena, fornecendo fundos para a restauração, em troca dos direitos exclusivos de filmar e reproduzir o Evangelho de Judas. Num frio, cinzento e ventoso dia de dezembro daquele ano, três renomados especialistas foram levados para um pequeno estúdio na cidade suíça de Nyon, no lago Léman, onde o evangelho tinha sido ressuscitado.

Eram eles A. J. Timothy Jull, diretor do Centro de Espectrometria de Massa com Acelerador da Fundação Nacional de Ciência, em Tucson, Arizona, e especialista em datação de manuscritos antigos com carbono-14, como os Manuscritos do Mar Morto; Stephen Emmel, coptólogo americano, da Universidade de Münster, que anos antes examinara rapidamente os papiros; e Barth Ehrman, estudioso da Universidade da Carolina do Norte.

Com Kasser, Tchacos e a equipe de televisão da National Geographic observando, o trio examinou o papiro para determinar o que dizia, se era autêntico e se era antigo. Rapidamente identificaram o assunto: "Ali, na página diante dos nossos olhos, estavam as palavras coptas equivalentes a Judas Iscariotes", lembra-se Ehrman. "Era o Evangelho de Judas, que estava perdido." Eles sabiam também que não se tratava de falsificação. Ninguém teria sido capaz de algo como aquilo, e quem o fizesse certamente não teria reduzido uma falsificação tão valiosa a uma condição tão lamentável.

Só faltava agora datar as páginas. Isso não poderia ser feito ali: Jull teria que levar fragmentos do papiro para os testes com carbono-14. Isso implicaria a destruição das amostras, por isso pedaços de 6,45 centímetros quadrados de diferentes partes do manuscrito foram cortados e postos em minúsculas sacolas de náilon; em seguida Jull levou-as a Tucson para realizar os testes. Foi a última afronta a um texto que já tanto sofrera, mas valeu o esforço. Os resultados saíram um mês depois, em janeiro de 2005: Jull pôde dizer, com 95% de certeza, que tanto o papiro como a encadernação de couro vinham do período de 220 EC a 340 EC, mais provavelmente de 280 EC.

Mas ainda havia outros obstáculos: um dos testes mais decisivos para determinar a autenticidade do Evangelho de Judas não era o do próprio papiro, mas o da tinta usada na escrita das palavras que ameaçavam pôr de pernas para o ar uma narrativa central da história do Novo Testamento. Essa tarefa tinha sido atribuída ao McCrone Associates, prestigioso laboratório de Illinois. Quando o trabalho estava em andamento, em janeiro de 2006, com o fim do prazo se aproximando rapidamente — a National Geographic queria divulgar o Evangelho de Judas antes da Páscoa — Joseph Barabe, que encabeçava a equipe de pesquisadores, identificou subitamente um sinal de alerta.

Barabe tinha razão para desconfiar. Ele trabalhara com o FBI em casos que revelaram que pinturas declaradas autênticas eram na verdade falsificações, e em 2009, três anos depois de trabalhar com Judas, produziu provas conclusivas de que uma versão do Evangelho de Marcos, que se imaginava ser do começo da Idade Média, na realidade fora fabricada em 1874. Não é difícil encontrar um pedaço de papiro antigo, e um falsário realmente hábil pode usá-lo para escrever o que quiser.

Quando Barabe e sua equipe submeteram o papiro do Evangelho de Judas a uma série cada vez mais sofisticada de exames espectroscópicos e microscópicos, ele começou a desconfiar da mistura de produtos químicos usada na tinta. Os testes mostraram que o escriba (ou falsário) tinha usado duas tintas misturadas, uma preta e uma marrom. Barabe estava familiarizado com a tinta preta, conhecida como pó de sapato, porque era o tipo usado em escritos egípcios antigos. A tinta marrom, porém, deixou os pesquisadores intrigados.

Era rica em ferro, mas não tinha os elementos de enxofre geralmente encontrados nesse tipo de tinta, conhecida como ferrogálica.

"Uma coisa que tornava isso um pouco mais dramático do que eu gostaria é que fizemos as amostragens na terceira semana de janeiro de 2006, e a entrevista coletiva [da National Geographic] já estava marcada para a terceira semana de abril daquele ano", contou Barabe ao site Live Science ao relembrar o episódio em 2013. "Portanto tínhamos três meses para chegar a uma conclusão, e isso nos pressionava imensamente, porque tínhamos pela frente, na prática, um projeto com prazo curtíssimo."

Mas uma coisa que depunha a favor da autenticidade do evangelho era o fato de que a tinta não se acumulara ou se infiltrara entre as fibras empenadas, como costuma acontecer quando alguém tenta aplicar tinta nova numa folha de papiro antigo. Mas como explicar a composição incomum da tinta?

Barabe vasculhou os arquivos relativos a tintas antigas e finalmente encontrou um estudo do Louvre sobre certidões de casamento e escrituras imobiliárias egípcias mostrando que contratos de meados do século III usavam a tradicional tinta pó de sapato, mas eram oficialmente registradas no estilo grego tradicional, que usava tinta ferrogálica marrom. Além disso, o estudo revelava que as tintas à base de metal daquela época continham pouco enxofre. "O que o estudo francês nos dizia era que a tecnologia das tintas passava por um momento de transição" no século III EC, que é quando o Evangelho de Judas foi composto.

Isso bastava. O Evangelho de Judas era real, e não forjado, e poucas semanas depois foi revelado ao mundo, com seu novo e explosivo relato da traição de Jesus.

Mas "real" não quer dizer "verdadeiro", e confirmada a legitimidade do papiro e do texto surgiram questões sobre o que o Evangelho de Judas dizia de Jesus, de Judas e do cristianismo, e o que significava.

"ERA O CIUMENTO JUDAS OU O COVARDE PEDRO QUE AMAVA CRISTO?"

Uma grande razão para que o Evangelho de Judas pareça tão verossímil e atraente é o fato de que os evangelhos canônicos, e o ensinamento tradicional da Igreja, traziam relativamente poucas informações sobre Judas, sobretudo quando se leva em conta o seu papel fundamental na vida e na morte de Jesus, e no nascimento do cristianismo.

De fato, depois de Jesus, Judas é talvez a figura mais importante dos evangelhos, essencial para o drama de morte e ressurreição que está no âmago da fé cristã. Mas, em muitos sentidos, seu caráter é muito mais misterioso. No total, Judas é mencionado 22 vezes no Novo Testamento, nos evangelhos de Mateus, Marcos, Lucas e João e no início dos Atos dos Apóstolos, quando os onze seguidores de Jesus que restaram (um deles também chamado Judas, então um nome comum) escolheram Matias para substituir Judas, o traidor.

Inicialmente, Judas Iscariotes é mencionado apenas de passagem, como um dos doze apóstolos originais escolhidos por Jesus, embora seja sempre o último na lista de nomes, e a traição que cometerá seja sempre devidamente notada. Só quando os evangelhos chegam ao ato final, os acontecimentos dos últimos dias da vida de Jesus conhecidos como narrativa da Paixão, é que Judas vem para a frente e para o centro dos acontecimentos.

O principal papel de Judas na narrativa da Paixão é desempenhado em suas negociações com os sumos sacerdotes sobre o preço pela cabeça de Jesus, em sua presença na Última Ceia, em sua traição de Jesus no Jardim de Getsêmani, e em seu remorso posterior e sua morte. Mesmo aí, como geralmente ocorre (mais do que muitos crentes gostam de admitir), os evangelhos oferecem relatos diferentes das ações de Judas e do seu fim.

No Evangelho de Marcos, Judas vai aos sumos sacerdotes e se oferece para trair Jesus, e eles lhe oferecem em troca uma quantia de dinheiro não especificada. Na versão de Mateus, Judas busca pagamento pelo serviço — o negócio é fechado pelas infames trinta moedas de prata. O evangelho de João, na passagem citada, também indica que o dinheiro foi o principal motivo, com um empurrão do Diabo. De acordo com Lucas, o motivo é basicamente demoníaco — "Satanás entrou em Judas" — e a recompensa paga pelos sumos sacerdotes é um adendo.

Na Última Ceia, pouco tempo depois, os quatro evangelhos contam que Jesus diz aos doze que um dos que comiam com ele naquela noite à mesa o trairá. Em Mateus e João, Jesus claramente indica que sabe que o culpado é Judas, e em João parece conceder a Judas licença para agir, dizendo: "O que pretendes fazer, faze-o depressa". Como Judas segura a bolsa de dinheiro para uso comum, os outros acham que Jesus o mandou comprar alimento para a festa, ou para dar esmola aos pobres na Páscoa.

De forma semelhante, os quatro evangelhos contam mais ou menos a mesma história da traição no jardim, com a multidão com tochas, encabeçada por Judas, prendendo Jesus. Só João omite o famoso beijo.

Curiosamente, a morte de Judas só é narrada em dois dos relatos, que divergem sobre o seu fim. Mateus diz que Judas é tomado pelo remorso do que fizera, "traindo sangue inocente", atira as moedas para o Templo e vai se enforcar. Os sumos sacerdotes não podem ficar com o dinheiro sujo de sangue, e compram a terra de um oleiro para sepultar estrangeiros, à qual deram o nome de Campo de Sangue.

Já nos Atos dos Apóstolos o destino de Judas é mencionado quando os apóstolos se reúnem para eleger um substituto. Pedro diz aos 120 discípulos que Judas "adquiriu um campo com o preço da iniquidade" e, a certa altura, "precipitando-se, rompeu-se pelo meio, e todas as suas entranhas se derramaram". Por isso o pedaço de terra era chamado de Campo de Sangue, segundo Pedro.

Mas, levando em conta o papel central que desempenha, o que se sabe sobre Judas não é muito. Ele se destaca do restante dos apóstolos por ser, supostamente, o único da Judeia, na rochosa e montanhosa parte meridional de Israel, e não da Galileia, no norte, região relativamente viçosa de onde vem Jesus e os outros apóstolos. Até o nome de Judas é tema de debate: segundo uma opinião amplamente aceita, ele é chamado de Iscariotes porque vem da região de Cariotes (Kerioth), na Judeia: *ish* é um termo hebraico que quer dizer homem, donde *Ish-Kerioth* seria "homem de Kerioth", ou Iscariotes.

Parece a melhor explicação, embora não haja escassez de outras teorias, quase todas implausíveis. Uma delas sustenta que Judas era membro dos sicários — grupo radical dissidente dos zelotes —, que lutavam para expulsar os romanos de Israel. O nome vem da palavra latina *sicarius*, ou "que usa adaga", porque os sicários eram conhecidos por assassinar inimigos políticos tirando do manto um punhal curto, uma *sicae*. Mas, como observa John Meier, eles só apareceram como grupo identificável uma ou duas décadas depois de Jesus, e se Judas fosse um deles seria mais lógico que matasse Jesus a punhaladas, em vez de entregá-lo às autoridades que os sicários tanto odiavam.

Teorias que ligam a palavra Iscariotes ao trabalho de Judas como tintureiro que usava corante vermelho, ou ao fato de ser ruivo, ou de ter pele corada, são exemplos de conjeturas fantasiosas, mas os artistas dificilmente se deixam tolher pelas regras do conhecimento acadêmico. Judas é uma tela em branco tão tentadora que ele (e os judeus denegridos junto com ele) era desde muito tempo atrás representado como ruivo, para assinalá-lo como o excêntrico, o "outro", o maligno. Um manto amarelo, marca do covarde, foi outro acréscimo posterior.

A bem dizer, isso é tudo que as Escrituras e a história têm para nos contar. Mas a história não para aí, certo? Não se tratava tanto de um romance policial, uma narrativa de mistério sobre o motivo de um crime — por que um homem escolhido por Jesus como um dos doze apóstolos originais, a ele dedicado, se volta contra seu mestre?

Ganância e maldade, inspiradas por Satanás, são as duas explicações mais simples — na verdade, simplistas. Como aponta o estudioso de assuntos bíblicos John Donahue, afirmações definitivas de que o Diabo obrigou o ganancioso Judas a fazê-lo "nos dizem tudo e não nos dizem nada".

Apesar disso, nos dois primeiros séculos do cristianismo, os líderes da Igreja apostavam nessas razões. Mais ou menos como nós, os primeiros comentaristas cristãos se contentavam em repudiar Judas como encarnação do mal e antítese de Jesus. Na verdade, antes de meados do século II EC (ou seja, nos cem anos depois da Paixão de Cristo), havia uma tendência a inflar a reputação de maldade de Judas, em vez de tentar explorar, explicar ou compreender suas ações.

No começo do século II, por exemplo, Papias de Hierápolis produziu uma descrição particularmente vívida de Judas, que, segundo ele, sobreviveu à tentativa de suicídio por enforcamento e pôs-se a andar por toda a parte "como exemplo de impiedade neste mundo, tão inchado que não conseguia passar por onde uma biga passava sem dificuldade, a rigor nem mesmo a cabeça inchada passava". O traidor tinha pálpebras tão grossas que era impossível ver-lhe os olhos, e seus órgãos genitais expeliam pus e vermes. O fim de Judas, nessa versão exagerada, foi ser atropelado por uma biga, com suas ímpias entranhas espalhadas pela rua. Um texto posterior que circulava entre os cristãos, o Evangelho Árabe da Infância, mostra Judas como amigo de infância de Jesus, mas que ao ser possuído pelo Diabo bate em seu colega — prefigurando o destino muito pior que virá.

Pelo fim do século II, quando o cristianismo já se espalhava como um incêndio, juntamente com versões alternativas da religião cresceu o interesse por Judas, devido às questões que a traição levantava. "Parece que as ações de Judas se tornaram uma carga para os cristãos apostólicos. Como confiar numa religião cujo líder foi traído por um dos seus seguidores mais próximos?", explica April DeConick, estudiosa do cristianismo primitivo da Universidade Rice e uma das maiores especialistas no Evangelho de Judas. Além disso, se Jesus tinha de morrer — "pois Deus amou o mundo de tal maneira que deu seu filho unigênito", como diz o famoso versículo de João —, não estaria Judas simplesmente fazendo a sua parte num papel predeterminado para ele e para Jesus?

Três séculos depois, santo Agostinho afirmou que sim, que Deus de fato mandou seu filho, a rigor o próprio Deus, morrer na cruz para salvação da humanidade. Mas Agostinho ressaltou que Judas foi responsável por conduzir Jesus à morte, por motivos egoístas. São Jerônimo e muitos outros afirmavam que Cristo na verdade foi mais ofendido quando Judas se enforcou do que quando o traiu. No Renascimento, o teólogo holandês e padre católico Erasmo sustentou, como bom humanista, que Judas sem dúvida dispunha de livre-arbítrio e poderia ter mudado de ideia — portanto, pior para ele. O reformista protestante Martinho Lutero respondeu, como de hábito, que não, que a vontade de Judas era trair Jesus, e isso não poderia ser mudado. João Calvino, autor da ideia de predestinação, naturalmente acreditava que as ações de Judas tinham sido predeterminadas.

Nenhum dessas teologizações, porém, bastava para os artistas e os dramaturgos. Como escreveu o romancista Graham Greene em *Fim de caso*: "O ódio parece mexer na mesma glândula do amor: chega a produzir as mesmas ações. Se não nos ensinassem a interpretar a história da paixao, será que diríamos, julgando por suas ações, se era o ciumento Judas ou o covarde Pedro que amava Jesus?".

A PAIXÃO DE JUDAS

É uma questão profunda, sem respostas prontas. O contista argentino Jorge Luis Borges escreveu "Três versões de Judas" para sondar as muitas possibilidades, e em seu belo oratório *Paixão segundo São Mateus*, Bach faz Judas chamar a si mesmo de *der verlorne Sohn*, referência ao Filho Pródigo que volta para a casa do pai e obtém o perdão definitivo. Andando 250 anos para a frente, na ópera-rock *Jesus Cristo Superstar*, Andrew Lloyd Weber e Tim Rice apresentam Judas como discípulo leal que reluta em trair Jesus com medo de provocar uma violenta reação dos romanos contra os judeus.

Outros tentaram explicar o mistério da traição de Judas a seu amado mestre isentando-o de culpa. Uma das mais antigas baladas inglesas conhecidas, datada do século XIII, transfere quase toda a culpa para a irmã de Judas: Jesus dá a Judas trinta moedas de prata para comprar alimento para os apóstolos, segundo a balada, mas a caminho do mercado Judas encontra a irmã, que ridiculariza "o falso profeta em quem acreditas". Judas professa seu amor por Jesus, mas ela convence o irmão a tirar um cochilo e rouba o dinheiro. Em desespero, Judas vende Jesus a Pilatos pela mesma quantia. Mais uma vez, se Judas não é o vilão, uma mulher fica com a culpa.

No século XIX, o poeta irlandês George Russell dá à história um viés mais freudiano, apresentando Judas como um inocente "preso à sua ruína", quase como Jesus, que nasceu para morrer na cruz:

> Em antigas sombras e crepúsculos
> Onde a infância se extraviou
> As grandes tristezas do mundo nasceram
> E seus heróis surgiram.
> Na perdida meninice de Judas
> Cristo foi traído.

O problema é que alguma coisa aconteceu no pequeno grupo de seguidores de Jesus durante aqueles dias decisivos antes da Páscoa, dois milênios atrás. Judas não foi uma invenção posterior aos fatos, nem era um estranho, um acessório ao grupo escolhido por Jesus apenas para cumprir o papel de traidor. "Para trair, primeiro é preciso pertencer", afirmou Kim Philby, o famoso agente duplo britânico da Guerra Fria. Portanto, mais uma vez persiste a pergunta: "Por quê?".

Em sua provocativa peça teatral *The Last Days of Judas Iscariot* [Os últimos dias de Judas Iscariotes] (magnificamente dirigida por Philip Seymour Hoffman), o dramaturgo Stephen Adly Guirgis a certa altura visualiza Judas como um menino inocente e bom para os amigos. O dilema de Judas aflige a imaginação de Guirgis desde seus tempos de aluno de colégio católico, e em sua peça ele tenta resolver o problema finalmente concedendo a Judas uma audiência (no Purgatório) perante um juiz e um corpo de jurados.

A tensão sexual foi explorada como um motivo, o que não é de surpreender, quando se pensa em sua influência em tantos crimes. Mais uma vez, Maria Madalena — a outra figura do Evangelho que inspirou a mesma quantidade de conjeturas, com base em igual escassez de informações — entra em cena como a megera que aborrece Judas e forma um triângulo amoroso com Jesus.

As inclinações políticas têm oferecido outras explicações. Olhando através dessa lente, que se tornou compreensivelmente mais comum em nossa época de guerrilhas e insurgências terroristas, Judas queria que Jesus fosse um verdadeiro e poderoso Rei dos Judeus, um Messias que expulsasse os romanos e finalmente libertasse Israel da submissão. Isso, de fato, era o que muitos judeus da época gostariam que acontecesse, e poucas décadas depois seus esforços para se libertar do jugo imperial levariam à destruição do Templo, ao suicídio coletivo de Massada, e ao fim da antiga Israel como nação — destino que só foi miraculosamente revertido em 1948.

A refilmagem de 1961 de *O rei dos reis* também apresenta esta trama: Judas como um rebelde desiludido com a insistência de Jesus numa revolução espiritual, não violenta — ele entrega Jesus por ressentimento ou talvez na esperança de forçá-lo a declarar sua realeza terrena. Esse também é o tema do oratório *The Apostles*, de Edward Elgar, e do romance de Taylor Caldwell, *Eu, Judas*, de 1978.

Apesar disso, foi sempre o vínculo emocional entre Jesus e Judas que forneceu o maior mistério e causou o mais profundo fascínio. Na cultura popular, como se vê no musical *Godspell*, dos anos 1970, os dois dançam e contam piadas, e a relação entre Judas e Jesus é a espinha dramática de *Jesus Cristo Superstar* — contado, na versão cinematográfica, do ponto de vista de Judas, como afro-americano.

Na ópera-rock, Judas racionaliza a decisão de trair Jesus dizendo que se não fizer o que tem de fazer os romanos destruirão Israel (o que acaba acontecendo de qualquer maneira). Judas é inocente, ou ingênuo, figura trágica e incompreendida na época e pela história. Aqui também ele tem ciúmes de Maria Madalena, que agora se tornou a companheira mais íntima de Jesus, e não Judas. Judas comete suicídio, mas volta numa visão para escarnecer de Jesus na música-título: "Jesus Cristo,/ Superstar!/ Você acha mesmo que é quem eles dizem que é?".

Músicos de rock parecem ter um genuíno gosto pela história de Judas. "Não posso pensar por você", cantava Dylan em 1964. "É você quem deve decidir/ se Judas Iscariotes/ tinha Deus do seu lado."

No filme de Martin Scorsese *A última tentação de Cristo*, de 1988 (baseado no romance de 1953 de Nikos Kazantzakis), Judas é um zelote (embora os zelotes tenham vindo depois de Jesus na história judaica), e Jesus constrói cruzes para os romanos, a quem despreza. Mas os dois são amigos, embora as diferenças de opiniões entre eles projete a sombra de um perigo mortal que se manifestará no ato final. Quando se dá conta de que precisa morrer na cruz para cumprir a profecia do Antigo Testamento, Jesus insiste com Judas para que o ajude a executar sua missão. Jesus até prepara o plano da traição de Judas. É uma cena forte, profundamente controvertida — e tem qualquer coisa da dinâmica dramática do Evangelho de Judas que virá à luz quase duas décadas depois do filme.

A principal diferença, claro, é que um texto cristão primitivo que mostrasse Jesus como herói teria peso incomensuravelmente maior do que um filme do século XX, ou um rock. Tanto peso, aliás, que poderia virar de pernas para o ar 2 mil anos de tradições e ensinamentos.

Mas, apesar da extravagante publicidade e do apelo inerente do Evangelho de Judas, pelo menos dois grandes sinais de alerta enfraqueceram seriamente as afirmações, e a duradoura concepção popular, de que o Evangelho de Judas é de alguma forma tão confiável quanto os de Mateus, Marcos, Lucas ou João, ou de que Judas é o verdadeiro herói da Paixão.

"UMA TEOLOGIA ALTAMENTE CONFUSA E BIZARRA"

A primeira questão é uma que já foi examinada na discussão de Maria Madalena — ou seja, a de que o Evangelho de Judas é parte do conjunto de textos amplamente divergentes que surgiram sob o guarda-chuva do gnosticismo.

Em sua maior parte, tudo que sabemos dos gnósticos vem de seus inimigos — em textos como a polêmica contra os hereges, de Irineu, bispo de Lyon no século II. Irineu representava o cristianismo ortodoxo e apostólico que ainda lutava para se tornar a fé normativa da Igreja. Acabou triunfando, e os gnósticos se extinguiram, ou foram suprimidos. De qualquer maneira, por quase dois milênios, foram esquecidos. Então, no século XX, fizeram uma das mais surpreendentes reaparições da história quando uma arca repleta de textos seus, a maioria dos quais era conhecida apenas pelos títulos ou por referências antigas a seu conteúdo, veio à luz depois de acidentalmente descoberta no interior do Egito.

Foi como se os cientistas tivessem trazido um mamute peludo de volta à vida. O gnosticismo virou moda, apresentado como uma alternativa ao cristianismo imposto pela Igreja que conhecemos, e talvez até como a verdadeira fé ensinada por Jesus, mas uma fé radical demais, espiritual demais para que seus primeiros, autoritários e patriarcais seguidores pudessem adotar. Como explicou Meyer, os gnósticos eram "místicos religiosos que proclamavam a gnose, o conhecimento, como o caminho da salvação. Conhecer verdadeiramente a si mesmos permitia aos gnósticos, homens e mulheres, conhecerem Deus diretamente, sem necessidade da mediação de rabinos, padres, bispos, imames ou outros burocratas religiosos".

Nos escritos de Meyer (que morreu em 2012) e outros estudiosos do gnosticismo, notavelmente Elaine Pagels, "os gnósticos são ratificados como uma direção que o cristianismo poderia ter seguido e que o teria tornado mais cálido e indistinto, muito mais agradável do que essa fria ortodoxia", como afirmou Roger Bagnall, classicista da Universidade de Nova York.

O Evangelho de Judas parecia encaixar-se perfeitamente nesse esquema. A "verdadeira" história proposta pela tradição — de que Judas era um vilão que fez uma má escolha e pagou caro por isso — não se sustentava de forma alguma. Jesus era um ser espiritual que queria ser libertado desta escravidão terrena, e não teria condenado ninguém à espécie de destino que Judas sofreu na crença ortodoxa. Pelo contrário, Judas fez um favor a Jesus, e por sua vez seria favorecido na eternidade com um lugar privilegiado no mais alto céu.

Mas não era tão simples.

O rótulo de "gnóstico" refere-se a uma escola no âmbito dos "cristianismos perdidos", como os classificou Bart Ehrman, que surgiram um século ou dois após o cristianismo principal. Por exemplo, como o marcionismo (fundado por um cristão rico da Ásia Menor chamado Marcião) rejeitava inteiramente o judaísmo e acreditava que Jeová, o Deus da Bíblia Hebraica, não era o Deus de Jesus, e certamente não era seu Pai. O ebionismo, por sua vez, era uma forma judaica de cristianismo, cujos seguidores acreditavam que Jesus foi apenas mais um profeta, e não Deus, mas falava em nome de Deus para ajudar os judeus a viverem de acordo com a Lei de Moisés.

O gnosticismo era uma escola particularmente complexa e multifacetada, e intérpretes modernos com frequência harmonizam e sintetizam crenças e filosofias gnósticas, de modo a torná-las mais compreensíveis e atraentes para o leitor médio. Mas é cada vez maior o número de estudiosos, como Karen King, de Harvard, para os quais esse processo de homogeneização não reflete o que foram, realmente, os gnósticos. Ela e outros questionam até se *gnóstico* seria um rótulo legítimo ou se os estudiosos modernos estariam reescrevendo a história para submetê-la a um rótulo contemporâneo. (O termo gnosticismo só foi cunhado no século XVII.)

Como observam os especialistas, havia uma ampla diversidade de chamados cristianismos gnósticos, com variados graus de influência e relações vastamente diferentes com aquele que emergia como corrente principal, o cristianismo ortodoxo. Alguns gnósticos rejeitavam totalmente o cristianismo ortodoxo, ou apostólico, ao passo que outros adotavam algumas crenças gnósticas e algumas crenças ortodoxas. Alguns daqueles a quem podemos chamar de gnósticos participavam de cultos com cristãos apostólicos nas igrejas aos domingos, mas em outras ocasiões se reuniam em lojas ou seminários com gnósticos de mentalidade semelhante em busca de ensinamentos mais esotéricos.

O valentinianismo foi uma das grandes escolas de gnosticismo, cujos seguidores mantinham-se em estreita associação com os cristãos da corrente principal. Receberam esse nome por causa de um eminente teólogo, Valentim. Ao que tudo indica, acreditavam nos sacramentos tradicionais, mas consideravam que estes tinham objetivos esotéricos insondáveis para os cristãos comuns sem mais instrução ou iniciação, que poderia envolver outro batismo.

O basilidianismo (de Basílides, renomado filósofo cristao) foi outra significativa corrente de gnosticismo. Os basilidianos faziam seus cultos separadamente dos cristãos ortodoxos e apostólicos e tinham uma cosmologia muito complexa — acreditavam que havia um céu diferente para cada um dos 365 dias do ano, por exemplo. Entre as muitas divindades e os muitos anjos sobre os quais os iniciados tinham que aprender, o principal era Abraxas, cujo nome em grego tem o valor numérico de 365. Basílides parecia uma versão prévia de João Calvino, acreditando que só uns poucos gnósticos seriam salvos de Abraxas — que estava associado ao maligno deus judaico Jeová — e que o resto da humanidade pereceria. Mas só a alma dos eleitos sobreviveria, não havendo ressurreição do corpo.

Havia um grande número de escolas gnósticas menores, um tanto excêntricas, como o carpocracianismo, cujos seguidores acreditavam que para alcançar a salvação da alma era preciso passar por todas as condições e experiências da vida — donde a crença de que os carpocracianos toleravam toda espécie de libertinagem sexual. Um dos primeiros escritores cristãos, Clemente de Alexandria, a cidade do Egito de onde veio Carpócrates, afirmava que os carpocracianos "têm relações sexuais onde e com quem quiserem".

Uma importante escola de gnosticismo, que resumia sua predisposição para o antagonismo, foi o setianismo. Os setianos se opunham ao cristianismo apostólico — julgavam-se os verdadeiros cristãos, e para eles os cristãos da corrente principal eram hereges — e assumiam posição contrária a praticamente qualquer crença que se pudesse imaginar: o Deus hebraico, Jeová, era mau; Adão e Eva eram bons; na verdade, a Serpente no Jardim do Éden contribuiu para a redenção de Eva oferecendo-lhe uma sabedoria especial, simbolizada pelo famoso fruto proibido. Para os setianos — o nome vinha de Sete, filho de Adão, fundador de uma geração de eleitos —, a Eucaristia, que os cristãos celebravam, era sacrilégio, e a Crucificação uma abominação em especial, porque a crença na expiação (que Deus mandou seu Filho para morrer pelos pecados do mundo) era semelhante ao sacrifício de crianças.

A maioria dos especialistas acredita que o Evangelho de Judas, que vê Judas como herói e não traidor, é uma manifestação dessa escola setiana, ou talvez de uma escola gnóstica aparentada, a dos cainitas, cujos seguidores adoravam Caim, notório na Bíblia por matar o irmão Abel para ficar com a herança do pai. "A doutrina cainita dizia que é preciso violar todas as regras para alcançar a salvação", segundo Ehrman.

Apesar dessas variações do gnosticismo, os especialistas admitem que os gnósticos, como continuaremos a chamá-los, compartilham numerosas crenças e tendências. Esses dogmas, sobre os quais a grande maioria dos especialistas está de acordo, até mesmo aqueles que divergem rispidamente quanto à importância dos gnósticos, com frequência estão em desacordo com a noção popular de gnosticismo.

O principal deles é o que N. T. Wright, bispo anglicano aposentado e um dos maiores especialistas em Novo Testamento, chama de "profundo e sombrio dualismo", a crença de que o mundo atual e tudo que nele existe "é mau de ponta a ponta". Os seres humanos são inerentemente maus — a não ser que tenham dentro de si uma centelha divina.

Em segundo lugar, como já vimos, os gnósticos, apesar de afirmarem que o mundo foi criado pelo Deus do Antigo Testamento, acreditam que esse deus criador é uma divindade menor e malévola.

Em terceiro, o objetivo almejado pelas pessoas sensatas é escapar deste mundo material, perverso e da "existência humana externa". Salvamo-nos escapando do mundo para alcançar uma existência mais elevada, com a divindade pura, santa e verdadeira.

Por fim, e sobretudo, os gnósticos remetem a *gnosis*, a palavra grega para "conhecimento", nesse caso um conhecimento muito particular e secreto. A salvação vem por intermédio de um conhecimento especial, ou *gnosis*, sobre este mundo corrupto e seu perverso deus criador, o que só pode ser adquirido pelos poucos eleitos que receberam o privilégio de uma revelação secreta trazida por um mensageiro divino.

Quando se examina um pouco mais de perto a cosmologia dos gnósticos, percebe-se por que é preciso conhecimento divino para compreendê-la. O Evangelho de Judas é um bom exemplo. O texto é, como aponta Ehrman, "altamente desconcertante e bizarro" e confunde até especialistas que tentam descobrir o que o autor está dizendo, e em que seus seguidores acreditam. Apresenta um conjunto de seres divinos de várias categorias, arranjados de acordo com uma numerologia inescrutável.

No Evangelho de Judas, por exemplo, diz-se, a certa altura:

> Os próprios setenta e dois luminares fizeram trezentos luminares aparecerem na geração incorruptível, de acordo com a vontade do Espírito, de que seu número seja de cinco para cada um. Os doze éons dos doze luminares

> constituem seu pai, com seis céus para cada éon, de modo que há setenta e dois céus para os setenta e dois luminares, e para cada [um deles cinco] firmamentos, [num total de] trezentos e sessenta [firmamentos]. Foi-lhes dada autoridade e uma [grande] hoste de anjos [inumeráveis], para glória e adoração, [e além disso também] espíritos virgens, para glória e [adoração] de todos os éons, céus e firmamentos.

Pois bem. Só no Evangelho de Judas temos Barbelo, uma "emanação" do verdadeiro Deus que representa o desejo e a vaidade de Deus e consequentemente introduz a "queda", o pecado original, no mundo — e não Adão, Eva e o fruto proibido. É obra do próprio Deus, embora não intencional. Barbelo se torna "o útero de tudo", dando à luz outros aspectos e seres divinos, os Éons, que constituem o Pleroma, ou Plenitude, do universo. Nessa complicada natureza divina, como explica April DeConick, Jesus nasce de uma nuvem de luz, e dentro do Filho existem os reinos de quatro Luminares (Adamas, Sete, a Geração de Sete e Eleleth), além de uma variedade de anjos, Éons e céus.

O Éon final a ser criado pelo Luminar Eleleth é Sofia, e ela, por sua vez, produz um filho monstruoso, Ialdabaoth, serpente com cara de leão e olhos ferozes, tão terrível que ela o esconde numa nuvem. Mas ele rouba o poder, desce para regiões inferiores — seria a nossa terra — e cria um bando de Archons, como Sakla e Nebruel, para governar este mundo.

Há outros incontáveis seres neste elenco de personagens, todos disputando o controle numa série de artimanhas e alianças improvisadas que faz as tramas de *Game of Thrones* parecerem simples. O livro *The Thirteenth Apostle* [O décimo terceiro apóstolo], de DeConick, é uma excelente cartilha de teologia gnóstica, mas a sinopse já basta para fazer a cabeça girar. O principal drama no gnosticismo setiano do Evangelho de Judas se dá entre Sofia e Ialdabaoth. "Ialdabaoth luta para manter os seres humanos desatentos e ignorantes do Deus supremo e da própria e verdadeira natureza, para que o espírito não tome conhecimento do Deus supremo, nem consiga encontrar o caminho de casa", escreve DeConick. "Sofia trabalha com um iluminador enviado pelo Pai para redimir o Espírito e devolvê-lo a Deus, para corrigir a ruptura, e para ajudar Deus a se salvar."

Jesus é o Iluminador final, que partilha os segredos com seus seguidores gnósticos numa cerimônia dos "Cinco Selos". Quando manda crucificar Jesus, Ialdabaoth descobre que não pode deter seu espírito, porque Jesus não é humano: é um Éon. Jesus abre caminho para o Reino Superior, destruindo Archons no trajeto, e assegura um triunfo final de Deus contra Ialdabaoth.

Embora parte disso certamente privilegie uma visão altamente espiritualizada do cristianismo, se comparada à versão mais "encarnada" que acabou prevalecendo, na verdade não reflete a versão bastante simplificada, até mesmo "sanitizada", do Evangelho de Judas que emergiu do papiro em 2006.

Mais importante ainda, um grande problema para os que dizem que o Evangelho de Judas corrigiria muitos erros da corrente principal do cristianismo é que os setianos, e por extensão o autor do Evangelho de Judas, eram tão insistentes no repúdio e na difamação do Deus da Bíblia hebraica quanto os demais gnósticos.

Essa inerente antipatia ao Deus do Antigo Testamento, embora mais forte no marcionismo, atravessa todos os textos gnósticos — incluindo o Evangelho de Judas. Isso subverte qualquer pretensão de que essa saga alternativa de Judas restabeleça as relações entre cristãos e judeus reabilitando Judas. Na realidade, suplantar o cristianismo ortodoxo com o evangelho de Judas equivaleria a um "antissemitismo metafísico", de acordo com Amy-Jill, da Universidade Vanderbilt, uma das mais destacadas estudiosas do cristianismo primitivo e do judaísmo do século I: "Não só essa versão revisada de Judas não teria qualquer impacto nas relações judaico-cristãs, mas o Evangelho de Judas proclama uma teologia que não é boa para os judeus, e não é boa também para os cristãos [...] Eu preferiria ficar com o Deus de Israel a ter Judas como herói; eu preferiria ficar com a Lei e os Profetas a aprender qualquer coisa sobre éons iluminados, eu preferiria honrar o corpo a jogá-lo fora".

Talvez o maior golpe contra as pretensões sobre a grande importância do Evangelho de Judas não era o argumento de que se tratava de um texto gnóstico esotérico escrito dois séculos depois dos Evangelhos canônicos, ou de que representava apenas uma de muitas interpretações nas décadas e nos séculos tumultuosos que se seguiram à Crucificação. Não, o verdadeiro problema com o Evangelho de Judas era que ele tinha sido muito mal traduzido. Não chegava sequer a dizer o que seus primeiros defensores alegavam.

"OH, NÃO, HÁ ALGO DE MUITO ERRADO AQUI"

Como uma das principais especialistas em textos cristãos primitivos, April DeConick ficou tão entusiasmada como qualquer outra pessoa quando ouviu a notícia da recuperação de um exemplar do Evangelho de Judas. Havia rumores e breves referências a esse manuscrito, e o fato de uma cópia vir à luz agora, depois de dezoito séculos, mesmo em estado tão esfarrapado, era quase um milagre.

Assim sendo, logo que pôde baixar uma cópia em seu computador na Universidade Rice, onde dirige o Departamento de Estudos Religiosos, DeConick se debruçou sobre o texto, traduzindo-o ao longo de vários dias na expectativa de encontrar o "bom Judas" do qual os especialistas, muitos deles amigos seus, haviam falado.

Mas não foi isso o que descobriu. Em certo momento, ergueu os olhos e disse ao marido. "Oh, não, há algo de muito errado aqui." De fato, à medida que se aprofundava nas linhas coptas, ela encontrou, segundo suas palavras, um Judas "muito mais demoníaco do que qualquer Judas que conheço de qualquer outro trecho de literatura cristã dos primeiros anos, gnóstica ou não". DeConick hesitou antes de fazer declarações públicas sobre suas dúvidas, mas logo ficou claro que outros estudiosos compartilhavam suas apreensões.

Em conferências acadêmicas nos meses seguintes, DeConick e outros colegas seus compararam anotações e debateram os resultados com peritos. Então, em dezembro de 2007, ela publicou um livro com suas conclusões, e um artigo na página de opinião do *New York Times* que resumia seus argumentos.

DeConick levantou três questões principais.

O primeiro problema que ela e outros encontraram foi que a tradução original da equipe da National Geographic dava a *daimon* o sentido de "espírito", de modo que Judas se dirigia a Jesus como "espírito", o que tinha uma conotação positiva, benévola. Mas a palavra corrente para "espírito" era *pneuma*, que também aparece no texto de Judas. Em toda parte da literatura gnóstica, entende-se que a palavra *daimon* significa "demônio", como numa coisa ruim — um diabo, um espírito maligno. Os tradutores abriram uma exceção para o Evangelho de Judas, e alteraram todo seu significado.

O segundo problema se deu quando a equipe da National Geographic traduziu uma frase na qual Jesus diz que Judas é separado "para" uma santa geração. Na realidade, Jesus está dizendo que Judas é especial e está acima dos outros apóstolos. Mas DeConick mostra que as palavras coptas significam exatamente o contrário: o que a frase diz é que Judas é "separado da" santa geração. Ele é posto de lado, não acima.

O terceiro problema, afirma ela, é ainda mais óbvio: os primeiros tradutores disseram que, por Jesus ter escolhido Judas para um tratamento especial, os outros apóstolos ficaram com ciúme e "amaldiçoarão tua subida à santa (geração)". Em outras palavras, Judas será abençoado passando toda a eternidade com o verdadeiro Deus, o bom Deus no Éon superior. Mas DeConick mostra que uma letra foi acrescentada ao original, que, na realidade, deveria dizer o oposto. O que Jesus diz a Judas é "Tu *não* subirás à santa (geração)".

"Então, o que diz realmente o Evangelho de Judas?", pergunta DeConick no artigo para o *Times*. E responde:

> Diz que Judas é um demônio específico chamado "Décimo Terceiro". Em certas tradições gnósticas, é o nome do rei dos demônios — entidade conhecida como Ialdabaoth, que vive no 13º reino acima da terra. Judas é seu alter ego humano, seu agente secreto no mundo. Esses gnósticos equiparavam Ialdabaoth ao Jeová hebraico, que viam como uma divindade ciumenta e colérica, e adversário do Deus supremo que Jesus veio à terra para revelar.

"Jesus", segundo DeConick, "não quer que Judas o traia por ignorância. Jesus quer que ele esteja informado, para que o Judas demoníaco sofra o que merece."

O que April DeConick afirma, no fim das contas, é que o Evangelho de Judas é uma paródia gnóstica do cristianismo apostólico, na qual a risada de Jesus não é o riso da alegria, que representa um Salvador mais leve, mais bem-disposto do que o retratado no Novo Testamento. Em vez disso, ele escarnece dos apóstolos — mas não de Judas, que agora sabe o quanto os demais são estúpidos — porque estão entendendo tudo errado.

O resumo que ela faz do evangelho de Judas é preciso:

> Se você é Judas, é uma história de tragédia, de um ser humano que se enreda nas ciladas dos Archons que governam o mundo. Se você é um cristão apostólico, é uma história de zombaria, uma representação da sua fé como uma religião baseada em apóstolos sem fé e numa expiação patrocinada por demônios. Se você é um cristão setiano, é uma história de humor, ou de galhofa, diante da ignorância de cristãos desinformados.

Os estudiosos estão cada vez mais de acordo quanto ao fato de que o Evangelho de Judas não é o que disseram que era. "No fim das contas, o personagem Judas no Evangelho de Judas não é muito diferente do Judas que [encontramos] nas páginas do Novo Testamento", afirma Mark Goodacre. "Não é o novo, compreensivo, adorável Judas em que talvez gostaríamos de acreditar. Na verdade é, de fato [...] ainda coerente com o Judas que se enforca nos Evangelhos do Novo Testamento."

"Acho que o autor do Evangelho de Judas escolheu Judas como personagem principal no texto porque Judas era uma figura notória", especula Geoffrey Smith. "Era alguém que chamava atenção na antiguidade, assim como hoje."

Para Candida Moss, o Judas do evangelho gnóstico era, na melhor hipótese, um herói ambíguo, nem totalmente bom, nem completamente mau: "Se fôssemos compará-lo com alguém, seria com o Batman. Meio misterioso, meio sombrio, meio indistinto. É também profundamente conflituoso. Admiramos Batman, mas não significa que gostaríamos de ser amigos dele."

Ou confiar-lhe nossa salvação.

A National Geographic posteriormente reconheceu certos problemas de tradução apontados por DeConick e outros, e mudou o texto em novas edições oficiais do Evangelho de Judas. Mas a impressão popular não foi tão facilmente alterada, e para muitos o Evangelho de Judas, com sua pretensão de contestar e até reverter tudo que julgávamos saber sobre o cristianismo, ainda parece oferecer um cristianismo mais amável, mais brando — e verdadeiro — do que a religião transmitida pela tradição.

A REDENÇÃO DE JUDAS, O PARADOXO DO CRISTIANISMO

Pois o que devemos, então, pensar do Evangelho de Judas?

Alguns ainda gostam de seguir a rota proposta pelo argentino Borges numa de suas histórias sobre Judas e o gnosticismo: "Se Alexandria tivesse triunfado, e não Roma" — quer dizer, o centro do gnosticismo versus o quartel-general do cristianismo apostólico — "as extravagantes e confusas histórias que resumo aqui seriam coerentes, imponentes e perfeitamente ordinárias." Ou, como escreveu Herbert Krosney em sua versão oficial da descoberta do evangelho: "O leitor pode discordar desses temas do Evangelho de Judas. Alguns talvez os considerem blasfêmia. Mas o que não se pode negar é que o autor [do Evangelho] confere a Judas um novo lugar na história."

Outros hão de revirar os olhos ao ouvir essa afirmação, especialmente tendo em conta o que aconteceu desde que o evangelho foi revelado. Para esses, o Evangelho de Judas representa uma espécie de culto cristão primitivo que desapareceu merecidamente — qualquer coisa parecida com os crentes da Porta do Paraíso que, em 1997, cometeram suicídio coletivo em San Diego, acreditando que precisavam desfazer-se dos seus corpos terrenos para se encontrarem com uma nave espacial que seguia o cometa Hale-Bopp, então visível no céu noturno.

Como afirmou Adam Gopnik: "Ao tornar a história do Evangelho mais oculta, privamo-la de seu significado cósmico: torná-la mais misteriosa é torná-la menos mística." O Evangelho de Judas, escreveu ele, "rouba-lhe o conteúdo ético [...] Não precisamos amar o próximo; basta buscarmos nossa estrela. O Evangelho de Judas é, nesse sentido, o oposto sem vida do hoje muito comentado Evangelho de Jefferson, a edição preparada pelo terceiro presidente, na qual todos os milagres e mágicas são apagados, e o que sobra é o ensinamento ético".

Se as discussões prosseguirem — como certamente o farão — até estudiosos que hoje estão em lados diferentes do debate sobre a importância do Evangelho de Judas concordam em vários pontos que se perderam em meio às controvérsias e afirmações extravagantes.

Um desses pontos é que o Evangelho de Judas é inestimável por oferecer um quadro mais claro e autêntico do que ocorria nos cruciais primeiros séculos do cristianismo. Esse novo evangelho antigo é real, e importante. "Fico feliz por termos ainda mais indícios sobre o mundo antigo, e sobre as primeiras reinterpretações de Jesus e da fé cristã", afirma N. T. Wright. "Quanto mais tivermos, melhor tornaremos nossa história."

Outro pomo de discórdia é que mesmo a história recém-iluminada pelo Evangelho de Judas só pode nos levar de volta até certo ponto. "Não é um evangelho escrito por Judas, nem tem a pretensão de ser", ressalta Ehrmann em seu livro sobre o papiro.

> Não é um Evangelho escrito no tempo de Judas por alguém que o tivesse conhecido ou dispusesse de informações em primeira mão sobre suas motivações íntimas. Não é um relato historicamente preciso sobre o homem Judas. Não é tão antigo quanto os Evangelhos que vieram a compor o Novo Testamento [...] Não é um livro, portanto, que nos traga informações adicionais sobre o que de fato aconteceu na época de Jesus, ou mesmo nos últimos dias que conduziram à sua morte.

Onde todos os especialistas, acadêmicos e apologistas e polemistas atuais divergem, obviamente, é na questão do significado do Evangelho de Judas — e do próprio Judas, e por extensão de Jesus e da mensagem cristã — para os fiéis de hoje, e em grande medida também para os descrentes.

A tendência em todas as investigações do Jesus histórico, do "verdadeiro" Jesus, é acabarmos deparando com nosso próprio reflexo — um Messias que convenientemente compartilha nossas preocupações e repete nossas opiniões e soluções favoritas. Coisa muito parecida pode ser dita sobre a procura do Judas histórico. Ao longo dos séculos, temos tentado explicar e desmistificar os motivos do traidor. Se Judas de fato existiu, sua ação foi obra de Satanás ou do pecado da ganância, ou talvez tenha sido o amor a uma mulher que o levou a agir, ou a raiva decorrente de um projeto político frustrado. Ou, como achavam os gnósticos, Judas foi de fato o herói, ajudando o espírito de Jesus a se desfazer de sua carne corruptível a fim de voltar para junto do Pai. Não houve traição, nenhuma incômoda teologia de expiação, nenhum crime. Caso encerrado.

Mas promover o Evangelho de Judas para tentar provar que a história aceita do cristianismo é uma fraude só nos afasta, em vez de aproximar mais, da condição humana, e essas afirmações vão muito mais longe do que o esfarrapado papiro tem condição de comprovar.

No entanto, simplesmente rejeitar o Evangelho de Judas como uma heresia antiga que mereceu se ressecar e ser levada pelo vento nas areias do Egito — ou se desfazer na obscuridade do cofre de uma agência bancária em Long Island — é cometer uma injustiça com os autores do Evangelho, que mantiveram Judas na história e preservaram o mistério da traição e o desafio real da fé. Se acreditamos que Deus escreve certo por linhas tortas, Judas é uma das linhas mais tortas da história.

Talvez o verdadeiro valor do Evangelho de Judas esteja no fato de que ele pode levar qualquer um a pensar mais profundamente — mais profundamente até que os Evangelhos canônicos e a tradição da Igreja o fizeram — sobre quem era Judas, por que é tão fundamental para a história cristã, e acima de tudo o que significa hoje para os cristãos, e mesmo para os que não o são. Classificar Judas como o "vilão" do Novo Testamento, ou mesmo como o "mocinho" da versão alternativa proposta pelos gnósticos setianos, é uma resposta simplista que não faz jus a Judas como pessoa real na história humana.

Usá-lo como bode expiatório também vai contra a mensagem central da melhor história já contada: ou seja, a de que ninguém está condenado a não ter esperança, e até Judas pode ter encontrado a salvação.

Como está escrito na *Enciclopédia católica* — nem de longe uma fonte de ortodoxias modernistas — se a culpa de Judas não pode ser posta em dúvida, ninguém pode negar também que Jesus o escolheu como um dos doze apóstolos: "Esta escolha, pode-se afirmar com segurança, implica algumas qualidades positivas e o dom de graças nada desprezíveis". O verbete continua:

> Pode-se argumentar que, ao exagerar a malícia original de Judas, ou negar que havia algo de bom nele, minimizamos ou deixamos de compreender a lição de sua queda. Os exemplos dos santos são inúteis para nós se acharmos que pertencem a outra ordem, sem as nossas fraquezas humanas. E da mesma forma é erro grave pensar em Judas como um demônio sem quaisquer elementos de bondade e de graça. Em sua queda há a advertência de que mesmo a grande graça do Apostolado e da amizade familiar de Jesus pode não servir de nada para aquele que é infiel.

Compreensivelmente, os cristãos gostam de se ver como Jesus na cruz, quando na verdade o inescapável da fraqueza humana e os altos ideais da doutrina cristã levam os crentes a trair os ensinamentos de Cristo. *O Felix culpa!*, como proclama o *Exsultet* da vigília pascal: "Ó culpa feliz que nos trouxe tão grande Redentor!". É a peregrinação de volta à graça que está no âmago do cristianismo, e a fonte de esperança, o paradoxo definitivo, que está encarnado na paixão de Judas.

Portanto, em vez de ler o Evangelho de Judas como narrativa literal, ou rejeitá-lo como literatura barata, talvez o melhor a fazer seja considerar esse texto notável como marcador inicial de uma longa tradição literária. Talvez o autor do texto estivesse apenas tentando, naqueles tumultuosos primeiros séculos depois de Cristo, compreender os mistérios da fé, e não afirmando — como alguns hoje podem se sentir tentados a fazer — ter descoberto um relato alternativo dos feitos e palavras de Judas. Os crentes, em vez de se apegar a algumas folhas de papiro esfarrapado na esperança de absolver Judas, talvez sejam mais fiéis à história cristã colocando-se no lugar dele, e encontrando uma saída do desespero para a redenção, como a que o próprio Judas, quem sabe, finalmente descobriu.

5. A Verdadeira Cruz
Suficiente para encher um navio

A cruz de Jesus, realidade e símbolo da severa justiça romana, tornou-se o maior identificador de marca da história.

Em julho de 2013, arqueólogos que escavavam um sítio no Norte da Turquia descobriram uma arca de pedra numa igreja de 1350 anos que parecia conter a maior das relíquias do cristianismo: um pedaço da cruz em que Jesus morreu. "Encontramos uma coisa santa na arca. É um pedaço de cruz", declarou Gulgun Koroglu, chefe da equipe de escavação, historiadora de arte e arqueóloga. Ela achava que a arca fosse o ataúde simbólico das relíquias de uma pessoa santa — relíquias ligadas à Crucificação de Jesus.

A notícia se espalhou pelo mundo, produzindo manchetes em toda parte e mostrando mais uma vez o desejo universal de encontrar indícios materiais ligados a Jesus de Nazaré, o rabino rebelde dos confins do país que os cristãos acreditam ser o Filho de Deus.

Então, sem mais nem menos, a história sumiu. Quando contatada recentemente, a arqueóloga recuou e disse que a arca de pedra, embora tivesse uma cruz gravada, estava vazia. Teria a arqueóloga sido apanhada numa turbulência, acadêmica ou política, que tornava a descoberta um problema? Como pôde um fragmento cuja presença foi proclamada de forma tão barulhenta, tão pública, não existir?

A resposta foi o silêncio, mas de qualquer maneira a dramática reviravolta ilustra a natureza da relíquia mais venerada e mais rejeitada do cristianismo. Será que fragmentos da Verdadeira Cruz de Jesus estão, de fato, entre nós? Ou seriam falsificações etéreas, que têm mais a ver com a fé do que com a história?

Qualquer pessoa com algum dinheiro sobrando pode adquirir seu pedaço da "Verdadeira Cruz" visitando o eBay e decidindo quanto quer gastar, com preços que vão de alguns trocados a milhares de dólares. O bazar on-line tem muitas ofertas da Cruz de Jesus, muitas delas vendidas pelo próprio Vaticano, preservadas em relicários dourados com letras que as autenticam como, digamos, a Verdadeira Cruz.

Na verdade, a expressão "Verdadeira Cruz" passou a significar uma coisa claramente falsificada, um constructo fantástico que só poderia existir na imaginação mais anelante. Como disse no século XVI o reformador protestante e "cético de relíquias" João Calvino num célebre comentário sarcástico: "não existe uma igreja, das catedrais às mais miseráveis abadias ou igrejas de paróquia, que não contenha um pedaço. Grandes lascas são preservadas em diversos lugares, como, por exemplo, a Santa Capela em Paris, e em Roma exibem um crucifixo de tamanho considerável feito inteiramente, dizem eles, dessa madeira. Em suma, se juntássemos todos os pedaços da Verdadeira Cruz expostos em várias partes daria para carregar um navio".

Aí está o mistério fundamental do símbolo identificador do cristianismo: a Verdadeira Cruz se tornou o signo essencial de uma grande religião e, inversamente, sinônimo de uma grande falsidade. Como poderia a cruz em que Jesus morreu ter sido preservada, levando em conta as dezenas de milhares de pessoas crucificadas pelos romanos — quinhentas num único dia, segundo informa Josefo, no ano de 70 EC, durante o cerco romano de Jerusalém? Na verdade, tão comum era a crucificação como pena de morte na época de Jesus que os autores dos evangelhos não acharam necessário explicar sua mecânica — o público ao qual se dirigiam a conhecia intimamente, pois via os crucificados ao longo das estradas por onde andava. Jesus era tão insignificante para os romanos que eles não registraram o lugar onde o tinham matado, portanto como poderia essa cruz ter sido encontrada? E como teria viajado de Jerusalém para a Turquia, ou para a Espanha, ou para qualquer dos lugares onde há fragmentos dela? Poderia a "Verdadeira Cruz" ser verdadeira?

"O MAIOR IDENTIFICADOR DE MARCA DA HISTÓRIA"

Quem entra numa igreja católica romana ou ortodoxa encontrará, no lugar mais sagrado do templo, um Jesus crucificado sobre um altar, uma imagem que deveria parecer macabra. Apesar da violência emocional de representar Jesus na cruz em que foi morto, o significado dessa cruz evoluiu ao longo do tempo até se tornar a mais poderosa imagem da religião com maior número de seguidores do mundo.

"Veem-se cruzes em todos os níveis da sociedade", lembra Noel Lenski, professor de clássicos e de história da Universidade de Yale. "Há pessoas que trazem a cruz tatuada no braço, ou que usam uma cruz numa corrente, ou coisa parecida. Exércitos marcharam com a cruz em seus estandartes. Vimos cruzes em uniformes militares — como a Cruz de Ferro alemã, que, nesse ponto, não parece ter uma grande conotação cristã, mas, em última análise, vem daí."

A cruz cristã é o maior identificador de "marca" da história, proclamando instantaneamente a mensagem e a fé de mais de um terço da população mundial. Em sua origem, no entanto, é um símbolo de derrota.

"A cruz hoje é um símbolo fácil e universalmente reconhecível do cristianismo, o que não deixa de ser irônico, pois para os discípulos a cruz teria sido, em certo sentido, uma maneira vergonhosa de morrer", explica o padre James Martin. "Portanto é estranho que essa vexação terrível em certo sentido tenha sido transformada no principal símbolo da religião cristã."

Quando traves de aço em forma de cruz foram descobertas nas ruínas fumegantes do World Trade Center em Nova York logo depois do ataque às Torres Gêmeas, em 11 de setembro de 2001, a "Cruz do

Marco Zero" se tornou santuário imediato para as equipes de socorro e, mais tarde, uma importante relíquia no Museu do Marco Zero que preserva os registros do ataque e seus efeitos. Quando um grupo de ateus moveu uma ação nos tribunais alegando que a exibição pública dessa "cruz" era uma mistura ilegal de religião e Estado, um juiz declarou que a cruz era parte da história do World Trade Center, e não um endosso do cristianismo pelo governo. Mesmo assim, a profunda repercussão cultural da Cruz do Marco Zero não teria sido possível sem a de Jesus.

Algo parecido aconteceu quando um grupo de freiras carmelitas ergueu uma cruz de oito metros de altura perto do convento que tinham fundado em 1988 atrás do Bloco 11, a prisão onde eram aplicadas torturas no campo de concentração de Auschwitz. A cruz era relíquia de uma missa rezada pelo Papa João Paulo II em Auschwitz em 1979. Apesar de o Vaticano posteriormente ter ordenado que as freiras mudassem o convento de lugar, a cruz permanece, causando grande dor à comunidade judaica internacional, que a vê como símbolo da mesma ideologia que levou ao assassinato de 6 milhões de judeus durante a Shoah — um a cada seis judeus mortos foram assassinados em Auschwitz.

Como foi, portanto, que um bárbaro instrumento da morte romano se transformou num símbolo capaz de provocar reações tão viscerais na humanidade? Embora os evangelhos contem a história da vida, da Crucificação e do renascimento de Jesus, nenhum deles se detém na cruz como imagem definidora da nova religião que esse obscuro rabino criará depois de sua morte ignominiosa. A parte importante da história para Mateus, Marcos, Lucas e João é a traição, o julgamento e a morte de Jesus. A cruz é um detalhe, mas não ainda um símbolo.

Isso não chega a ser surpresa. A crucificação, como praticada pelos romanos, era a pior modalidade de pena de morte, reservada para os piores criminosos: traidores, assassinos, piratas e agitadores políticos. Raramente cidadãos romanos iam para a cruz, pois o objetivo da prática era intimidar brutalmente os povos conquistados dentro do Império Romano.

Os romanos não inventaram a crucificação, mas a aperfeiçoaram. A prática começou no século VI AEC, na Ásia Menor, entre os assírios, os fenícios e os persas, povos famosos pelas formas terrivelmente engenhosas que adotavam para torturar e matar. Na época da revolta de escravos liderada por Espártaco, os romanos tinham se tornado especialistas e ambiciosos na aplicação dessa pena, crucificando 6 mil prisioneiros entre 73 e 71 EC e enfileirando as cruzes na estrada de Roma a Cápua, uma distância de 190 quilômetros.

Os romanos que crucificaram Jesus faziam parte de um pequeno destacamento treinado especificamente para matar na cruz. Cada equipe era formada por cinco soldados: o chefe, um centurião, chamado *exactor mortis*; e quatro soldados, chamados coletivamente de *quaternio*. A área de crucificação dos romanos em Jerusalém ficava fora da cidade, perto das muralhas, num morro de nome Calvário em latim e Gólgota em aramaico, a língua falada por Jesus. Nos dois idiomas, significa "crânio", provavelmente em referência à sua forma e, acreditam os estudiosos, aos crânios dos crucificados que se espalhavam pelo chão.

Como os romanos crucificavam muita gente, mantinham a parte vertical das cruzes, chamadas de estipes, permanentemente cravadas no chão. Os estipes tinham no máximo dois metros e trinta centímetros de altura, porque o *quartenio* precisava pregar a vítima à viga transversal (*patibulum*) e então erguê-la para encaixá-la no estipe — por içamento, usando uma corda, ou obrigando o condenado a subir uma escada. Uma cruz muito alta tornaria o processo mais difícil e menos eficiente.

A viga transversal era enfiada num encaixe, e os pés da vítima presos com pregos na lateral do estipe — prática muito mais provável do que pregar cravos nos pés cruzados, na frente do estipe, o que além de mais difícil tomaria mais tempo. A vítima, surrada brutalmente com um chicote de três pontas chamado *flagellum* antes de carregar a viga transversal para o lugar de execução, geralmente morria em poucas horas, de choque hipovolêmico e asfixia, processo acelerado se os romanos quebrassem as pernas da vítima para fazer o corpo vergar, o que pressionava os pulmões e apressava a sufocação. Como a cruz era baixa, animais selvagens podiam atacar ferozmente a carcaça dos mortos, e para os passantes ficava bem claro o fim macabro que aguardava aqueles que transgredissem as leis do Império Romano.

Por que, então, um instrumento de morte tão torturante se tornaria símbolo de uma religião cuja essência é paz e amor?

A resposta está em Paulo, o primeiro gênio do cristianismo. Nascido Saulo de Tarso em 7 EC, numa família rica de fabricantes de tendas — segundo acreditam os estudiosos — na então capital da província romana de Cilícia, hoje uma cidade do sudeste da Turquia. A família de Saulo era judia, mas seu judaísmo era temperado pelas realidades da Diáspora no período "helenístico", que chegou ao Mediterrâneo oriental no século IV AEC, quando a região foi conquistada por Alexandre, o Grande, e dominou a vida no Império Romano. Saulo falava e lia grego, assim como aramaico, e absorveu a filosofia e a cultura da Grécia.

Os romanos tinham designado Herodes, o Grande, rei da Judeia em 37 AEC, e dez anos depois de sua morte, em 4 AEC, assumiram o controle direto do território, passando a chamar a Judeia e a Samaria de Iudea. Mas a influência helenística continuou sob um modelo político romano, e foi a esse mundo que Saulo de Tarso chegou quando tomou um navio para Jerusalém, mais ou menos com 21 anos de idade, em busca de uma conexão mais profunda com sua fé judaica estudando no centro físico e espiritual do judaísmo, o magnífico Templo.

Jerusalém, como centro do mundo mediterrâneo dos 7 milhões de judeus, era dominada pelo grande Templo, uma maravilha de vinte andares construída por Herodes, o Grande, no Monte Moriá, com uma área aberta de convivência do tamanho de seis campos de futebol, um telhado dourado tão resplandecente que mais parecia um segundo sol para os peregrinos exaustos que caminhavam até Jerusalém para as grandes festividades do judaísmo, inflando a população da cidade de 200 mil para mais de 1 milhão.

Muito provavelmente ajudado pelo dinheiro da família, Saulo — baixo, pernas tortas, olhos azuis e calvície acentuada — abriu caminho na Cidade Santa, onde logo fez nome como fariseu. Como cidadão romano, tinha direito a usar toga, mas isso não cairia bem para quem buscava a tutelagem de um rabino, por isso ele preferia usar os mantos pretos dos fariseus. Os fariseus eram um dos dois grandes grupos que constituíam a vida espiritual judaica: os saduceus eram a casta de elite, sacerdotal, que acreditava exclusivamente na lei escrita, a Torá; os fariseus, mais populistas, acreditavam na tradição oral, na ressurreição do corpo, na vinda do Messias, e em promover a fé por toda parte através de cartas e missões.

Quando Saulo chegou a Jerusalém, Jesus tinha começado seu ministério, mas ele não fazia parte. Em vez disso, estava mergulhado no mundo farisaico. Na verdade, na época em que Jesus foi morto, Saulo se opunha tão profundamente aos blasfemadores que proclamavam o Jesus ressuscitado Filho de Deus, que em 32 EC tomou parte no apedrejamento de Estevão, o primeiro mártir do cristianismo, por sua proclamação pública, e desafiadora, de que Jesus era o Messias. De fato, o rabino Saulo estava tão empenhado em erradicar a influência maligna de Jesus que viajou a Damasco com outros fariseus, armados com cartas do sumo sacerdote do Templo, para denunciar o movimento de Jesus nas sinagogas da cidade.

Na estrada de Damasco, Saulo foi ofuscado por uma luz deslumbrante e ouviu uma voz (que supôs angelical) que lhe perguntou: "Saulo, Saulo, por que me persegues?". Naquele momento, Saulo se tornou Paulo, convertido ao cristianismo, o homem que levou a tradição farisaica de comunicar a fé por meio de cartas didáticas e missões de pregação a um nível que daria ao mundo uma nova religião.

Portanto, foi Paulo quem primeiro transformou a cruz de um

símbolo de morte em um símbolo de vida eterna. As treze epístolas de São Paulo são os primeiros livros que formam o Novo Testamento, e em sua Primeira Epístola aos Coríntios, no Capítulo 1 de Coríntios, que escreveu em meados do século I EC, Paulo pega o símbolo de uma morte horrível e o eleva ao de vida eterna: "Porque não me enviou Cristo para batizar, mas para pregar o evangelho; não com sabedoria de palavra, para que não se anule a cruz de Cristo. Certamente a palavra da cruz é loucura para os que se perdem, mas para nós, que somos salvos, é o poder de Deus."

Em Gálatas, Paulo considera a Cruz de Jesus a declaração de sua missão: "Mas longe esteja de mim gloriar-me, senão na cruz de Nosso Senhor Jesus Cristo, pela qual o mundo está crucificado para mim e eu para o mundo".

Em Filipenses, a cruz é uma força poderosa, em constante ameaça de ataque: "Pois muitos andam entre nós, dos quais repetidas vezes eu voz dizia e agora vos digo até chorando, que são inimigos da cruz de Cristo".

Por fim, em suas Cartas aos Colossenses, Paulo faz da morte de Jesus na cruz o canal da reconciliação divina: "E que, havendo feito a paz pelo sangue da sua cruz, por meio dele reconciliasse consigo mesmo todas as coisas, quer sobre a terra, quer nos céus".

Menos de três décadas depois da Crucificação de Jesus, e com esse terrível castigo ainda infligido aos piores tipos de criminosos sob a lei romana, o afável e educado Paulo — com sua fluência na língua e na cultura de Roma, que escreve em grego para distantes comunidades judaicas, e que viaja a Roma para proclamar sua mensagem — fincou a cruz na imaginação do cristianismo incipiente como libertadora e militante: o significante do Jesus ressuscitado.

Uma obra recente do estudioso bíblico Larry Hurtado sustenta que os primeiros cristãos inicialmente usaram a cruz como representação visual de sua fé não nos séculos IV e V, como se pensava, mas cerca de duzentos anos antes, pelo estaurograma.

"Em grego, a língua da Igreja primitiva, o *tau* maiúsculo, ou *T*, é muito parecido com o nosso *T*", explica Hurtado. "O *rho* maiúsculo, ou *R*, no entanto, é escrito como o nosso *P*. Se sobrepusermos as duas letras, fica mais ou menos assim ⳨. Os primeiros usos cristãos dessa combinação *tau-rho* formam o que se chama estaurograma. Em grego, o verbo para crucificar é *stauroo*; cruz é *stauros* [...] [essas letras produzem] a representação pictográfica de uma figura crucificada pendurada na cruz — usada nas palavras gregas para 'crucificar' e 'cruz'."

A cruz cristã, porém, recebe sua primeira proclamação oficial como símbolo de poder através de uma fonte improvável. Trezentos anos depois da morte de Jesus, Jerusalém era pouco mais do que um posto avançado do Império Romano, que recebia o nome de Aelia Capitolina. Diz a lenda que uma mulher, tida como a primeira arqueóloga do mundo, comandou uma grande escavação no lugar da Crucificação de Cristo. Ela buscava a verdade — e seu nome era Helena.

"DO ESTRUME À REALEZA"

Em 293 EC o imperador Diocleciano, conhecido perseguidor dos cristãos, dividiu o Império Romano em quatro regiões, a serem governadas por quatro imperadores, mais tarde conhecidos como Tetrarquia. Diocleciano nomeou Constâncio, que fizera rápida carreira militar, um "césar", ou coimperador júnior. Ele acabaria promovido a "Augusto", ou coimperador sênior, e quando morreu, em 306 EC, seu filho Constantino foi aclamado seu sucessor por suas tropas.

Pelos dezoito anos seguintes, a Tetrarquia foi perturbada pela guerra civil, até que Constantino finalmente emergiu vitorioso, em 324 EC. Porém, foi uma batalha em 312 que pôs a cruz em foco, como Paulo tinha anunciado: como força a ser usada contra os inimigos.

O historiador cristão Eusébio, do século IV, escreve que antes da Batalha da Ponte Mílvia, onde Constantino lançou seu ataque contra as forças superiores do imperador Magêncio, Constantino "viu com os próprios olhos nos céus um troféu da cruz saindo da luz do sol, com a mensagem *In Hoc Signo Vinces*, ou 'Com este signo vencerás'".

Outra versão diz que ele viu a cruz como símbolo de vitória num sonho na noite anterior à batalha — mas o resultado foi o mesmo: os soldados de Constantino, na maioria pagãos, foram para a batalha com o signo da cruz enfeitando os escudos. Em desvantagem numérica de um para quatro, o exército de Constantino venceu a batalha assim mesmo, e perseguiu Magêncio até o Tibre, onde seu adversário se afogou. E Constantino entrou em Roma triunfante.

No ano seguinte, com o Édito de Milão, Constantino permitiu a liberdade religiosa em todo o império para cristãos e seguidores de outras religiões e baniu a crucificação, a mais degradante das penas de morte. Constantino fez da cruz seu símbolo oficial, coisa tão extraordinária, observou espirituosamente Thomas Cahill, "como o governador do Texas usar uma minúscula cadeira elétrica ou agulhas hipodérmicas cheias de veneno numa corrente em volta do pescoço".

A pena de morte, no entanto, pode muito bem ter dado o impulso inicial para a descoberta da "Verdadeira Cruz", lançando a mãe de Constantino, Helena, numa peregrinação a Jerusalém que mudaria o mundo em 326 EC, quando ela já tinha quase oitenta anos de idade.

Helena é uma das personagens mais interessantes da história do cristianismo primitivo. Provavelmente nasceu em 248/9 EC na cidade de Drepanum (posteriormente rebatizada como Helenópolis), no atual nordeste da Turquia. Segundo a maioria dos relatos, Helena era de origem humilde, uma *stabularia*, empregada de taverna, quando conheceu o soldado romano Constâncio e se tornou sua mulher ou concubina.

Um relato das origens imperiais de Helena revela que Constâncio foi enviado em missão à Pérsia e parou numa estalagem em Drepanom, onde se engraçou com Helena, filha do dono, e passou a noite na *stabularia*. Embora isso não faça dela uma prostituta, certamente dá relevo à avaliação que fez dela santo Ambrósio, como tendo subido "*de stercore ad regnum*" — "do estrume à realeza". De manhã, ao seguir viagem, Constâncio deu a Helena um manto púrpura bordado, reconhecido anos depois por outro enviado, que teve um encontro com Helena e o filho, parecidíssimo com Constâncio e usando o tal manto.

O certo é que Helena deu à luz Constantino em 272 EC. Pouco antes de o pai dele, Constâncio, ser promovido a um dos quatro governantes do império em 289, Constâncio teve que se divorciar de Helena, por razões políticas, e casar com Teodora, a enteada de seu patrão imperial, Maximiano. Assim, Helena e o filho de dezessete anos, Constantino, são postos em segundo plano, indo viver juntos no exílio e desenvolvendo um profundo e poderoso vínculo, até Constantino ser proclamado sucessor do pai pelo exército em 306 EC.

Dois acontecimentos extraordinários em 326 talvez expliquem por que Helena fez a árdua peregrinação à Terra Santa numa idade em que uma cadeira junto ao fogo com a Sagrada Escritura na mão já seria aventura espiritual suficiente. Constantino, como o pai antes dele, também casou com uma filha de Maximiano. Quando se uniu a Fausta, em 307, já era pai de um filho, Crispo, que tivera com uma concubina. O menino se tornaria herdeiro presuntivo na região norte do império, no palácio de Trier (no oeste da Alemanha, perto da fronteira de Luxemburgo), sob a amorosa vigilância da avó Helena.

Fausta, porém, também teve filhos, e aqui a história dá uma guinada sombria e dramática. Fausta procurou o enteado, Crispo, e sugeriu que começassem uma relação amorosa, manobra que chocou o futuro imperador. Diante de sua reação de repúdio, Fausta rapidamente mudou de tática e informou a Constantino que Crispo tentara estuprá-la, e planejava derrubar o pai. Constantino, cuja paciência era curta, e cuja tendência para a *realpolitik* era clara, mandou despachar Crispo primeiro para o exílio numa ilha — e depois para a morte por envenenamento.

Helena ficou arrasada com o assassinato do neto pelo próprio pai. Contou a Constantino que Fausta tinha conspirado contra ele, e o imperador então dirigiu sua vingança contra a mãe dos seus outros três filhos. Um dia, quando Fausta estava na sauna, Constantino mandou trancar as portas e aumentar tanto a temperatura que ela morreu cozida. Oficialmente, foi um caso de suicídio, mas ainda assim o império ficou aturdido com a morte brutal da imperatriz, e também com a do sucessor de Constantino.

Com a morte de Fausta, Helena se tornou regente, ao lado do filho, e que melhor maneira de limpar os detritos emocionais de um pequeno extermínio em família do que mandar uma viúva de idade em peregrinação à Terra Santa? "Ela talvez tivesse se interessado nessa viagem arriscada à Terra Santa porque o sentido da viagem arriscada à Terra Santa tem a ver com arrependimento e redenção", argumenta Kate Cooper, professora de história antiga da Universidade de Manchester e especialista no papel das mulheres no cristianismo primitivo. "Agora Constantino estava matando pessoas, nos anos de 320 elas morriam como moscas, portanto o que poderia haver de melhor como gesto da família imperial do que ir ao lugar onde Jesus morreu na cruz para a salvação dos pecadores? É uma manobra perfeita de relações públicas, se quisermos interpretar assim."

Em 325 EC, Constantino tinha convocado um concílio de Padres da Igreja em Niceia, para resolver prementes questões teológicas e consolidar a unificação cristã. Uma das conquistas do Concílio Niceno foi o Credo Niceno, que descreve, entre outras coisas, os últimos dias de Jesus: "Ele padeceu, e no terceiro dia levantou-se novamente, e ascendeu aos céus".

Não há menção à cruz, até o credo ser revisado no Primeiro Concílio de Constantinopla, em 381, mas o projeto cristão de Constantino provocava inquietação na parte leste do império. Assim, a viagem de Helena pode ter sido também uma missão diplomática para acalmar as agitadas águas imperiais.

Essa teoria ganha credibilidade quando se leva em conta que as peregrinações motivadas por penitência só começaram na Idade Média, portanto Helena não viajou à Terra Santa na qualidade de humilde peregrina em busca de perdão sagrado. Ela viajou como imperatriz.

Helena foi não apenas com um cheque imperial em branco na mão, dado pelo filho, mas com a própria imagem na moeda do reino. Antes de 324 EC, o título oficial de Helena era *nobilissima femina*, querendo dizer que ela era membro da casa imperial, fato atestado pelas moedas de bronze ainda existentes que mostram sua imagem e as palavras "Helena NF". Depois de 342, Helena se tornou "Augusta", e as moedas refletiam esse elevado status imperial. Agora sua imagem trazia a inscrição "*Securitas Republice*" [*sic*], que anunciava a todo o mundo que Helena estava no topo do topo do governo de Constantino.

No fim de 326 e começo de 327 EC, Helena partiu rumo à Terra Santa para "prestar culto no lugar onde os pés dele pisaram", de acordo com Eusébio, bispo de Cesareia, e companheiro e cronista de Helena. A *stabularia*-imperatriz partira em seu octogésimo ano de vida numa jornada que, se não salvou o império, mudou o mundo. De fato, ela foi a primeira imperatriz romana a fazer a viagem sem a companhia de um consorte ou de um filho e, embora não dormisse exatamente em estábulos, uma viagem à Terra Santa, como narrada sete anos depois por um viajante anônimo que fez o mesmo trajeto de Helena, significava percorrer 5200 quilômetros, parando em 190 estações e trocando de cavalos 360 vezes.

"Imagino que a cavalgada de Helena causava a impressão mais extraordinária nas pessoas que saíam para ver", comenta Annaliese Freisenbruch, autora de *The First Ladies of Rome: The Women behind the Caesars* [As primeiras-damas de Roma: as mulheres por trás dos césares]. "Certamente havia veículos carregados de tesouros, que ela planejava distribuir a comunidades locais. Certamente havia animais de carga transportando móveis e outras comodidades caseiras. Certamente havia uma escolta militar para desobstruir a estrada e garantir que o caminho estava livre. E certamente havia pessoas à beira da estrada para ver a extraordinária cena da liteira da imperatriz passando."

Enquanto ela e sua liteira seguiam viagem para Jerusalém, Helena distribuía dádivas imperiais para uma plateia importante: cidadãos, soldados, pobres, oprimidos e exilados políticos. Eusébio registra que "ela deu provas abundantes de sua liberalidade, tanto com os moradores de várias cidades coletivamente, como com indivíduos que dela se aproximavam, ao mesmo tempo que estendia sua generosidade à soldadesca com mão liberal. Mas especialmente abundantes foram os presentes que distribuiu entre os desamparados e os desprotegidos. Para alguns deu dinheiro, para outros um amplo suprimento de roupas: libertou gente da prisão, ou da amarga servidão das minas; outros ela livrou da opressão injusta, e outros, ainda, tirou do exílio".

A generosidade de Helena era fruto da caridade cristã — e dos cálculos de Constantino. Se o imperador não lhe sugeriu que distribuísse fundos imperiais, certamente lhe deu sua aprovação. Aquela mãe idosa numa peregrinação aos inquietos postos avançados do império era a perfeita mensageira política.

"Para Constantino, a viagem de Helena seria o equivalente, hoje, a uma boa oportunidade de posar para fotografias", compara Anneliese Freisenbruch. "Ela vai dar publicidade ao recém-descoberto cristianismo do filho. Vai para entrar em contato com as pessoas. Vai como porta-voz de Constantino, em certo sentido. E é tanto uma viagem pública como uma jornada motivada por devoção pessoal."

Helena chegou a uma Jerusalém profundamente mudada por duas guerras catastróficas contra Roma. Após levantarem o brutal cerco de quatro anos à cidade, em 70 EC, os romanos tinham queimado e destruído o Templo, centro da vida espiritual judaica. Pouco mais de meio século depois, o imperador Adriano, quando finalmente sufocou a insurgência judaica comandada por Simon Bar-Kokhba, ficou tão abalado com a quase derrota do poderoso Império Romano por um bando de guerrilheiros que decidiu resolver a questão judaica de uma vez por todas.

Adriano assassinou sábios judeus e queimou a Torá num ritual público no Monte do Templo — simbolicamente destruindo outra vez o Templo, com fogo. Deu ao país o novo nome de Síria Palestina, em referência aos históricos inimigos dos judeus, os filisteus. Assim, os palestinos surgiram de uma desastrosa derrota judaica, depois da qual os judeus foram proibidos de entrar em Jerusalém, salvo uma vez por ano: no Tishá BeAv, que comemora a destruição do seu templo. "Jerusalém é o centro teológico do povo judeu e durante séculos tinha sido o centro político do povo judeu", explica o rabino Joshua Garroway. "Portanto, só ter permissão de entrar em Jerusalém uma vez por ano, para lamentar a destruição do Templo, foi tremendamente arrasador para a comunidade judaica."

Adriano também deu novo nome a Jerusalém: Aelia Capitolina. Aelius era o *nomen gentile* de Adriano, mais ou menos equivalente a um sobrenome, e Capitolina se referia ao principal deus dos romanos, Júpiter Capitolino.

Quando Helena chegou, a colônia romana que fora Jerusalém era chamada apenas de Aelia, embora o templo de Vênus que Adriano mandara construir no lugar da Crucificação de Cristo tivesse sido demolido, e uma nova edificação estivesse em construção. Pouco depois do Concílio de Niceia, Constantino ordenara a construção de uma basílica cristã (que se tornaria a Igreja do Santo Sepulcro) onde Jesus morreu e foi sepultado. Por isso, chegando a Jerusalém, Helena foi dar uma olhada no lugar.

"Jerusalém na época de Helena teria sido, para nossos olhos, ouvidos e narizes, um lugar cheio demais, escuro e malcheiroso", conta o arqueólogo Byron McCane, que passou muitos anos escavando a Terra Santa. "As ruas eram becos. As construções estavam entupidas de gente e eram próximas demais. As pessoas viviam em bairros apertados, para os nossos padrões. E, acima de tudo, tudo fedia."

Segundo a lenda, quando supervisionava a escavação para a nova igreja, Helena desenterrou três cruzes. De acordo com os Evangelhos, Jesus foi crucificado com dois salteadores, portanto as três cruzes, para uma plateia cristã que ouvisse a história, cairiam bem. Além disso, como o *titulus* — a placa pregada na Cruz de Jesus proclamando "INRI" ou *Iesus Nazarenus Rex Iudearum* — fora tirado da cruz de Jesus para dificultar a identificação, seria preciso descobrir um jeito de descobrir qual era a dele.

Um dos relatos mais divertidos dessa aventura viria 1500 anos depois, em *A viagem dos inocentes*, de Mark Twain, que narra sua grande viagem pela Europa e pela Terra Santa — e que é o mais vendido de todos os seus livros. Twain visitou Jerusalém e, na Igreja do Santo Sepulcro, conta como Helena identificou a "Verdadeira Cruz" no trio que tinha encontrado:

> Uma nobre senhora jazia muito doente em Jerusalém. Os sábios sacerdotes ordenaram que as três cruzes fossem levadas ao leito onde ela estava, uma de cada vez. Isso foi feito. Quando seus olhos recaíram sobre a primeira, ela soltou um grito que foi ouvido além do Portão de Damasco, até no monte das Oliveiras, segundo consta, e voltou a mergulhar num desmaio mortal. Eles a socorreram e trouxeram a segunda cruz. Imediatamente ela foi acometida de terríveis convulsões, e seis homens fortes tiveram a maior dificuldade para segurá-la. Ficaram com medo de trazer a terceira cruz. Começavam a achar que talvez tivessem encontrado as cruzes erradas, e que a Verdadeira Cruz não fosse uma daquelas. No entanto, como a mulher dava sinais de que ia morrer das convulsões que a atormentavam, eles concluíram que o máximo que a terceira cruz poderia fazer era tirá-la de seu sofrimento despachando-a rapidamente. Por isso a trouxeram e, vejam só, milagre! A mulher saltou da cama, sorrindo, alegre e perfeitamente saudável. Ouvindo provas desse tipo não podemos deixar de crer. Teríamos vergonha de duvidar, e com razão. Até mesmo a parte de Jerusalém onde isso aconteceu continua lá. Portanto não há margem para dúvidas.

Apesar da credulidade irônica de Twain, a dúvida é a reação adequada, segundo Byron McCane. "Os desafios na busca da Verdadeira Cruz são esmagadores", acrescenta. "A ideia de que podemos achar uma cruz entre todas aquelas crucificações do Império Romano — as chances são infinitesimais. Ninguém realmente prestou muita atenção na Verdadeira Cruz quando isso mais importava — ou seja, imediatamente depois que Jesus foi tirado dela. Naquele momento, só restam uns quatro cristãos — quatro seguidores de Jesus ainda observam —, e eles seguem o corpo, não a cruz. Os soldados romanos daquela unidade tiraram os cravos, derrubaram a cruz, e a puseram de volta no lugar em que guardavam essas coisas, fosse lá onde fosse. Vinte e quatro horas depois, ninguém seria capaz de dizer qual delas era a Verdadeira Cruz de Jesus."

Helena, por sua vez, depois de determinar qual das cruzes era a verdadeira, praticamente a destruiu cortando-a em três pedaços — um para o filho, outro para si e outro para Jerusalém. Em seguida, voltou para Constantino em Roma carregando pedaços da Verdadeira Cruz, mais o *titulus*, os cravos da cruz, a coroa de espinhos, a *Scala Santa*, ou "escada santa", que Jesus subiu em sua caminhada para a morte. Helena pode muito bem ser tida como a primeira arqueóloga, mas também pode ser considerada uma saqueadora de proporções imperiais.

Apesar de sua santa viagem a Jerusalém, a história da descoberta da Verdadeira Cruz só se consolidou no fim do século IV, mais de sessenta anos depois da morte de Helena. Santo Ambrósio, pregando no funeral do imperador Teodósio, em 25 de fevereiro de 395 EC, declarou sobre Helena: "O Espírito a inspirou a buscar a madeira da Cruz. Ela se aproximou do Gólgota e disse: 'Eis o lugar do combate; onde está tua vitória? [...] Por que escondeste a Madeira, ó Demônio, será para que sejas derrotado uma segunda vez?'".

Eusébio, entusiasmado companheiro e cronista de Helena, conta uma história diferente. Em seu relato, Helena fundou uma igreja no lugar onde Jesus nasceu, a qual se tornou a Igreja da Natividade em Belém, e "ergueu uma imponente estrutura no monte das Oliveiras também, em memória da subida aos céus daquele que é o Salvador da humanidade, construindo uma igreja e templo sagrado no topo do monte", que se tornou a Igreja de Eleona. Em parte alguma, Eusébio sugere que Helena encontrou a Verdadeira Cruz de Jesus.

"A ideia de que Helena encontra pedaços da Verdadeira Cruz em que Jesus foi crucificado é extremamente improvável. Não existe a mínima chance", garante Candida Moss. "Temos que duvidar um pouco de Eusébio, porque ele certamente queria se apresentar como biógrafo imperial, como favorito de Constantino. Estava se politizando, por isso quando pensamos no que Eusébio nos conta sobre Constantino devemos levar em conta que ele já é totalmente pró-Constantino bem antes de se sentar para escrever."

Uma teoria para a omissão da Verdadeira Cruz sustenta que Eusébio, como bispo de Cesareia, tinha interesse profissional em não dar demasiada publicidade a Jerusalém, para não diminuir o próprio poder. "O fato é que Eusébio tinha boas razões para se calar sobre a descoberta da Verdadeira Cruz em vários níveis", afirma Noel Lenski. "Em primeiro lugar, não era bispo de Jerusalém, era bispo da vizinha Cesareia, que anteriormente tinha sido o bispado mais poderoso daquela diocese, por isso não quer conceder mais glória a Jerusalém do que a que for absolutamente necessária. E a segunda questão é que Eusébio estava muito comprometido com uma versão espiritualizada do cristianismo, que evita o interesse por relíquias e por conexões físicas com o passado espiritual."

A santa cidade judaica de Jerusalém se tornara uma guarnição romana menor, e a partir do século II EC e durante outros duzentos anos, praticamente não houve peregrinações a Jerusalém, porque não havia um constructo tangível de "Terra Santa". Eusébio percebia que essa súbita transformação de Jerusalém em "tudo relacionado a Jesus" seria ruim para o potencial de peregrinações da Cesareia, e para sua própria influência em questões cristãs.

Apesar disso, em 350 EC, apenas uma década depois da morte de Eusébio, Cirilo, bispo de Jerusalém, sugeriu que a Cruz de Jesus, ou o que sobrara dela, estava mesmo em Jerusalém, proclamando em suas "Lições Catequéticas", que "a madeira da Cruz me confunde, a qual dali tem sido distribuída pouco a pouco para todo o mundo".

Três décadas depois, em 383 EC, Egéria, uma devota da Galícia (atual Espanha), fez sua peregrinação a Jerusalém e declarou que a Cruz de Jesus não só estava em Jerusalém, como também era parte central da liturgia cristã. Numa longa carta para suas "irmãs" cristãs na Galícia, conhecidas como *Itinerarium Egeriae*, ou "Viagens de Egéria", ela explica que a Cruz de Jesus foi parte central das atividades da Semana Santa que precederam o Domingo de Páscoa na Igreja do Santo Sepulcro, e venerada em um complicado ritual — que incluía até a presença de capangas cristãos:

> Então uma cadeira é colocada para o bispo no Gólgota atrás da Cruz, que agora está em pé; o bispo toma devidamente seu assento na cadeira, e uma mesa coberta com toalha de linho é posta diante dele; os diáconos se postam em volta da mesa, e é trazido um estojo prateado no qual está a madeira santa da cruz. O estojo é aberto e [a madeira] é tirada, e a madeira da Cruz e a placa são colocadas sobre a mesa.
>
> Agora, quando ela está sobre a mesa, o bispo, ainda sentado, segura firmemente nas mãos as extremidades da madeira sagrada, enquanto os diáconos em pé à sua volta a protegem. Ela é protegida assim porque o costume determina que as pessoas, tanto os fiéis como os catecúmenos, venham uma a uma, curvem-se diante da mesa, beijem a madeira sagrada e sigam em frente. E porque dizem que alguém, não sei quando, mordeu e roubou um pedaço da madeira sagrada, ela é protegida assim pelos diáconos que ficam em volta, para que nenhum dos que se aproximam tente fazer o mesmo.

Como ambas as fontes são anteriores à proclamação de santo Ambrósio sobre a descoberta da Verdadeira Cruz por Helena, será possível que tenha havido uma cruz encontrada no lugar onde Constantino construiu o Santo Sepulcro?

"Acho que Helena encontrou alguma coisa, ou os que estavam com ela encontraram alguma coisa, e houve algum tipo de cura milagrosa, porque algo deve ter acontecido para que todo mundo dissesse: 'Uau, aquilo é mesmo a madeira da Cruz'", especula a arqueóloga Joan Taylor. "Se nada tivesse acontecido, se Helena ou outra pessoa tivesse dito apenas: 'Acho que vamos dizer que isto é a madeira da Cruz de Jesus', e não houvesse nada que deixasse todo mundo surpreso e maravilhado, suponho que não teria realmente funcionado, considerando a mentalidade de época."

Uma coisa é certa: pela última contagem, havia 1150 pedaços da Cruz de Jesus espalhados pelo mundo. O que nos diz a ciência sobre sua origem? E o que a ciência tem a dizer sobre esse intangível divino — que uma dessas peças de madeira antiga possa ter alguma conexão com Jesus Cristo?

"O ÚNICO INDÍCIO CONCRETO DE CRUCIFICAÇÃO ROMANA QUE EXISTE"

Em 1870, o arquiteto francês Charles Rohault de Fleury resolveu testar a teoria de Calvino de que os pedaços tirados da "Verdadeira Cruz" e espalhados pelo mundo dariam para encher um navio. De Fleury, como arquiteto do Museu de História Natural e de dois teatros de ópera em Paris, tinha credibilidade, assim como os resultados que apresentou. Calculou que a cruz na qual Jesus foi crucificado teria de 2,7 metros a 4 metros de altura, com uma viga transversal de 1,83 metro. Então, penosamente, catalogou todas as peças da Verdadeira Cruz que então se dizia existir, e criou uma espécie de quebra-cabeça para colocar todas as peças no lugar. Incrivelmente, de acordo com os cálculos de De Fleury, os fragmentos conhecidos da Verdadeira Cruz correspondiam a apenas um terço da Cruz em que Jesus morreu, contradizendo frontalmente Calvino e aqueles que faziam eco ao seu ceticismo.

Uma das realidades mais desconcertantes para os arqueólogos é a falta de madeira residual do imenso arquivo de crucificação dos romanos. Apesar de os romanos terem matado dezenas de milhares de pessoas na cruz, o único elemento relacionado a esse terrível castigo foi descoberto em 1968. No Museu de Israel em Jerusalém, o professor Israel Hershkovitz, que leciona anatomia e arqueologia na Universidade de Tel Aviv, tem o único indício concreto de crucificação romana que existe. É o calcâneo de um homem crucificado no século I, com o cravo ainda enfiado no osso. "Foi achado numa tumba judaica em Vig'at ha-Mivtar", conta Hershkovitz, referindo-se a um subúrbio do norte de Jerusalém. "Eu diria que Giv'at ha-Mivtar fica a uma distância de quinhentos a mil metros do Gólgota — do morro do 'crânio' onde os romanos costumavam crucificar pessoas."

O homem, cujo ossuário identifica como Yehohanan, tinha vinte e poucos anos quando morreu na cruz. A boa dentição e a falta de musculatura definida indicam que ele muito provavelmente vinha de uma família rica, pois a maioria das vítimas de crucificação era humilde demais para acabar em tumbas — a não ser Jesus, que foi posto numa pelo rico José de Arimateia. Outros sepultados na mesma tumba de Yehohanan tinham relações com o Templo, por isso é possível que ele tenha sido morto pelos romanos por alguma transgressão política.

Os romanos eram grandes recicladores, e reutilizavam não só as hastes verticais e as vigas transversais, mas também os cravos de crucificação. Os cravos que os romanos não recuperavam eram usados como talismãs por judeus e cristãos, para afastar doenças e curar ferimentos, e inclusive "um cravo do [patíbulo] de uma pessoa empalada como cura [para várias enfermidades]" era uma das poucas coisas que os judeus tinham permissão de carregar no Sabá.

Hershkovitz confirma, e ainda afirma que o fragmento de crucificação só sobreviveu porque alguém queria o cravo como talismã, mas não conseguiu extraí-lo. "Temos este caso porque a ponta do cravo entortou para trás e alguém tentou puxá-lo, mas ele ficou agarrado. Como um anzol de pesca."

Yehohanan foi arrancado da cruz com um cravo de 11,43 centímetros ainda no osso do calcanhar direito, e parte de uma tábua ainda presa à cabeça do cravo. Hershkovitz considera que o comprimento relativamente pequeno do cravo revela muita coisa sobre os métodos romanos de crucificação. "O cravo era curto demais [para atravessar] dois calcâneos, portanto, sem dúvida alguma, cada pé era pregado na cruz separadamente."

As pernas de Yehohanan tinham sido pregadas às laterais do estipe, ou haste vertical, e a tábua fora martelada na parte externa do tornozelo — como uma "arruela", explica Hershkovitz — para evitar que ele afastasse a perna da cruz. A madeira na parte externa do tornozelo e a madeira da cruz, segundo Hershkovitz, "eram de árvores totalmente diferentes".

Os testes a que os fragmentos foram submetidos concluíram que a cruz era de oliveira, mas Israel Hershkovitz está convencido de que isso não era verdade. Primeiro, porque as pessoas dependiam das oliveiras para se alimentar, e não as derrubariam para fazer cruzes. Segundo, por causa da estrutura da árvore. "Oliveiras não ficam altas nem retas; têm galhos para todos os lados, e a madeira é cheia de buracos." Isso tornaria difícil segurar os pregos com o peso da vítima. "A oliveira é a menos apropriada das árvores", afirma ele. "Temos diferentes espécies de carvalho, que se prestariam muito melhor a essa finalidade."

Herzhkovitz testou uma lasca de madeira de cinco milímetros no cravo do calcâneo com um microscópio eletrônico, que usa elétrons em vez de luz para "ver" um objeto. Um feixe de elétrons de alta voltagem é formado (geralmente um filamento de tungstênio aquecido) e dirigido ao objeto através de um vácuo. Esse feixe é focalizado na amostra através de uma lente magnética. A resposta dentro da amostra irradiada é coletada pelo microscópio e apresentada como imagem tridimensional para estudo da "microestrutura", ou geometria, da madeira, e então se revela o seu tipo.

"Há muita distorção", por causa das marteladas na madeira e do tempo, explica Hershkovitz. "Mas, felizmente, estamos lidando com madeira, que conserva sua microestrutura geral. Se fosse terra, por exemplo, ou qualquer material mole, seria um grande problema. Apesar disso, há muita distorção." Distorção demais para que Hershkovitz possa determinar exatamente qual é a madeira que ficou agarrada ao osso do calcanhar do homem crucificado.

Então uma lasca de uma cruz comprada na Cidade Velha de Jerusalém foi levada a um sofisticado nanolaboratório para determinar o tipo da madeira, e os resultados sugeriram que a madeira tem maior probabilidade de ser do que de não ser — como Hershkovitz teorizou com relação à tábua no osso do calcanhar de Yehohanan — carvalho.

Um desses pedaços da Verdadeira Cruz de Jesus se encontra nas Montanhas Cantábricas do norte da Espanha, no mosteiro de são Turíbio de Liébana, posto avançado do cristianismo do século XVIII, localizado no alto de um morro, que é, ao lado de Jerusalém, Roma, Santiago de Compostela e Caravaca de la Cruz, uma das Cidades Santas do cristianismo católico romano. Essa extraordinária distinção envolve uma honra papal, datada do século XVI, quando o mosteiro gótico recebeu permissão para comemorar seu jubileu a cada sete anos, sempre que o dia de são Turíbio caía num domingo. O próximo jubileu de são Turíbio será em 16 de abril de 2017, e peregrinos que passarem pela romanesca "Porta do Perdão" do mosteiro naquele dia serão absolvidos de todos os pecados — uma "indulgência perpétua" concedida pela Igreja católica.

Nessa mesma ocasião, peregrinos intrépidos seguem de ônibus pelas estreitas e sinuosas estradas de montanha — os mais corajosos vão a pé — para venerar aquilo que assegura o elevado status sagrado de são Turíbio: um pedaço da *lignum crucis*, ou da "Verdadeira Cruz", na qual Jesus foi crucificado e morreu há quase 2 mil anos, e que o mosteiro abriga desde o século VIII.

O mosteiro sustenta que não só tem um pedaço da Verdadeira Cruz, mas o maior de todos os pedaços existentes, medindo 64 centímetros de comprimento, com uma viga transversal de 39 centímetros e espessura de 3,8 centímetros. De acordo com os guardiões, o fragmento vem do "braço esquerdo" da cruz onde Jesus morreu, um braço serrado que recebeu a forma atual, mantendo o buraco de um cravo que foi enfiado na mão de Jesus. A "Verdadeira Cruz" é protegida por um elaborado relicário do século XVII banhado a ouro, também em forma de cruz e decorado com desenhos de lírio, que deixa exposto um pedaço da madeira, para que os peregrinos possam beijar a cruz em que seu Salvador morreu.

Essa cruz migrou para a Espanha com Turíbio — Turibius, em latim — de Astorga, cidade do noroeste da Espanha. Turíbio foi no século V um devoto defensor do cristianismo niceno, ao qual se opunha a doutrina do priscilianismo — uma combinação de crenças gnósticas e maniqueístas segundo a qual o mundo está dividido em dois reinos, sombra e luz, com os humanos aprisionados em seus corpos e portanto separados de Deus. Por seu ardor na oposição a essa crença tida como heresia, Turíbio recebeu uma carta de apoio do papa Leão, o Grande.

Recebeu também, de alguma forma, um pedaço da "Verdadeira Cruz" quando esteve em Roma, e essa relíquia foi transferida com seu corpo para o mosteiro em Liébana no século XVIII, a fim de protegê-la da invasão dos mouros. Em 1817, o bispo de León foi ao mosteiro e pediu aos monges beneditinos, seus administradores, um notável favor. Queria tirar dois pedaços da cruz para fazer outra, que ele, por sua vez, deu a Joaquim e Félix Colombo, descendentes de Cristóvão Colombo, para a capela da família em seu castelo no norte da Espanha.

Então a história dessa Verdadeira Cruz dá uma interessante guinada para o oeste — a capela da família Colombo foi transferida para os Estados Unidos. Theodore Davis Boal, membro da família fundadora de Boalsburg, Pensilvânia, viajou à Europa nos anos de 1890 para continuar seus estudos de arquitetura, e lá se casou com Mathilde de Lagarde, descendente de Cristóvão Colombo. Sua tia Victoria Colombo, que morreu em 1908, deixou a capela do Castelo de Colombo como herança para a família Boal, e Theodore Davis Boal a importou em 1909, como peça central da reforma que fez na propriedade da família em Boalsburg, reconstruindo-a totalmente, incluindo a relíquia da Verdadeira Cruz.

A história da viagem desse pedaço da "Verdadeira Cruz" de Jerusalém para a Europa mostra como outros fragmentos e relíquias sagradas fizeram a jornada de um poeirento posto avançado do Império Romano para as grandes igrejas e os grandes mosteiros do mundo. Mas outra migração da Verdadeira Cruz leva a um fragmento da Catedral de são Miguel e santa Gúdula em Bruxelas, do século XIII. Esse grande pedaço, que mede 46 por 28 centímetros, chegou à igreja em meados do século XVII, e é de proveniência inglesa, segundo se acredita, com base numa inscrição que traz em saxão ocidental medieval. Segundo a lenda, era parte da verdadeira cruz dada pelo papa Marinho ao rei Alfredo, o Grande, no século IX, e estudiosos acreditam que migrou da Abadia de Westminster para a Holanda levada por cavaleiros flamengos no século XII. Hoje, a Cruz de Bruxelas, como é chamada, tem permitido à ciência acesso a provas que não poderia conseguir de outra forma. Então, o que nos diz a ciência sobre este pedaço de madeira que supostamente tocou no sangue, no suor e nas lágrimas de Jesus?

O professor Thomas Higham retraçou a viagem da relíquia de Jerusalém para a Espanha e Bruxelas. Higham visitou a Catedral de são Miguel e santa Gúdula e tirou uma lasca minúscula da "Verdadeira Cruz" de Bruxelas para testá-la no laboratório em Oxford e constatar se era mesmo tão antiga. Quase não dá para ver a lasquinha — de cinco miligramas, duas vezes e meia o peso de um grão de sal — a olho nu, mas Higham, que é vice-diretor da Unidade de Acelerador de Radiocarbono de Oxford, tem tudo de que precisa.

"Precisamos de cerca de cinco miligramas para que tenha tamanho suficiente para uma boa imagem", explica Higham. "O que não se sabe é como o material realmente reage aos produtos químicos que usamos para limpeza e tratamento prévio da madeira, porque às vezes a madeira pode estar plenamente preservada, e isso pode significar que acabemos com muito material perdido durante o processo, o pré-tratamento químico."

Os três resultados possíveis dos testes de Oxford são todos valiosos: que a madeira é de fato do século I EC, e possivelmente relacionada à Cruz de Jesus; que a madeira é do século IV e relacionada à épica expedição de Helena; ou que a madeira é mais recente, talvez a menos provável das três possibilidades, devido à proveniência documentada da cruz. Todos os resultados, de uma forma ou de outra, aprofundarão o desejo de saber mais sobre o último objeto a tocar Jesus em vida.

Pouco depois de voltar da Terra Santa, Helena morreu, e menos de uma década depois, em 337 EC, Constantino adoeceu e recebeu o batismo cristão perto da Páscoa, que naquele ano caiu em 3 de abril. Em 22 de maio, Festa de Pentecostes, Constantino morreu, usando os mantos brancos de um neófito cristão. A cruz tinha sido transformada de símbolo de morte em símbolo de divina salvação e poder imperial.

Ironicamente, Helena se tornou, ela própria, uma relíquia. Quinhentos anos depois de sua morte, numa noite depois das preces, um monge de mão leve roubou parte dos restos mortais de sua sepultura no mausoléu na igreja dos santos Marcelino e Pedro em Roma. Três séculos depois, o papa Inocêncio II mandou remover o que restava do cadáver de Helena, incluindo a cabeça, por questões de segurança. Como ocorreu com a Verdadeira Cruz, todo mundo queria um pedaço da mulher que passou a ser venerada por tê-la encontrado — o que ela nunca fez — e cujo poder é um testamento daquilo em que a Cruz tão rapidamente se tornou poucos séculos após a Crucificação de Jesus.

Depois que os restos mortais de Helena foram sepultados novamente, forças cristãs logo se reuniriam para a Segunda Cruzada, supostamente destinada a libertar a Terra Santa do domínio muçulmano. Em verdade, as Cruzadas consolidavam terras e poder para os governantes da Europa, mas isso não fazia diferença para as centenas de milhares de homens, mulheres e até crianças que partiam para a Terra Santa para massacrar infiéis em nome de Jesus, com o símbolo da cruz nas túnicas e nos escudos — que, no fim das contas, seria símbolo da própria Jerusalém. Depois de mil anos, a Cruz de Jesus tinha voltado ao ponto de partida: de símbolo de morte violenta, para o de divina salvação, para o de espada, com licença para levar a morte violenta àqueles que não acreditavam na divindade de Jesus.

Nos mil anos seguintes, ela repetiria esse ciclo, que os romanos que cravaram Jesus na cruz achariam incompreensível. Para os cristãos, no entanto, a verdade da Cruz não é um fragmento, mas algo pessoal: "A cruz é um símbolo, é claro, do padecimento de Jesus, de sua morte na Cruz, e também da Ressurreição", explica o padre James Martin, "mas para os cristãos é também símbolo de sofrimento em geral. Por isso, quando Jesus nos diz nos evangelhos para carregarmos nossa própria cruz, é para aceitarmos o fato de que sofrer é parte da vida de todos nós".

6. A mortalha e o sudário
Jesus da história, Jesus do mistério

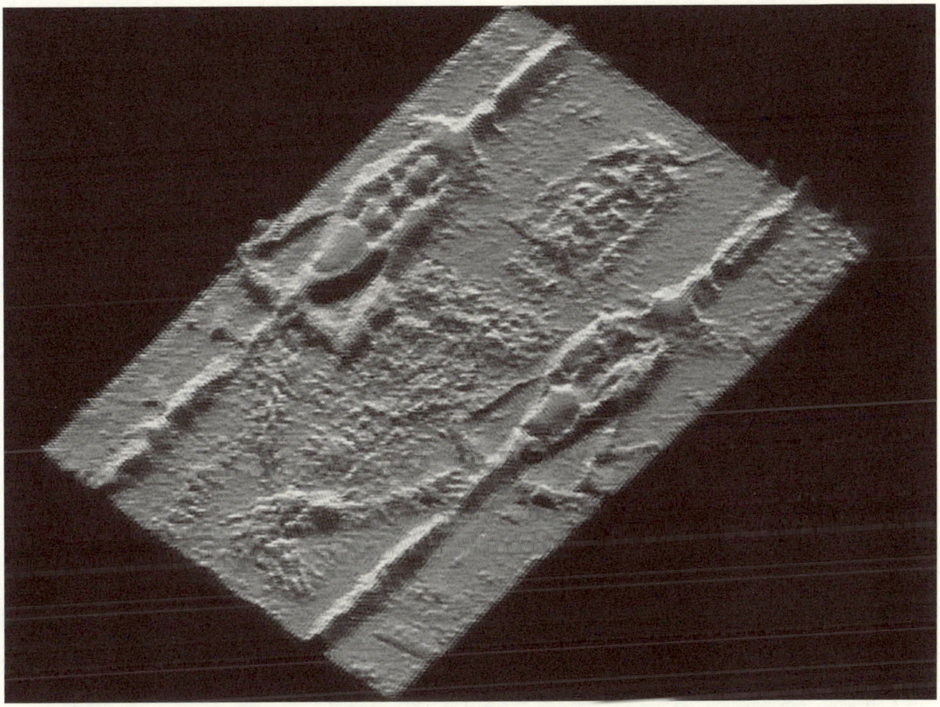

Esta imagem em 3D do Sudário de Turim — revelando os contornos do homem que estava enrolado nele — é prova, segundo alguns cientistas, de que o Sudário não é uma fotografia forjada.

Na cidade de Turim, no norte da Itália, uma capela especialmente construída com controles de temperatura e vidro à prova de bala conserva a mais famosa relíquia da cristandade, e talvez de toda a história: a mortalha que alguns acreditam ter envolvido o corpo alquebrado de Jesus de Nazaré quase 2 mil anos atrás, num sepulcro talhado na pedra nos arredores de Jerusalém.

O Sudário de Turim é uma peça de linho retangular, de pouco mais de quatro metros de comprimento e dezessete centímetros de largura, com a imagem do corpo de um homem crucificado. Mas o sudário não é famoso só porque pode ter envolvido o corpo de Jesus. É famoso porque os cristãos acreditam que o sepulcro não conteve Jesus.

Quando ele saiu do sepulcro naquela manhã de Páscoa, como narram os evangelhos do Novo Testamento, deixou para trás não só a mortalha de linho, mas também uma impressão quase fotográfica dele próprio no pano — uma imagem espantosa, sem paralelo, que seria não apenas a única prova física de que Cristo existiu, mas também a única imagem da verdadeira face do Filho de Deus.

Não é de admirar que o manto tenha seduzido crentes e levantado questionamentos durante tantos séculos. "O sudário é um objeto fascinante, quer seja real, quer seja falso, porque conta a história da Paixão de Jesus num único objeto", argumenta Mark Goodacre, da Universidade Duke. "O que vemos nele não é apenas que Jesus foi flagelado, mas que há marcas da Crucificação. Há marcas da coroa de espinhos. Há marcas de onde ele foi golpeado no rosto. Assim, num único objeto, numa única imagem, temos contada a história da Paixão. E acho que essa é uma das razões do seu apelo como relíquia."

Para os crentes, é muito mais do que uma relíquia; é uma prova tangível do milagre de Jesus ressurgindo de entre os mortos. "Antes de tudo, eu diria que minha fé não oscila por causa da autenticidade do Sudário de Turim", afirma o padre James Martin. "Mas eu diria que é, muito provavelmente, a imagem de Jesus no momento da Ressurreição."

Mas há alguma prova de que o sudário seja autêntico? Como poderia ser?

Em março de 2013, apenas duas semanas depois de Francisco ser eleito pontífice romano, o sudário foi levado para veneração papal durante pouco mais de uma hora. Nessa ocasião, Francisco mandou uma mensagem de vídeo para os fiéis na catedral de Turim, que evocava, de modo tocante, o poder do sudário — evitando, porém, qualquer pronunciamento sobre sua autenticidade. A "única e suprema Palavra de Deus nos chega" através do sudário, declarou o papa, deixando claro que ele tem poder real, seja ou não o pano da verdadeira mortalha de Jesus.

Essa tem sido, em maior ou menor medida, a posição oficial da Igreja Católica romana durante décadas, desde 1988, quando três laboratórios usando testes de radiocarbono dataram o pano entre 1260 a 1390 EC. Aquilo parecia resolver o assunto, e a Igreja Católica, dona do sudário, não quis cair na "armadilha de Galileu" novamente e ficar atolada, durante séculos, na defesa de algo cientificamente indefensável. Por isso a posição da Igreja tem sido a de que o sudário é um ícone, muito parecido com outros ícones, e merecedor de contemplação na medida em que leve alguém à fé, mas não de natureza inerentemente sagrada ou divina.

Como toda nova pesquisa relacionada ao sudário, os resultados minuciosos dos testes de radiocarbono de 1988 deixaram dúvidas: a tira de pano testada não era do sudário original, mas vinha de uma borda que fora acrescentada como remendo, e tocada por muitas mãos sujas do século XIV, quando o ícone era transferido de um lugar para outro. Experimentos subsequentes levantaram novas dúvidas sobre a origem medieval da mortalha.

Então, nos últimos anos, o ritmo de revelações se intensificou. Em 2011, cientistas da Agência Nacional para Novas Tecnologias, Energia e Desenvolvimento Econômico da Itália descobriram que as marcas do sudário só poderiam ter sido causadas por um "ofuscante clarão de luz". Novos experimentos detectaram a versão antiga de um "atestado de óbito" no sudário, e um estudo mais recende mostrou que a forma das manchas de sangue desse "Homem de Dores" indica que ele foi crucificado numa cruz em forma de Y — e não na tradicional, em forma de T, ícone central da arte cristã, e tão fundamental para a civilização ocidental.

A Igreja Católica dessa vez seguiu o exemplo dos cientistas, defendendo com mais convicção a autenticidade do Sudário de Turim. "Para a ciência, o sudário continua a ser um 'objeto impossível' — impossível de falsificar", escreveu *L'Osservatore Romano*, o jornal diário do Vaticano, num longo artigo sobre as novas descobertas. Então, em 2013, o Vaticano lançou Shroud 2.0, um aplicativo disponível no iTunes que permite aos usuários ampliar a imagem do sudário em seus smartphones ou tablets e examiná-lo mais de perto.

De fato, a imagem do sudário foi, como disse recentemente um estudioso de arte moderna, o primeiro "selfie", que não só inspirou praticamente todos os quadros de Jesus a partir da Idade Média, mas também levou artistas, e agora donos de smartphones, a se colocar dentro da pintura, a se colocar no lugar de Cristo, em busca de algum tipo de imortalidade.

Então, de quem é a imagem que se tornou imortal — ou mesmo divina — no sudário?

"OS HOMENS DO SUDÁRIO"

Se o homem do Sudário de Turim não é Jesus, há muitas teorias sobre quem seria. Poderia ser outro homem que foi crucificado — talvez o Bom Ladrão ou o Mau Ladrão, os dois criminosos crucificados ao lado de Jesus. Ou poderia ser um dos milhares de anônimos submetidos à dura versão romana de castigo cruel e inusitado. Alguns teóricos sugerem que a imagem do sudário pode ser de alguém que morreu — talvez assassinado — no século XIII e cujo corpo foi usado por razões artísticas e religiosas para criar uma fraude.

Em uma época em que a humanidade parece dar saltos exponenciais na ciência e nos descobrimentos, com testes mais sofisticados que nunca, por que o Sudário de Turim continua fora do alcance do nosso entendimento? O que sabemos de certo sobre o sudário é que, de todas as relíquias de Jesus existentes, é a mais bem documentada. A mortalha de Jesus divinamente impressa com a imagem do Filho de Deus — ou o trapo esfarrapado que é a falsificação mais inteligente da história humana — é mencionada nos quatro evangelhos e nos Livros Apócrifos (os relatos de Jesus não considerados versão "oficial" de sua vida).

Não haveria sudário para ser investigado, porém, se não fosse por José de Arimateia, o homem que comprou o fino linho para enrolar o corpo do rabino executado de Nazaré, e em seguida o sepultou. Quem era ele, portanto, e por que fez o que fez?

A primeira versão da história de José vem do Evangelho de Marcos, escrito por volta de 70 EC, quando Jerusalém estava no meio de uma desastrosa guerra de quatro anos com Roma, que veria o centro da vida espiritual judaica, o Templo Sagrado, destruído e centenas de milhares de judeus mortos no conflito. Portanto, o autor (ou autores) de Marcos estava(m) muito perto, no tempo, da vida de Jesus, e tem havido muitos estudos acadêmicos dedicados a investigar se o autor ou os autores de Marcos conheceram Jesus, ou eram os intérpretes de Pedro, o discípulo-chefe, e primeiro "papa". O certo, porém, é que o evangelho de Marcos, escrito em tempos de guerra, é o mais antigo dos quatro livros do Novo Testamento. Nele, revela-se que José de Arimateia, "ilustre membro do conselho, que também esperava o reino de Deus", foi a Pôncio Pilatos e pediu o corpo de Jesus. Pilatos concordou. "Este, baixando o corpo da cruz, envolveu-o em um pano de linho que comprara, e o depositou em um túmulo que tinha aberto numa rocha; e rolou uma pedra para a entrada do túmulo."

O relato seguinte nos evangelhos sinóticos do Novo Testamento vem de Mateus, escrito uma década depois de Marcos por um judeu altamente instruído e profundamente mergulhado na história da sua religião. Ali se acrescenta que José era rico, e temos uma imagem mais aprofundada desse homem: pode comprar linho fino, é discípulo de Jesus e membro do conselho. Esse "conselho" talvez fosse o sinédrio, o grupo de homens judeus ilustres, eruditos e influentes que se reuniam numa sala interna do Templo de Jerusalém para administrar as leis em vigor, tanto as políticas como as religiosas.

Embora Israel estivesse sob domínio romano, os romanos davam aos judeus alto grau de autonomia, mas as obrigações de respeito reverencial variavam: do imperador em Roma ao procurador, ou governador, nesse remoto e turbulento posto avançado do império. Como resultado tanto da política como da tradição, o Sinédrio — o termo aparece pela primeira vez no século IV AEC, do grego *synedrion* — tinha força policial própria e o direito de efetuar prisões. Também julgavam processos judiciais, incluindo os que pudessem resultar em pena de morte, sentença que exigia confirmação do procurador romano — Pôncio Pilatos, na época de Jesus.

A declaração de Mateus de que José era discípulo de Jesus e apesar disso não estava preso suscita a pergunta: "Por que não?". Os dois evangelhos posteriores, Lucas e João, escritos entre 80 e 100 EC, dão uma resposta. Lucas revela que José não fez parte do conselho que condenou Jesus à morte, e João acrescenta que José era "discípulo de Jesus, ainda que ocultamente, pelo receio que tinha dos judeus", e que tinha um cúmplice, Nicodemos, "que levou cerca de cem libras de um composto de mirra e aloés" para ajudar a envolver Jesus.

Na época em que o Evangelho de João veio à luz, os sinais do quanto os seguidores de Jesus tinham avançado desde suas origens já eram visíveis. José explicitamente não faz parte dos que condenaram Jesus à morte, mas é, sem a menor dúvida, discípulo "secreto" de Jesus, com medo de seus eminentes colegas judeus que tinham acabado de trabalhar com o governante romano para matar o rabino de Nazaré — e depois partiram à caça de seus seguidores.

Embora o Evangelho de João viesse a ser usado na Idade Média, e tragicamente a partir de então, como autorização divina para terríveis perseguições aos judeus, ele nos lembra que José é na realidade judeu e, por temor dos colegas do sinédrio ou não, precisa e quer obedecer a uma lei fundamental da sua religião: os mortos têm que ser sepultados, mesmo aqueles que foram executados. Ele certamente conhecia as palavras do Deuteronômio, que determina a um judeu praticante o que fazer com o corpo de um executado pendurado numa cruz ou numa árvore: "Se alguém tiver cometido um pecado digno de morte, e for morto, e o tiveres pendurado num madeiro, o seu cadáver não permanecerá toda a noite no madeiro, mas certamente o enterrarás no mesmo dia, porquanto o que for pendurado no madeiro é maldito de Deus; assim não contaminarás a tua terra, que o Senhor teu Deus te dá em herança".

Há outra razão para José ter desejado tirar o corpo de Jesus. "Para mim é mais fácil ver por que, para começo de conversa, José de Arimateia se envolveu nisso: um encontro com Jesus devia ser transformador", argumenta o padre James Martin. "Todos que se encontram com Jesus nos evangelhos são, de alguma forma, transformados. Ou ficam curados, ou resolvem segui-lo, e dessa forma um simples encontro com Jesus, ainda que uma única vez, provavelmente mudou a vida de José."

Embora José se sentisse compelido a ir atrás do corpo de Jesus por várias razões (como judeu praticante, como discípulo secreto de Jesus), por que Pôncio Pilatos haveria de liberá-lo?

Os romanos talvez deixassem os corpos de criminosos crucificados na cruz como alimento para animais selvagens e aves, e também como mais uma forma de dissuadir agitadores, mas seria altamente improvável que Pilatos quisesse fazer uma provocação em Jerusalém na Páscoa, com a população da cidade inflada de dezenas de milhares para possivelmente 1 milhão de pessoas tomadas de fervor religioso para comemorar a libertação de outra época tirânica, quando eram escravos no Egito.

Pilatos já tinha recuado diante da oposição judaica quando assumiu o cargo de procurador pela primeira vez, em 25 EC. Embora seus antecessores respeitassem a proibição judaica de imagens esculpidas, e as retirassem dos pedestais quando entravam na Cidade Santa de Jerusalém, Pilatos não mostrava o mesmo respeito. Permitia que seus soldados entrassem na cidade à noite com estátuas de Tibério César e as instalassem, juntamente com escudos dourados com inscrições dedicadas aos deuses, no Palácio de Herodes, sua base em Jerusalém durante festividades judaicas movimentadas e com grande potencial de violência.

Como resultado dessa provocação, judeus indignados viajaram 120 quilômetros pela costa do Mediterrâneo até o quartel-general do procurador na Cesareia para exigir que ele mandasse retirar as imagens. O historiador Josefo conta que os judeus não recuaram nem mesmo quando ameaçados de morte, e se deitaram no chão preparados para morrer, uma surpreendente demonstração de coragem diante da qual Pilatos, impressionado, mandou remover as ofensivas estátuas. Fílon de Alexandria escreveu um relato menos cinematográfico, porém mais plausível, informando que os judeus, vendo que

Pilatos se arrependera do que tinha feito, mas não queria perder autoridade cedendo às suas exigências, escreveram para o imperador Tibério pleiteando sua causa. Tibério repreendeu severamente Pilatos, e ordenou-lhe que removesse a causa da ofensa.

"Se você fosse o governador romano e tivesse duas legiões, isso mesmo — duas, 4 mil soldados mais tropas auxiliares, no máximo — para cobrir toda a Judeia, Samaria e Galileia, e tivesse 500 mil judeus chegando à cidade para a Páscoa, ia ficar muito preocupado", explica Ben Witherington. "Teria medo de que um incidentezinho qualquer ateasse fogo no barril de pólvora e provocasse um imenso rebuliço em Jerusalém."

Pilatos já entrara em território perigoso se opondo à vontade dos fariseus de crucificar Jesus, mas depois que Jesus estava na cruz Pilatos se viu diante de outra questão delicada. O Evangelho de João revela que, enquanto Jesus e os dois criminosos crucificados com ele estavam morrendo, uma delegação de judeus devotos foi a Pilatos pedir-lhe que removesse os corpos dos executados porque o Sabá estava chegando — e, se os três criminosos ainda estivessem vivos, que lhes quebrassem as pernas para apressar a morte, e então os tirassem das cruzes.

Quando os soldados romanos chegaram ao lugar da crucificação para cumprir as ordens de Pilatos, quebraram as pernas dos dois salteadores, mas viram que Jesus já estava morto, por isso um deles se limitou a enfiar-lhe uma lança no flanco. Diz o Evangelho de João que "um dos soldados lhe abriu o lado com uma lança, e logo saiu sangue e água [...] E isto ocorreu para se cumprir a Escritura: 'Nenhum dos seus ossos será quebrado'".

Ao condenar à morte aquele "Rei dos Judeus" usurpador do poder, Pilatos já tinha concedido aos sacerdotes do Templo o que queriam, e provavelmente ficou aliviado quando alguém se ofereceu para tirar da cruz o corpo do incômodo rabino judeu e sepultá-lo antes do pôr do sol do Sabá — especialmente na época politicamente explosiva da Páscoa.

"Acho que foi muita sagacidade de Pilatos aceitar que José de Arimateia levasse o corpo de Jesus", argumenta Ben Witherington. "Com isso, ele não o está entregando a Caifás. Não o está entregando ao sumo sacerdote. Ele o está entregando a alguém que é pelo menos simpatizante de Jesus, certo? Portanto, pode ser que tenhamos aqui outro exemplo de Pilatos beliscando o nariz do sumo sacerdote. A última coisa que o sumo sacerdote ia querer era que uma parte independente tirasse o corpo da cruz e o sepultasse, pondo o corpo fora do controle de Caifás."

Tirar o corpo de uma cruz era mais fácil do que colocar. De acordo com o patologista forense Frederick Zugibe, que dedicou seus vastos talentos científicos ao estudo da Crucificação de Jesus, quem removia os crucificados batia na ponta dos cravos que atravessavam a viga transversal. Os cravos, que eram em forma de cunha e quadrados, saíam com facilidade.

O corpo de Jesus devia se encontrar em estado de rigidez cadavérica, e portanto no mesmo ângulo de quando exalou o último suspiro. Também estaria nu. Os romanos crucificavam suas vítimas sem roupa — a única diferença era que as mulheres eram pregadas à cruz de frente para o madeiro, e os homens de costas. O costume judeu de sepultamento exigia que as pessoas que tivessem morte violenta fossem sepultadas com as vestimentas usadas ao morrer, pois o sangue que manchara a roupa voltaria a se juntar ao corpo na outra vida. Jesus, embora o corpo estivesse ensanguentado, morreu nu, e foi enrolado na mortalha — como o homem cuja imagem aparece no Sudário de Turim.

O evangelho de João revela que José tinha ajudado a sepultar Jesus, quando Nicodemos levou cem libras de mirra e aloés (o volume condizente com o sepultamento de um rei) para a gruta que José recentemente mandara escavar, como sepultura de família, num jardim bem perto do lugar da crucificação. Nicodemos era outro rico sábio de Jerusalém, que o Evangelho de João nos descreve como "fariseu [...] um dos principais dos fariseus" que fora ver Jesus protegido pela escuridão da noite e lhe dissera: “Rabi, sabemos que és mestre vindo da parte de Deus; porque ninguém pode fazer estes sinais que tu fazes se Deus não estiver com ele”.

Os fariseus eram parte de uma corrente político-teológica do judaísmo, cujos seguidores se julgavam os verdadeiros e mais fluentes intérpretes da Lei de Moisés, ao contrário de seus rivais saduceus, casta sacerdotal, de elite, invocando uma linhagem que remontava aos tempos do rei Salomão, em 1000 AEC, e que era resolutamente fundamentalista.

José e Nicodemos, dois membros poderosos do grupo dominante de Jerusalém, não só se tornaram ritualmente impuros por sete dias depois do sepultamento (e portanto pela maior parte da Páscoa), mas também mostraram vividamente que forças conflitantes dentro do sinédrio discordavam da fatal estratégia do sumo sacerdote Caifás ao lidar com Jesus — isso e o fato de que os discípulos do rabino, que menos de uma semana antes entraram em triunfo com ele em Jerusalém, agora tinham praticamente desaparecido para evitar o mesmo fim.

Com a rápida aproximação do Sabá, José e Nicodemos lavaram o corpo de Jesus, untaram-no com aromas e óleos, estenderam-no na metade inferior do pedaço de linho fino de 4,3 metros de comprimento que José comprara. Então puxaram a metade superior do pano sobre a cabeça de Jesus até encontrar a outra metade a seus pés. Dobraram os lados da mortalha para o meio, como se faz com as fraldas de um bebê. Precisando de alguma coisa para prender a mortalha, provavelmente improvisaram, cortando uma faixa tirada ao comprido da fímbria e amarrando-a em volta do corpo. (Isso explicaria a faixa de pano existente na fímbria do Sudário de Turim, que segundo cientistas foi juntada novamente ao pano, talvez depois de atar o corpo de Jesus.) Então José e Nicodemos rolaram uma pedra para a entrada do sepulcro de Jesus e saíram às pressas antes do pôr do sol.

O Evangelho de Mateus nos conta que, no dia seguinte, Pilatos recebeu alguns visitantes preocupados com o homem do túmulo, com sua promessa messiânica de ressuscitar três dias depois, e com a possibilidade de embuste da parte dos seguidores de Jesus. Os principais sacerdotes e fariseus suplicaram a Pilatos que tomasse providências para impedir mais aborrecimentos com o rabino nazareno e sua corja.

> "Ordena, pois, que o sepulcro seja guardado com segurança até o terceiro dia, para não suceder que, vindo os discípulos, o roubem e depois digam ao povo: 'Ressuscitou dos mortos', e será o último embuste pior do que o primeiro." Pilatos lhes disse: "Aí tendes uma escolta: ide e guardai o sepulcro como bem vos parecer". Indo eles, montaram guarda ao sepulcro, selando a pedra e deixando ali a escolta.

Os evangelhos todos relatam que, quando Maria Madalena, junto com outra Maria — talvez a mãe de Jesus, ou sua cunhada — foi visitar o sepulcro, três dias depois da Crucificação, encontrou-o vazio. Só Mateus menciona que os guardas ainda estavam lá e que tremeram e ficaram "como se estivessem mortos" quando um anjo do Senhor apareceu para as mulheres e rolou as pedras da porta para lhes mostrar o sepulcro vazio.

É o último evangelho, o de João, que menciona o que foi deixado para trás no sepulcro vazio, e é aqui que a história da mortalha sofre sua transformação. As mulheres correm para contar aos discípulos que o corpo de Jesus não está no sepulcro, e Pedro e Simão Pedro, ainda evitando chamar a atenção, com medo dos romanos, aparecem para dar uma espiada e viram "no chão os lençóis, e que o lenço que estivera sobre a cabeça de Jesus não estava com os lençóis, mas enrolado num lugar à parte".

Os discípulos tinham encontrado o vestuário de sepultamento de Jesus, os mesmos artigos que se tornariam célebres como o Sudário de Turim e o Sudário de Oviedo, o lenço enrolado em volta da cabeça de Jesus depois que ele morreu.

O mundo só voltaria a ver um desses artigos mais de mil anos depois — ou será que não? Nascia o mistério.

"O SUDÁRIO DA HISTÓRIA"

Um dos argumentos daqueles que negam a autenticidade do sudário é a sua estreia no palco europeu na Idade Média. Isso é visto como uma prova de que se trata de uma falsificação medieval: um objeto tão precioso não poderia ser mantido sob sigilo durante 1300 anos. Porém, se o sudário não é um embuste, como chegou a Turim?

A mortalha que supostamente envolveu o corpo morto de Jesus apareceu pela primeira vez (ou reapareceu) na França em meados do século XIV, em poder de Geoffroi de Charny, em circunstâncias bastante vagas. De Charny era um galante cavaleiro a serviço do rei João II, membro fundador da Ordem da Estrela (semelhante à Ordem da Jarreteira da Inglaterra, fundada na mesma época) e tão admirado que foi escolhido para carregar o estandarte real na batalha. Na realidade, foi essa honra e a atenção dos inimigos que o estandarte atraía que levariam De Charny à morte na Batalha de Poitiers, em 1356.

De Charny tinha construído a igreja de santa Maria de Lirey na terra de seus ancestrais, cerca de 190 quilômetros a sudeste de Paris, em gratidão à Virgem Maria, que, segundo acreditava, atendera às suas preces para que escapasse milagrosamente quando era prisioneiro dos ingleses depois da Batalha de Morlaix, em 1342. Após a morte de De Charny, sua rica viúva, Jeanne de Vergy, começou a mostrar uma "Santa Mortalha" para peregrinos, que afluíam para vê-lo numa época em que tanto a Peste Negra como a Guerra dos Cem Anos assolava a França.

Na verdade, a exposição era tão popular que medalhões de recordação foram fabricados, mostrando uma imagem da mortalha e o brasão das famílias De Charny e De Vergy. Isso atraiu a atenção de Henri de Poitiers, o bispo de Troyes, que em 1359 acusou a mortalha de ser um embuste, porque não havia menção a ela nos evangelhos. O objeto também estava tirando de sua diocese um bocado de dinheiro dos peregrinos.

Fora a ironia dessa rápida acusação de fraude pouco tempo depois que o sudário viu a luz do dia na Europa, sua exposição em Lirey em meados do século XIV é sua primeira aparição confiável desde que foi visto pela última vez no chão do sepulcro vazio de Jesus no Evangelho de João — o que, porém, não quer dizer que tenha desaparecido completamente da história de Jesus durante 1300 anos.

Cerca de trinta anos depois da morte de Jesus, os judeus que abraçaram sua mensagem começaram uma migração para o leste, marchando através do rio Jordão para as dificultosas terras da Síria e do Egito, para estabelecer comunidades de crentes. É por isso que encontramos os evangelhos gnósticos no Egito. Essas obras escritas para revelar a vida de Jesus não entraram na "versão oficial" em que se transformou o Novo Testamento, mas são, apesar disso, sedutoras. É num desses evangelhos gnósticos que voltamos a manter contato com a mortalha.

Está num fragmento do Evangelho dos Hebreus, um texto composto no começo do século II EC, que se supõe fosse usado pelos cristãos judeus de fala grega no Egito. Fragmentos do evangelho sobrevivem apenas em citações dos "Padres da Igreja" — assim chamados por serem os primeiros intérpretes do cristianismo, que adquiriram essa posição "paternal" em virtude de sua obra teológica seminal.

O primeiro comentário sobre a mortalha aparece no século IV, na obra do Padre da Igreja são Jerônimo, que traduziu o Novo Testamento do hebraico, do aramaico e do grego para criar a Bíblia Vulgata em latim. Em um dos comentários ele escreve:

> Também o evangelho que é designado segundo os Hebreus, e que foi recentemente traduzido por mim para o grego e o latim [...] menciona, depois da ressurreição do salvador: "Mas o Senhor, quando deu o sudário para o ajudante do sacerdote, foi a Tiago e apareceu para ele. Tiago de fato tinha jurado que não comeria pão do momento em que bebera no cálice do Senhor até vê-lo ressurgir de entre aqueles que dormem".

Portanto o guardião do sudário, de acordo com o evangelho, é o próprio Jesus, que o entrega ao "ajudante do sacerdote" antes de aparecer diante do irmão Tiago. No texto gnóstico do século III EC conhecido como Atos de Tomé, o "Hino da Alma" agora menciona Jesus vendo o sudário como vestimenta luminosa de propriedades semelhantes aos espelhos.

> Mas eu me lembro não do brilho dele, pois ainda era uma criança muito pequena quando o deixei no palácio de meu Pai, mas de repente, [quando] vi a vestimenta me refletiu como um espelho. E eu me vi separado nele (ou o vi totalmente em mim) e me vi e conheci através dele, como duas entidades numa única forma; e novamente éramos uma forma só.

No relato escrito por um peregrino em 570 EC, há uma referência ao "pano que esteve sobre a cabeça de Jesus", e que era guardado num convento numa gruta à beira do rio Jordão. Um século depois, outro peregrino escreveu que viu o sudário de Cristo exposto numa igreja em Jerusalém.

A mortalha de Jesus poderia ser considerada ao mesmo tempo impura e perigosa pelos judeus cristãos dos séculos I e II ameaçados de perseguição — uma razão para mantê-la escondida. Pelo fim do século VIII, esses temores tinham quase desaparecido, e autoridades da Igreja convocaram um concílio para discutir a preservação e promoção dessas relíquias de Jesus, o segundo Concílio de Niceia (atual Iznik, na Turquia), realizado para determinar a forma da Igreja em desenvolvimento, e um dos mais significativos acontecimentos da história do cristianismo.

O primeiro Concílio Niceno fora reunido na mesma cidade, em 325, por Constantino, o Grande, que acabaria fazendo do cristianismo a religião oficial do Império Romano. Nesse concílio, bispos se reuniram para forjar uma doutrina cristã uniforme, cuja essência foi expressa no Credo Niceno — que hoje ocupa posição central na missa católica e declara os princípios da religião católica (catolicismo como sinônimo de cristianismo na época, com o Grande Cisma que dividiu a Igreja em Católica Romana e Ortodoxa ocorrendo em 1054).

O segundo concílio se reuniu em 787 para restaurar o uso e a veneração de ícones, banidos por édito imperial no começo daquele século. Na sétima sessão do segundo concílio, em 13 de outubro, os clérigos divulgaram uma declaração dizendo que relíquias deveriam ser colocadas em todas as igrejas, e (para ter certeza de que todos entendessem o recado) que nenhuma igreja seria consagrada sem essas relíquias.

Em consequência disso, as relíquias se tornaram não só legais, mas necessárias. Explodiram no mundo cristão com tal força que, pela época em que o sudário chegou à França, em meados do século XIV, bispos se queixavam ao papa da venda fraudulenta de relíquias, e no fim daquele século Geoffrey Chaucer as usou como tema de sátira em *Contos da Cantuária*.

Mas como o sudário chegou à França? Uma resposta, potencialmente profunda, vem do historiador Ian Wilson, que, como outros estudiosos, ficou intrigado com os vincos do sudário, que indicavam que tinha sido dobrado. Foi Wilson quem lançou uma luz brilhante sobre por onde o sudário havia passado antes de propor a teoria de que talvez estivesse ligado a outro ícone cristão dos primeiros tempos, o Mandylion de Edessa.

A palavra *mandylion* vem do árabe *mandil*, que significa "lenço" ou "pano de cabeça". Edessa era como se chamava a atual Urfa, cidade do sudeste da Turquia, que, na época de Jesus, era um reino enfiado entre os partas a leste e os romanos a oeste. Sua população era mista: havia falantes de siríaco, grego, armênio e árabe, além de uma forte comunidade judaica. O cristianismo era uma força crescente em Edessa pelo fim do século II EC, com uma igreja cristã que datava de 201. No entanto, foi o rei Abgar V, contemporâneo de Jesus, que o convidou para ir a Edessa.

Jesus não foi a Edessa, mas por volta de 40 EC um pano que se dizia ter recebido a miraculosa impressão da face de Cristo foi levado para Edessa pelo discípulo Tadeu. Segundo a lenda, a "Imagem de Edessa" (só a face de Jesus, não o corpo inteiro) esteve escondida num muro durante uma perseguição em 57 EC e foi transferida para outro lugar (ou redescoberta, a depender da história) durante um cerco do exército persa em meados do século VI.

A fonte primária desse relato é a *História Eclesiástica* de Evágrio, escrita por volta de 595 EC. Ele narra as lutas dos edesseus para repelir um feroz cerco persa em 544. Os persas tinham construído uma grande rampa de madeira para passar por cima dos muros de Edessa. Os edesseus, em desespero, escavaram por baixo da estrutura, juntando lenha para atear fogo e derrubar a rampa com as chamas. No entanto, não havia ar suficiente para acender um fogo, por isso os edesseus levaram a imagem divinamente criada, que "mãos humanas não tinham feito" — a que Tadeu entregara ao rei Abgar. "Então, quando levaram a imagem santa para o canal que tinham criado e a espargiram com água, aplicaram um pouco dela à pira e aos pedaços de madeira. E de imediato [...] os pedaços de madeira pegaram fogo."

Outra versão da história conta que o vento mudou subitamente no planalto de edesseu, jogando as chamas contra os persas, destruindo suas máquinas de guerra. O resultado nas duas histórias foi que os persas levantaram o cerco, e os edesseus, a certa altura das obras de reforço de seus baluartes para a guerra, encontraram a imagem cuidadosamente dobrada de Jesus que antes ficava sobre o portão da cidade.

Embora a última história seja menos dramática, o Mandylion estava claramente presente nas tradições cristãs pelo fim do século VI. Segundo a teoria de Wilson, a imagem de Cristo no sudário também ocupa lugar central em toda a arte cristã na representação do rosto de Jesus, depois que algum artista desconhecido estudou a face do sudário e em seguida distribuiu cópias pelas comunidades cristãs. O grande fluxo de peregrinos que iam à Terra Santa e a migração de monges educados na Síria para lugares distantes garantiam que o que circulasse no Oriente acabaria conhecido em toda parte.

Um exemplo convincente dessa teoria pode ser encontrado na representação de Jesus no mosteiro de santa Catarina no Egito, ícone do século VI conhecido como Cristo Pantocrátor. Quando o dr. Alan

Whanger e sua mulher, Mary, pesquisadores do sudário, sobrepuseram uma imagem do Sudário de Turim à do Cristo Pantocrátor, descobriram 250 pontos de congruência na face — sendo que de 45 a 60 pontos são suficientes para comprovar identidade quando esse método é usado nos tribunais.

A história de como o Mandylion/Sudário de Turim pode ter viajado de Edessa para a Europa é a narrativa da ascensão do Império Bizantino e de sua porfia. Em 330 EC, o imperador Constantino tinha transferido a sede do Império Romano para o sítio da antiga cidade grega de Bizâncio, localizada nas rotas comerciais entre a Europa e a Ásia e entre o Mediterrâneo e o mar Negro. Ele a chamou de Nova Roma: o mundo a chamou de Constantinopla. Pelo fim do século VII, o principal inimigo do Império Bizantino era o Islã. Edessa caíra sob o domínio muçulmano em 639 EC, e a própria Constantinopla sofreu um cerco arrasador de quatro anos, repelindo invasores árabes em 678 EC, mas com uma vasta redução de tamanho (de 500 mil pessoas para um décimo desse número), como resultado da fuga de cidadãos em busca de segurança.

Os séculos VIII e IX viram mais conflitos, tanto no campo de batalha como na Igreja. Os "iconoclastas" da Igreja Oriental, "ou chefiada por patriarcas", se opunham à adoração de ícones, enquanto a Igreja Ocidental, ou "chefiada pelo papa romano", a adotava. Só mesmo o Segundo Concílio de Niceia esclareceria a noção de que venerar e adorar não eram a mesma coisa quando os ícones foram admitidos de volta, em 787.

A questão incomodou a Igreja e a sociedade pelos setenta anos seguintes, aprofundando a separação entre os ramos "oriental" e "ocidental" do cristianismo, e vendo a destruição de muitos ícones — a palavra grega *iconoclasm* significa "quebrar imagem" — pelas mãos da polícia imperial do Império Bizantino, além de castigos corporais, assassinatos e desterro para os que defendiam os ícones.

Quando morreu o último imperador iconoclasta, Teófilo, os *iconodules*, ou aqueles que acreditavam no poder dos ícones, se impuseram totalmente. Em 19 de fevereiro de 842 (primeiro domingo da Quaresma daquele ano), a viúva do imperador, Teodora, e o patriarca Metódio fizeram uma procissão triunfal pelas movimentadas ruas de Constantinopla até a gloriosa catedral conhecida como Hagia Sophia, ostentando ícones sob os aplausos do povo. Os ícones estavam oficialmente de volta à ativa.

Mais uma vez, estátuas e imagens de santos eram veneradas em lares, igrejas e mosteiros. A família imperial tinha perfeita consciência do poder e da influência que a posse de importantes ícones e relíquias daria ao império. Em 943 EC, para comemorar um século do "Triunfo da Ortodoxia", o imperador bizantino Romano Lecapeno, aos 73 anos (e um ano antes de ser deposto, e de sair à procura de uma tábua de salvação), mandou um exército tomar dos muçulmanos o Mandylion de Edessa e levá-lo para o seu devido lugar na cristã Constantinopla.

O poderio militar do Islã estava, àquela altura, em declínio — portanto, a rigor, as forças bizantinas em busca da imagem santa não teriam propriamente de lutar. Na verdade, o que lhes surgiu pela frente foi uma questão comercial: embora o Islã fosse iconoclasta, os emires e califas tiravam bom proveito da pródiga receita dos peregrinos cristãos que iam venerar os ícones santos da religião. Diante disso, o Emir de Edessa propôs um negócio: em troca de dinheiro, da libertação de prisioneiros e da promessa de que não haveria ataques futuros, ele entregaria o Mandylion de Edessa.

Os bizantinos aceitaram, mas a comunidade cristã local ficou furiosa. Com grande ironia, levando em conta as guerras sobre a "autenticidade do sudário" que viriam em seguida, tentou passar adiante não uma, mas duas versões falsificadas da imagem santa aos bizantinos antes que um bispo visitante, que tinha visto o original, desse seu parecer sobre a verdadeira, que os cruzados queriam recuperar. A indignada comunidade cristã local considerava o confisco bizantino da santa imagem um grande assalto, e expulsou os cruzados da cidade, obrigando-os a bater em retirada.

Constantinopla, por outro lado, via o Mandylion como um prêmio magnífico. Como a maior cidade da Europa, cintilando à beira-mar com seu tesouro de igrejas, objetos de arte, santuários e palácios, e movida pela força de uma poderosa máquina comercial, agora tinha a mais superlativa imagem santa da cristandade: a face de Jesus impressa num sudário.

Ao chegar a Constantinopla, em agosto de 944 EC, a imagem desfilou pelas ruas apinhadas na celebração de uma missa com hinos, tochas e o choro dos fiéis agradecidos e maravilhados com essa dádiva divina.

Isso significa que o Mandylion poderia ser o Sudário de Turim? Um detalhe revelador sobre a ligação do Mandylion com o sudário é contado pelo escritor Simeão Magister, do século X, que informou que durante uma audiência privada com a santa imagem os dois filhos do imperador "não viram nada além de uma face [esbatida]", enquanto o cunhado deles, e futuro imperador, Constantino VII (um artista) conseguiu ver várias características faciais.

Em 1203, um rei flamengo chamado Robert de Clari, lutando na Quarta Cruzada, então acampada em Constantinopla, registrou que uma igreja dentro do Palácio de Blachernae, na cidade, realizava uma exposição muito especial às sextas-feiras. Eram mostrados não apenas a santa imagem da face de Jesus, mas o próprio pano em que Cristo fora sepultado. Em 1205, De Clari redigiu um relato mais minucioso: "Existia uma igreja que era chamada Nossa Senhora de Santa Maria de Blachernae, onde havia um sudário (syndoines) no qual Nosso Senhor tinha sido enrolado, e que toda sexta-feira se erguia para que se pudesse ver a forma (imagem) de Nosso Senhor nele, e ninguém, seja grego ou francês, jamais soube o que aconteceu com esse sudário (syndoines) quando a cidade foi tomada [pelos Cruzados]".

A teoria proposta por Ian Wilson é que o Mandylion tinha sido desdobrado em Constantinopla e se tornara subitamente o sudário, o que explicaria os vincos que aparecem tão claramente no linho. No ano seguinte, De Clari e seus cruzados saquearam Constantinopla, e com a mesma rapidez a santa imagem/mortalha de Cristo desapareceu na névoa da guerra — ou se tornou propriedade de Othon de la Roche.

Othon de la Roche, poderoso nobre burgúndio, destacou-se como figura de liderança na Quarta Cruzada. Os cruzados tinham assumido o controle do governo bizantino em 14 de abril de 1204, e Othon de la Roche era um dos que seguiam Henrique de Flandres. Ele e seus companheiros de cruzada estavam estacionados no Palácio de Blachernae, o mesmo lugar onde Robert de Clari afirmou ter visto o sudário exposto às sextas-feiras.

Em meados de 1204, Othon já tinha alcançado a posição de braço direito do marquês Bonifácio de Montferrat, que por pouco não se tornara o primeiro imperador bizantino latino, mas depois de perder a eleição para Balduíno de Flandres, tomou posse de Tessalônica como recompensa. Por seus dedicados serviços, Othon de la Roche foi agraciado com o título de Senhor de Atenas em novembro de 1204.

Em 1207, Nicolau de Otranto esteve em Atenas como tradutor do recém-instalado patriarca latino. Num relatório sobre o pão da comunhão — na realidade, um pão da época de Jesus que os bizantinos diziam ter sido roubado pelos cruzados —, ele escreveu o seguinte: "Quando a cidade foi capturada pelos cavaleiros franceses, eles entraram como ladrões, até mesmo no tesouro do Grande Palácio onde os objetos santos eram guardados, e ali encontraram entre outras coisas o precioso madeiro, a coroa de espinhos, as sandálias do Salvador, o cravo [*sic*], e as mortalhas que nós [mais tarde] vimos com nossos próprios olhos".

Estudiosos acreditam que esse "com nossos próprios olhos" se refere a Nicolau vendo os panos de sepultamento de Jesus em Atenas, e, mais provavelmente, de posse do Senhor de Atenas, Othon de la Roche. Quando o Senhor de Atenas voltou para o leste da França, o sudário foi com ele, e acabou em seu Château de Ray-sur-Saône, perto de Besançon, e da Catedral de St. Etienne, onde por vezes era exposto. Mesmo depois da morte de Othon, em 1224, a política papal fez de Besançon — parte da França, mas muito perto da Alemanha — um lugar importante.

De 1309 a 1377, período que ficou conhecido como o "Cativeiro da Babilônia" do papado, em referência à escravização dos judeus nos tempos bíblicos, o papa viveu não em Roma, mas em Avignon. O "cativeiro" resultou da recusa do papa Clemente V, um francês, a se mudar para Roma. Os cinco papas que vieram depois dele, todos franceses, seguiram seu exemplo, mantendo a corte papal no sudeste da França.

A localização de Besançon, escarranchada entre a França e o Sacro Império Romano-Germânico, fez dela o centro nevrálgico dessa campanha de legitimidade entre os papas franceses e os alemães, que queriam levar Besançon para a órbita da Roma papal. A família De Vergy, politicamente influente em Besançon por dois séculos como senescais (funcionários reais encarregados de administrar justiça) no sul da França, apoiava os papas franceses.

Dessa família veio Jeanne de Vergy, descendente de Othon de la Roche que se tornou a segunda mulher do cavaleiro Geoffroi de Charny em algum momento entre 1351 e 1354. Embora a Catedral de St. Etienne tivesse sido destruída num incêndio em 1349, a "Santa Mortalha" estava segura na residência ancestral de Jeanne de Vergy, o Château de Ray-sur-Saône, e ela o levou consigo como parte do seu dote quando se casou com De Charny.

Após a morte de De Charny, e dos contratempos da viúva com o bispo local, que não quis permitir que ela expusesse o sudário, o santo ícone ficou mais ou menos sumido no castelo da família De Charny, de nome Monfort. Depois da morte de Jeanne de Vergy, por volta de 1388, seu filho Geoffroi II expôs o sudário, e dessa vez entrou em conflito com outro bispo de Troyes. Este foi se queixar ao antipapa Clemente VII em Avignon de que o sudário era falso e que, na verdade, ele até conhecia o homem que o forjou.

Muito provavelmente, Jeanne de Vergy tinha encomendado uma pintura do sudário para substituir o que levara como dote, e que teria sido destruído no incêndio de 1349. A catedral de Besançon, desconhecendo a substituição, expusera o sudário como o ícone autêntico, incorrendo na santa ira do bispo.

Felizmente para Geoffroi II, o antipapa era seu primo, e mandou o bispo de Troyes ficar calado, sob pena de excomunhão. Em 1390, o antipapa ajudou o primo novamente, concedendo indulgências (perdão dos pecados) especiais para todos os peregrinos que visitassem a Santa Mortalha de Lirey.

Pelos dois séculos seguintes, o sudário sobreviveu a litígios (quando Marguerite, filha de Geoffroi, se recusou a devolvê-lo para a igreja de Lirey), guerras, bandidos e aos inconstantes caprichos da aristocracia enquanto fazia sua jornada pela Europa. Em 1502, encontrou um lar na Santa Capela do Castelo de Chambery, graças a Margaret, Duquesa de Savoy. Margaret colocou-o numa urna de prata que encomendara ao artista flamengo Lieven van Latham em 1509, ao custo aproximado de 3 milhões de dólares. A urna, de prata sólida com enfeites de ouro, salvou o sudário da destruição total num incêndio que a derreteu parcialmente em 4 de dezembro de 1532.

O sudário continuou sua viagem continental, chegando a Turim, proveniente de Chambéry, em setembro de 1578, para poupar o arcebispo de Milão, cardeal Carlos Borromeu, de uma viagem aos Alpes para o venerar em agradecimento por ter livrado Milão da Peste. Em 12 de outubro de 1578, um domingo, a Santa Mortalha foi carregada numa grandiosa procissão da catedral para a Piazza Castello. Na praça, o cardeal Borromeu (junto com outro cardeal, os arcebispos de Turim e Saboia, e mais seis bispos) mostrou a mortalha de Jesus para uma multidão calculada em 40 mil pessoas.

Num exame cuidadoso, percebia-se a imagem de um cadáver, mais era uma vaga impressão que ao longo dos séculos esmaecera no pano de linho cada vez mais amarelado e enfumaçado. Jesus desaparecia inexoravelmente naquela que talvez fosse a própria prova de sua Ressurreição dos mortos.

"O SUDÁRIO DA CIÊNCIA"

Na Idade da Fé, a palavra das autoridades da Igreja e o poder das relíquias bastavam para manter vivo o culto do sudário. Mas a idade moderna queria mais — e tinha as ferramentas para obter respostas mais conclusivas.

A primeira dessas respostas, ainda a mais impressionante de todas as descobertas sobre o sudário, veio na noite de 28 de maio de 1898, quando um fotógrafo amador italiano, Secondo Pia, teve permissão para tirar uma foto do sudário usando a tecnologia mais avançada da época. A imagem que surgiu da chapa negativa no quarto escuro de Pia era sensacional: uma imagem *positiva* do homem do pano saltou diante de Pia, indicando que a imagem no sudário era uma espécie de *negativo* fotográfico. Naquele momento, quase dezenove séculos depois que Jesus morreu, o Sudário de Turim nasceu — não apenas como relíquia de devoção, mas também como objeto de obsessão científica.

A nova imagem produzida pela câmera de Secondo Pia era tão clara, detalhada e poderosa que de início ele foi acusado de perpetrar uma fraude qualquer. Então, em 1931, outro fotógrafo, um profissional, tirou fotos do sudário e obteve os mesmos resultados. Em 1978, a imagem foi aprimorada e confirmada por fotografia ultravioleta. Então vieram os resultados dos testes de radiocarbono de 1988, que esvaziavam as expectativas dos fiéis. O sudário parecia ser do fim da Idade Média, séculos depois de ter sido mencionado pela primeira vez em registros históricos.

Foi esse teste de 1988 que levou o historiador Nicholas Allen a agir. Ele acredita que o sudário não só é falso, mas também faz a história da fotografia recuar cerca de quinhentos anos. "O Sudário de Turim é, na verdade, uma forma muito primitiva de fotografia", afirma Allen, professor de história da arte na Universidade North-West, na África do Sul. "Para ser franco, se fosse uma imagem de árvore e não uma imagem de Jesus, nós a teríamos decifrado há muito tempo."

Allen decidiu resolver o problema por conta própria, e sua teoria gira em torno da interseção da câmara escura com o advento das lentes de cristal. A câmara escura é uma caixa com um buraco num dos lados para deixar entrar luz, cujas propriedades foram compreendidas pelos chineses e pelos gregos séculos antes do nascimento de Jesus. A luz então projeta no fundo da caixa uma imagem externa através da abertura e reproduz essa imagem visualmente, em papel ou linho.

"Sabemos que tecnologias ópticas passaram da China para o Ocidente através do Oriente Islâmico, e sabemos que talvez no século XII, e com certeza no século XIII, ocidentais usavam lentes de cristal", afirma Allen. "Sabemos disso porque havia até uma guilda que produzia lentes de cristal e porque eram um fenômeno relativamente novo na Europa no século XIII. À procura de um nome para designá-las, por terem forma de lentilha, acabaram inventando a palavra lente."

Para fabricar o sudário, de acordo com Allen, você precisa de uma câmera escura, mais ou menos do tamanho de uma sala, grandes lentes de cristal, um lençol de linho imerso em nitrato de prata, para captar a luz, e de um "crucificado". "Vai precisar de uma figura pendurada no sol de tal modo que receba a luz da manhã e o sol da tarde na mesma medida, o que significa que ao meio-dia o sol estará diretamente em cima da figura; ela fica posicionada do lado oposto às lentes", explica Allen. "Dentro da câmara, você vai estender um pedaço de linho previamente imerso num sal de prata numa moldura, abrir o diafragma, e simplesmente deixá-lo para revelar, e depois de oito horas notará uma descoloração no linho, e essa descoloração será uma imagem negativa do que estava fora da câmara."

Para impedir que o linho continue a revelar na claridade, o nitrato de prata precisa ser lavado com amônia. Allen acredita que, se o Vaticano permitisse um teste não invasivo nas fibras do sudário, vestígios de prata seriam encontrados. Também acha que, por um processo de tentativa e erro, somado a um conhecimento íntimo do relato da Crucificação de Jesus no Evangelho, algum gênio medieval criou o sudário.

"Para mim, pessoalmente, foi uma grande deturpação apresentar o Sudário de Turim como importante relíquia ou ícone da Igreja, mas ele é bem mais do que isso. É também o mais alto nível de tecnologia daquele período particular", afirma Allen. "É um incrível artefato que encarna tanto a dinâmica cultural como o mais alto nível de tecnologia daquele período da história."

Enquanto Allen acredita que o sudário é obra de um gênio fotográfico medieval, a fotografia também foi usada para fazer um exame profundo do sudário e desacredita a noção de que se trata de fraude. Em 1975, o físico John Jackson, da Academia da Força Aérea dos Estados Unidos, e seu colega Eric Jumper usaram aprimoradas análises de imagem projetadas para o programa espacial americano para estudar o sudário. O Analisador de Imagem VP-8 é usado para examinar "densidade de imagem", que se manifesta como as áreas claras e escuras de uma imagem, as quais são convertidas num relevo vertical de terreno, como o que se vê num mapa topográfico. Quando Jackson e Jumper aplicavam essa análise numa fotografia normal, o resultado era uma distorção de luzes e sombras, mas quando a utilizaram para examinar o sudário descobriram que a imagem continha dados em 3-D que revelavam uma forma humana, o que não se encontraria nas fotografias comuns de luz refletida. Concluíram então que um ser humano real fora enrolado no sudário na época em que a imagem foi produzida no linho.

Jackson fundou o Projeto de Pesquisa do Sudário de Turim (STURP, na sigla em inglês) e em 1978 quarenta cientistas obtiveram acesso inédito ao sudário para ver se poderiam descobrir a verdade usando as ferramentas científicas mais avançadas. Trabalhando sem interrupção durante cinco dias consecutivos, os cientistas chegaram a conclusões que ao mesmo tempo confirmaram a autenticidade do sudário e aprofundaram o mistério que o cerca.

Jackson e a equipe examinaram o sudário como um documento arqueológico, cujo mapa foi descrito pela história da Crucificação de Jesus. Uma das coisas que precisaram determinar foi se as manchas no tecido eram de sangue ou de tinta. "Levamos amostras para os

Estados Unidos, onde foram analisadas microquimicamente", conta Jackson. "A conclusão foi que a mancha não era tinta vermelha, por exemplo, mas provinha de real contato com sangue para produzir os traços de sangue que vemos no sudário."

A forma das manchas de sangue também conta uma história, que corresponde aos relatos evangélicos da violenta morte de Jesus. O Evangelho de Marcos narra: "Então Pilatos, querendo contentar a multidão, soltou-lhe Barrabás; e, após mandar açoitar a Jesus, entregou-o para ser crucificado". Segundo John Jackson, o sudário revela que o relato de Marcos minimiza a intensidade das chicotadas, que os romanos também usavam como forma de execução. "Quando olhamos para a imagem dorsal do Sudário e vemos os desenhos feitos pelos resíduos de sangue, acho que a única maneira de encontrar sentido naquilo, pelo menos para mim, é concluir que representa uma brutal aplicação de chicotadas no homem do Sudário. E, quando o corpo foi depositado no Sudário, os resíduos de sangue das chicotadas passaram para o pano."

Da mesma forma, havia os indícios de como o homem foi crucificado. Aqui Jackson e seus colegas cientistas não contaram com a ajuda dos evangelhos, pois os evangelistas não julgaram necessário explicar a mecânica da crucificação para leitores do século I, que conheciam essa cruel realidade como parte da vida no Império Romano. Uma das coisas que o sudário revela sobre a crucificação é que as representações artísticas da morte de Jesus são licenças artísticas. Na arte religiosa, "vemos invariavelmente as chagas na palma das mãos", exemplifica Jackson. No entanto, um cravo que atravessasse a palma da mão não suportaria o peso de um corpo na cruz. "Pregar nos pulsos, porém, tem o apoio das estruturas ósseas mantidas no lugar pelos ligamentos. E experimentos mostraram que, sim, é possível pregar alguém numa cruz como vemos no sudário. Portanto, a arte está errada, o sudário está certo."

Depois da reunião final do STURP, em outubro de 1981, o grupo divulgou uma declaração para a mídia que terminava dizendo:

"Podemos concluir por ora que a imagem do Sudário é a da forma humana real de um homem flagelado e crucificado. Não é produto de um artista. As manchas de sangue são compostas de hemoglobina e também dão resultado positivo num teste de albumina de soro. A imagem ainda é um mistério e, até que novos estudos químicos sejam realizados, talvez por este grupo de cientistas, ou talvez por cientistas no futuro, o problema continua sem solução."

Nas décadas decorridas desde a realização dos testes pioneiros do STURP, porém, o progresso tecnológico é mais bem medido em anos-luz do que em saltos e avanços. Essas inovações deram aos especialistas meios de encontrar vestígios de pólen no sudário, um pólen que só poderia vir da Terra Santa. Essa foi a conclusão a que chegou o botânico israelense Avinoam Danin, que, em vários estudos, descobriu que as desbotadas imagens de flores do sudário correspondem a tipos de flora nativos apenas na área de Jerusalém. Danin e seus colegas também encontraram traços de pólen no sudário que só poderiam vir de plantas que florescem em Israel em março ou abril — a época da Paixão e da Crucificação.

Além disso, nos anos 1980, usando microssonda de alta resolução, os pesquisadores Joseph Kohlbeck, da Hercules Aerospace Company, em Utah, e Richard Levi-Setti, do Instituto Enrico Fermi, trabalhando separadamente, equipararam as partículas de terra do manto ao tipo de resíduo de pedra calcária encontrado em sepulcros em Jerusalém.

Em 2009, nos Arquivos Secretos do Vaticano, a dra. Barbara Frale, especialista no sudário e fotógrafa conceituada, descobriu escritos na superfície do tecido. Análises computadorizadas de fotografias do sudário revelaram desbotadas letras gregas, aramaicas e latinas, que, segundo Frale decifrou, significam: "No ano 16 do reino do Imperador Tibério, Jesus de Nazaré, tirado de manhã cedo depois de condenado à morte por um juiz romano porque foi considerado culpado por uma autoridade hebraica, é por meio deste enviado para sepultamento com a condição de ser entregue à família somente depois de um ano completo".

Era nada menos, afirmou Frale, do que o atestado de óbito de Jesus de Nazaré. Os romanos emitiam atestados de óbito para que parentes dos crucificados pudessem identificar os corpos. Funcionários romanos subalternos escreviam num pedaço de papiro e prendiam o documento à mortalha com uma cola à base de farinha, de modo que a tinta se infiltrava no pano.

A descoberta de Frale já foi contestada, com muitos estudiosos duvidando que essas palavras pudessem ser vistas no Sudário por qualquer instrumento. O trabalho de Frale, feito em computador, baseou-se em fotografias tiradas em 1931 por Giuseppe Enrie com filme "ortocromático", que captura imagens em preto e branco, com tons de cinza representados por padrões granulados cor de prata. Críticos alegam que as fotos não têm a alta definição necessária para que esses escritos sejam vistos.

Apesar das dúvidas levantadas por estudos particulares do Sudário, outros estudos ganharam ímpeto, com cientistas desejosos em utilizar as mais novas tecnologias e ideias para encontrar a prova perfeita que estabeleça a autenticidade — ou falsidade — do Sudário de uma vez por todas.

Quatro professores italianos realizaram recentemente um estudo minucioso das lesões físicas reveladas na imagem do corpo impressa no sudário. A pesquisa os levou a uma conclusão inarredável, publicada em abril de 2014 na *Injury*, prestigiosa revista científica sobre o tratamento de traumas e ferimentos: "a partir de correspondências [...] detectadas entre [o homem do sudário de Turim] e a descrição da Paixão de Jesus nos Evangelhos e na Tradição Cristã, os autores oferecem mais indícios a favor da hipótese de que o Homem do Sudário de Turim é Jesus de Nazaré".

O abrangente estudo científico da imagem feito pelos quatros professores — Matteo Bevilacqua, do Hospital-Universidade de Pádua; Giulio Fanti do Departamento de Engenharia Industrial da Universidade de Pádua; Michele D'Arienzo, da Clínica Ortopédica da Universidade de Palermo; e Raffaele De Caro, do Instituto de Anatomia da Universidade de Pádua — revela notáveis similitudes entre indícios dos diversos ferimentos sofridos por esse homem e os relatos da Paixão nos evangelhos. O homem crucificado sofreu deslocamento do úmero, paralisia de um braço, e violento trauma no pescoço e no peito; há também indício de cravejamento duplo dos pulsos. O violento trauma no pescoço e no peito sugere que o homem do sudário desabou sob a carga de um objeto pesado, tombando para a frente e sofrendo "violento impacto enquanto caía no chão", com a consequente paralisia dos músculos do pescoço e dos ombros; o "olho direito está retraído na órbita", o que é condizente com o peso de uma cruz. A essa altura teria sido impossível para quem carregava a cruz segurá-la por mais tempo — o que nos faz lembrar a passagem dos evangelhos relatando que soldados obrigam Simão Cireneu a levar a cruz de Jesus, um ato não de compaixão, mas de necessidade.

"Os romanos, quando veem que Jesus está se esforçando mas não consegue carregar a cruz, pegam um espectador, um sujeito chamado Simão, que é de Cirene, a quilômetros de distância, e por acaso está em Jerusalém", lembra Mark Goodacre. "Talvez seja um peregrino em visita a Jerusalém naquele dia. E ele assume a tarefa de carregar a cruz para Jesus."

As mãos do crucificado mostram sinais claros de terem sido duplamente cravejadas, provocando retração do polegar. Isso explica a ausência de impressões digitais do polegar, e sugere que os algozes não conseguiram pregar as mãos nos buracos já perfurados na cruz e tiveram que enfiar os cravos uma segunda vez, mais abaixo, entre as duas filas de ossos cárpicos (os oito pequenos ossos que formam o pulso humano).

A análise da impressão da sola do pé direito também revela que dois cravos foram enfiados ali. Esse método de pregar resultava na diminuição da respiração: com os braços erguidos, os pulmões têm dificuldade para expirar, reduzindo o fluxo de ar. Cada vez que respirasse fundo para falar ou tomar fôlego, a vítima exerceria pressão sobre os membros inferiores, causando dores intensas.

O estudo também conclui que as manchas de sangue do peito são condizentes com golpes de lança, como consta nos evangelhos, enquanto as manchas de soro resultaram de sangramento nos pulmões, que pode ter começado antes da crucificação, provocado por uma queda violenta.

Na Universidade John Moores, de Liverpool, nova pesquisa feita pelo dr. Matteo Borrini no padrão das manchas de sangue do Sudário de Turim levanta dúvidas sobre a própria imagem que temos da Crucificação. Prendendo tubos cheios de sangue doado, imitando veias, nos braços de um membro de sua equipe, o dr. Borrini demonstrou que o padrão das manchas de sangue na imagem do sudário corresponde ao que teria resultado de uma crucificação real — mas com um detalhe surpreendente: o desenho de sangue que escorre pelos braços da figura do sudário, a partir dos cravos enfiados nas mãos, só poderia ser produzido por crucificação numa cruz em forma de Y, com os braços alongados e cravados juntos, sobre a cabeça, em vez de uma crucificação com braços estendidos na horizontal, que se tornou símbolo do cristianismo.

Outro indício intrigante ligado ao sudário que desconcerta os céticos não é de forma alguma novo: "o lenço que estivera sobre a cabeça de Jesus não estava com os lençóis, mas enrolado num lugar à parte". O Evangelho de João menciona o lenço sujo de sangue — agora conhecido como Sudário de Oviedo, *sudarium* significando "pano de enxugar o suor" em latim, e Oviedo a cidade no norte da Espanha onde o Sudário está guardado na Catedral de São Salvador desde o século IX — de cerca de noventa centímetros de comprimento por sessenta de largura. Mark Guscin, historiador de arte, passou quase vinte anos estudando aquele sudário. Como parte de uma equipe de cientistas espanhóis, ele acredita que as manchas na mortalha são compatíveis com os evangelhos e com a ciência da crucificação. Segundo Guscin, o sudário contém manchas de sangue "formadas por algum tipo de objeto pontiagudo que penetrou no couro cabeludo atrás da cabeça. Objetos pontiagudos penetrando no couro cabeludo nos fazem lembrar imediatamente uma coroa de espinhos usada no [...] corpo de Jesus de Nazaré. Aqui também a mancha não pode dizer 'isto era uma coroa de espinhos', mas diz que foi feita por objetos pontiagudos penetrando o couro cabeludo. Mais uma vez é perfeitamente compatível com crucificação. E foi essa a linha de investigação que seguimos quando começamos a analisar o pano."

"Depois da prisão de Jesus, ele é tratado com escárnio pelos guardas romanos, que colocam uma coroa de espinhos na sua cabeça para zombar dele", lembra o padre James Martin, referindo-se aos relatos dos Evangelhos de Mateus e João. "Que lhe enfiam um caniço na mão como uma espécie de cetro para zombar dele e vestem-no com um manto púrpura e dizem: 'Salve, rei dos judeus'."

Guscin e seus colegas de estudo do sudário criaram uma cabeça para bombear sangue compatível com o que escorre de uma vítima de crucificação, e a enrolaram com um pano do mesmo tamanho e composição do sudário. "Quando reproduzimos as manchas no laboratório [vimos que ele] foi usado num corpo masculino de cabelos longos, barba e bigode, morto em posição vertical com os braços estendidos", afirma ele. "Era a única maneira de o líquido sair pelo nariz e pela boca e formar essa mancha em particular; por isso, imediatamente, estávamos falando de alguém que morreu naquela posição e podemos dizer que é absolutamente compatível com crucificação — numa posição vertical com os braços abertos."

Quando puseram esse sudário em cima da mortalha, a relação foi surpreendente. "Ao comparar as manchas atrás da cabeça da [imagem do] mortalha com as do lenço, o casamento [...] é quase perfeito", garante Guscin. "O que levou eminentes hematologistas a dizer que a única conclusão possível é que os dois panos, o Sudário de Oviedo e o Sudário de Turim, foram usados no mesmo corpo." As manchas de sangue no lenço e na mortalha são idênticas em outro sentido, que reforça a tese da autenticidade. "Então a coisa fica ainda melhor em certo sentido, porque vemos que as manchas de sangue são formadas por sangue do mesmo grupo, que é o grupo AB."

Para os que continuam convencidos dos testes de datação com carbono de 1988, que situam o sudário como artefato criado entre 1260 e 1390 EC, Guscin observa que o parentesco da mortalha com o lenço supera a datação com carbono, e que um dos mais significativos documentos de comprovação da procedência do sudário está guardado na catedral em Oviedo. "É o Livro de Testamentos, que data do fim do século XI", aponta Guscin, "e ele nos conta já no começo como a arca com as santas relíquias chegou a Oviedo proveniente de Jerusalém. E nos conta a história de como saiu de Jerusalém em 614 e chegou à Espanha antes de 621. E, no fim do texto, dá uma lista de tudo que a arca contém. E podemos ver, com a maior clareza, que consta o Sudário do Senhor, o que não deixa margem a dúvida."

Apesar disso, assinala Guscin, no fim a autenticidade dos dois sudários jamais será totalmente comprovada. "Acho que a ciência e a história nos levam até um ponto em que tudo leva a crer que eles podem muito bem ser genuínos. Depois desse ponto, é uma questão de fé pessoal acreditar ou não que esses panos cobriram o corpo de Jesus de Nazaré."

Mas será mesmo uma situação com apenas duas alternativas? Os dois sudários precisam ser autênticos — ou então produtos de fraudes dos que o defendem? O que de fato está em jogo?

A resposta é quase 2 mil anos de arte religiosa, por exemplo, além de uma teologia que vê Jesus como o verdadeiro Deus encarnado para todos — um homem de um determinado lugar e de uma determinada época que pode ser representado por qualquer cultura ou tribo como um dos seus, da mesma forma como foi um judeu do antigo Império Romano.

Mas o Sudário de Turim e o Sudário de Oviedo, mais do que quaisquer relíquias, ilustram prodigamente a nossa eterna fascinação por objetos sagrados que podem ter tocado o divino. Sejam bolas de beisebol supostamente atiradas por um arremessador célebre, ou um retrato que talvez represente Shakespeare, as relíquias têm uma inigualável capacidade de nos ligar fisicamente com o passado, e com o mistério — um mistério que queremos desesperadamente resolver mesmo temendo o que possamos encontrar do outro lado da parede do espaço e do tempo.

Tanto o cientista como o clérigo chegam à mesma conclusão sobre o lugar ocupado pelo Sudário na história da humanidade. "Pessoalmente, pelo meu envolvimento de quase cinquenta anos na pesquisa sobre o sudário", afirma o físico John Jackson, "e pela riqueza de dados científicos que adquirimos, acho que esta é a mortalha histórica de Jesus." Diz o padre James Martin: "Quando pensamos na autenticidade do sudário, meus instintos me dizem que é real". Ao mesmo tempo, ele se arrisca a especular que a história prosseguirá: "É uma relíquia que gera mais perguntas do que respostas... Acho que jamais chegaremos ao âmago do mistério do Sudário de Turim".

Agradecimentos

Muitas mãos ajudaram a fazer este livro, e a série de televisão da CNN que ele complementa. Somos muito gratos a Lynne Kirby e Aynsley Vogel da Paperny Entertainment; a Neil Sieling, por seus conhecimentos e sabedoria; a Jane Root, Ben Goold, Simon Breen, Carl Griffin e a equipe de Nutopia; e a nossos esplêndidos agentes Stephen Handelman, Richard Pine e Eliza Rothstein. Queremos agradecer também a Nichole Argyres e a Laura Chasen, da St. Martin's Press, por ser tão bom trabalhar com eles — todo escritor merecia ter a mesma sorte.

Bibliografia

BARTLETT, Robert. *Why Can the Dead Do Such Great things? Saints and Worshippers from the Martyrs to the Reformation*. Princeton: Princeton University Press, 2013.

BROWN, Raymond. *The Death of the Messiah: From Gethsemane to the Grave*. New Haven: Yale University Press, 1998.

BURLEIGH, Nina. *Unholy Business: A True Tale of Faith, Greed, and Forgery in the Holy Land*. Nova York: HarperCollins, 2008.

CAHILL, Thomas. *The Mysteries of the Middle Ages: And the Beginning of the Modern World*. Nova York: Anchor Books, 2008.

CALVINO, João. *A Treatise on Relics*. Edinburgh: Johnstone, Hunter and Co., 1870. Trad. Valerian Krasinski. E-book 32136, http://www.gutenberg.org/~les/32136/32136-h/32136-h.html.

CARROLL, James. *Constantine's Sword: The Church and the Jews, a History*. Nova York: Mariner/Houghton Mifflin, 2002.

CHILTON, Bruce. *Rabbi Jesus: An Intimate Biography*. Nova York: Doubleday, 2002.

________. *Rabbi Paul: An Intellectual Biography*. Nova York: Doubleday, 2004.

COLETTI, Theresa. *Mary Magdalene and the Drama of Saints: Theater, Gender, and Religion in Late Medieval England*. Filadélfia: University of Pennsylvania Press, 2004.

CROSSAN, John Dominic; REED, Jonathan L. *Excavating Jesus: Beneath the Stones, Behind the Texts*. Nova York: HarperSanFrancisco, 2001.

CYRIL, Arcebispo de Jerusalém. Trad. Membros da Igreja Anglicana. *The Catechetical Lectures of S. Cyril, Archbishop of Jerusalem*. Oxford: John Henry Parker, 1839. http://babel.hathitrust.org/cgi/pt?id=hvd.ah3x2a;view=1up;seq=5.

DE CLARI, Robert. *La Conquete de Constantinople*, citado por Peter F. Dembowski, Carta ao editor. Reproduzido em *Biblical Archaeology Review*, mar/abr. 1999. www.shroud.com/bar.htm#article.

DECONICK, April. *The Thirteenth Apostle: What the Gospel of Judas Really Says*. Nova York: Continuum, 2007.

DE VARAZZE, Jacopo. *The Golden Legend: Readings on the Saints*. Princeton: Princeton University Press, 2012.

DRIJVERS, Jan Willem. "Helena Augusta, the Cross, and the Myth: Some New Reflections". *Millennium: Yearbook on the Culture and History of the First Millennium C.E.* n. 8 (out. 2011), pp. 125-74.

EGERIA. "Egeria's Description of the Liturgical Year in Jerusalem". "Holy Week and the Festivals at Easter: Veneration of the Cross", 1–2. http://users.ox.ac.uk/~mikef/durham/egetra.html.

EHRMAN, Bart. *Did Jesus Exist? The Historical Argument for Jesus of Nazareth*. Nova York: HarperOne, 2012.

________. *The Lost Gospel of Judas Iscariot: A New Look at Betrayer and Betrayed*. Nova York: Oxford University Press, 2006.

________. *Lost Scriptures: Books That Did Not Make It into the New Testament*. Nova York: Oxford University Press, 2003.

________. *Misquoting Jesus: The Story behind Who Changed the Bible and Why*. Nova York: HarperSanFrancisco, 2005.

EUSÉBIO. *The Church History*. Trad. Paul Maier. Grand Rapids: Kregel Academic and Professional, 2007.

________. *Life of Constantine*. Trad. Ernest Cushing Richardson. Nicene and Post--Nicene Fathers, Second Series, v. 1. Org. Philip Schaff e Henry Wace. Buffalo: Christian Literature Publishing Co., 1890. http://www.newadvent.org/fathers/25023.htm.

FRANCISCO, Sua Santidade o Papa. "Exposition of the Holy Shroud Video Message of His Holiness Pope Francis". 30 mar. 2013. http://w2.vatican.va/content/francesco/en/messages/pont-messages/2013/documents/papa-francesco_20130330_videomessaggio-sindone.html.

FREEMAN, Charles: *Holy Bones, Holy Dust: How Relics Shaped the History of Medieval Europe*. New Haven: Yale University Press, 2012.

GOODMAN, Martin. *Rome and Jerusalem: The Clash of Ancient Civilizations*. New York: Alfred A. Knopf, 2007.

GRIFFITH-JONES, Robin. *The Four Witnesses: The Rebel, the Rabbi, the Chronicler, and the Mystic*. Nova York: HarperSanFrancisco, 2001.

GUIRGIS, Stephen Adly. *The Last Days of Judas Iscariot*. Nova York: Faber and Faber, 2006.

HADAS-LEBEL, Mireille. *Flavius Josephus: Eyewitness to Rome's First- Century Conquest of Judea*. Nova York: Macmillan, 1993.

HASKINS, Susan. *Mary Magdalene: Myth and Metaphor*. Nova York: HarperCollins, 1993.

HEGÉSSIPO. "Fragments from His Five Books of Commentaries on the Acts of the Church". Early Christian Writings. http://www.earlychristianwritings.com/text/hegesippus.html.

JAMES, M. R. (trad.) *The Infancy Gospel of Thomas*. Nova York: Clarendon Press, 1924. http://gnosis.org/library/inftoma.htm.

JOHNSON, Elizabeth. *Truly Our Sister: A Theology of Mary in the Communion of Saints*. Nova York: Continuum, 2004.

JOSEFO, Flávio. *The Antiquities of the Jews*. Trad. William Whiston. E-book 2848. http://www.gutenberg.org/~les/2848/2848-h/2848-h.htm.

________. *The Jewish War*. Trad. G. A. Williamson. Nova York: Penguin, 1981.

KASSER, Rodolphe; MEYER, Marvin; WURST, Gregor. *The Gospel of Judas*. Washington: National Geographic, 2006.

KIENZLE, Beverly Mayne; WALKER, Pamela J. (orgs.) *Women Preachers and Prophets through Two Millennia of Christianity*. Oakland: University of California Press, 1998.

KING, Karen. *The Gospel of Mary of Magdala: Jesus and the First Woman Apostle*. Salem: Polebridge Press, 2003.

________. *What Is Gnosticism?* Cambridge: Belknap Press/Harvard University Press, 2005.

KROSNEY, Herbert. *The Lost Gospel: The Quest for the Gospel of Judas Iscariot*. Washington: National Geographic, 2006.

LEVINE, Amy-Jill. *The Misunderstood Jew: The Church and the Scandal of the Jewish Jesus*. Nova York: HarperOne, 2006.

LONG, John. "The Shroud of Turin's Earlier History: Part One: To Edessa." Associates for Biblical Research, 14 mar. 2013. http://www.biblearchaeology.org/post/2013/03/14/The-Shroud-of-Turins-Earlier-History-Part-One-To--Edessa.aspx.

MARTIN, James. *Jesus: A Pilgrimage*. Nova York: HarperOne, 2014.

MEEKS, Wayne A. (org.) *The Harper Collins Study Bible: New Revised Standard Version*. Nova York: HarperCollins, 1993.

MEIER, John P. *A Marginal Jew: Rethinking the Historical Jesus, Volume II: Mentor, Message, and Miracles*. New Haven: Yale University Press, 1994.

________. *A Marginal Jew: Rethinking the Historical Jesus, Volume III: Companions and Competitors*. New Haven: Yale University Press, 2001.

MEYER, Marvin; DE BOER, Esther. *The Gospels of Mary: The Secret Tradition of Mary Magdalene, the Companion of Jesus*. Nova York: Harper-One, 2006.

OLSEN, Ted. "Israeli O. cials Say James Ossuary, Joash Tablets Are Fakes." *Christianity Today*, 1 jun. 2003. http://www.christianitytoday.com/ct/2003/juneweb-only/6-16-31.0.html.

O'REILLY, Bill; DUGARD, Martin. *Killing Jesus*. Nova York: Henry Holt and Company, 2013.

PAGELS, Elaine. *The Gnostic Gospels*. Nova York: Random House, 1979.

PAGELS, Elaine; KING, Karen. *Reading Judas: The Gospel of Judas and the Shaping of Christianity*. Nova York: Penguin Books, 2007.

PATTERSON, Stephen, MEYER, Marvin (trad.) *The Gospel of Thomas*. The Gnostic Society Library. http://www.gnosis.org/naghamm/gosthom.html.

RUBENSTEIN, Richard E. *When Jesus Became God: The Struggle to Define Christianity during the Last Days of Rome*. Nova York: Harcourt, 1999.

SCAVONE, Daniel. "Besançon and Other Hypotheses for the Missing Years: The Shroud from 1200 to 1400". http://www.ohioshroudconference.com/papers/p41.pdf.

SCHABERG, Jane. *The Resurrection of Mary Magdalene: Legends, Apocrypha, and the Christian Testament*. Nova York: Bloomsbury Academic, 2004.

SHANKS, Hershel; WITHERINGTON III, Ben. *The Brother of Jesus: The Dramatic Story and Significance of the First Archaeological Link to Jesus and His Family*. Nova York: HarperSanFrancisco, 2003.

SHELER, Jeffery L. *Is The Bible True? How Modern Debates and Discoveries Affirm the Essence of the Scriptures*. Nova York: HarperSanFrancisco, 1999.

STARK, Rodney. *The Rise of Christianity: How the Obscure, Marginal Jesus Movement Became the Dominant Religious Force in the Western World in a Few Centuries*. Nova York: HarperSanFrancisco, 1997.

"The Staurogram: The Earliest Images of Jesus on the Cross". *Bible History Daily*, 26 mar. 2013. http://www.biblicalarchaeology.org/daily/biblical-topics/cruci~xion/the-staurogram/.

TWAIN, Mark. *The Innocents Abroad*. Nova York: American Publishing Company, 1869. E-book 3176. http://www.gutenberg.org/ebooks/3176?msg=welcome_stranger.

WAUGH, Evelyn. *Helena*. Chicago: Loyola Classics, 2005.

WILSON, Ian. *The Turin Shroud*. Ed. rev. Londres: Penguin, 1979.

WRIGHT, N. T. *Judas and the Gospel of Jesus: Have We Missed the Truth about Christianity?* Grand Rapids: Baker Books, 2006.

WRIGHT, Tom. *The Original Jesus: The Life and Vision of a Revolutionary*. Oxford: Lion Publishing, 1996.

ZUGIBE, Frederick T. *The Crucifixion of Jesus: A Forensic Inquiry*. Lanham: M. Evans and Company, 2005.

TIPOGRAFIA Adriane por Marconi Lima
DIAGRAMAÇÃO Verba Editorial
PAPEL Pólen Soft
IMPRESSÃO Gráfica Bartira, junho de 2015

FSC
www.fsc.org
MISTO
Papel produzido a partir de fontes responsáveis
FSC® C105484

A marca FSC® é a garantia de que a madeira utilizada na fabricação do papel deste livro provém de florestas que foram gerenciadas de maneira ambientalmente correta, socialmente justa e economicamente viável, além de outras fontes de origem controlada.